スポーツで生き生き子育て&親育ち

子どもの豊かな未来をつくる親子関係

編著
藤後悦子
井梅由美子
大橋　恵

福村出版

はじめに

本書は、子どものスポーツに関わる保護者の方を対象にした「子育て本」です。私たち編著者三名（藤後・井梅・大橋）は、母親として子どものスポーツに関わってきました。その一方で藤後は、臨床心理士として、保育・学校・スポーツの場での臨床や実践研究活動を行ってきました。井梅は臨床心理士として、親子関係を中心に病院や子育ての現場での支援、愛着を中心とした研究を行ってきました。大橋は、社会心理学者として、異文化との関係や社会で起こるさまざまな現象について研究してきました。

私たち三人は子育てママとして、わが子を通して地域のスポーツや部活動に関わってきましたが、同時にそれぞれ専門家の立場から子どものスポーツ環境について考え、約十年間、三人の力を合わせて、子どものスポーツに関わる研究を続けてきました。指導者と子どもとの関係や、親子関係の問題、そしてスポーツに関わる親同士の問題などに切り込み、大人のエゴではなく、子どもを中心としたスポーツ環境を整えるために、研究者、臨床家として何ができるのかを研究を通して考えてきました。その中で、保護者の方と一緒に子どものスポーツについて考えていきたいという思いから、本書を出版することにしました。

なぜ、「子育て本」として保護者向けの本を出版したいと思うようになったのか。藤後自身の経験を踏まえお話ししたいと思います。

私（藤後）はスポーツには、大変お世話になりました。小学校時代、放課後は川で遊び、学校の昼休みには、バスケットボールやドッジボール、リレー、どろけい（警察役と泥棒役のグループに分かれ、警察役が泥棒役を捕まえる鬼ごっこ）など体を動かす遊びに毎日夢中になっていました。その流れで、小学校高学年からは小学校主催の水泳や陸上の練習に自然と毎日参加するようになり、大会などに出場していました。

中学は生徒会での活動が中心となったためスポーツから離れたのですが、高校では留学先でもスポーツを通して友達の輪が広がっていきました。言葉が話せなくても体を動かすことで、人種を超えて人々がつながっていく一体感を肌で感じました。大学では体育会の部活に入り、勉強と部活の生活で、全国各地での試合も経験しました。日々の練習や試合に向けて、自分たちで考えて工夫していく過程が楽しかったことを覚えています。

大学時代のもう一つの思い出は、デンマークのフォルケホイスコーレという教育に出会ったことです。フォルケホイスコーレとは大人のための学校で、デンマーク人なら大人になると誰もが一度はこの学校に入学して寮生活を送りながら学び合います。ここでは生きた対話や文化を学び、三食みんなで一緒に食べる食事の時間を重視します。私自身も大学を休学して生徒として過ごしたのですが、このフォルケホイスコーレを体験して、大人たちが学び合っていく楽しさや意義を実感しました。私が通った学校は世界中から生徒が集まっていました。授業の空き時間にはみんなでスポーツをすることもありました。スポーツをした後の心地よい解放感の中で、何気ない会話が弾み、文化背景が異なる友達からのさまざまな経験や人生が語られ、豊かな気持ちになったことを覚えています。

その後、子どもを出産して母親となり、知り合いがいない土地で孤独な子育てにもがいていたとき、助けてくれたのはやはりスポーツでした。ママさんソフトボールを通して自分の居場所を見つけていきました。そして現在は、ママ友との恒例となっているウォーキングや、年間を通しての地域のラジオ体操への参加で体を動かしています。

私の中でスポーツは、自分を解放してくれるものであり、世代や文化を超えて人とつながることができる大切なツールでした。だからこそ子どもにもスポーツを経験してもらいたいと思いました。そこでわが子に最初に勧めたものがラグビーでした。そのチームには、聴覚障害の子どもたちや大学生、留学生が何人も来ていて、一緒に手話を使いながらプレーをしました。スポーツを通して世代や障害や文化を超えた交流が自然とできました。子どもたちはラグビー以外にも学童や保育園で、ドッジボール、鬼ごっこ、野球ごっこ、木登り、そしてけん玉やベーゴマなどに夢中になっていました。

子どもの学童時代までは、安心して「子どもらしい時間」を保障することができていましたが、学童終了の四年生からは、働く親として、子どもたちの放課後の居場所問題にぶつかることとなりました。私が帰宅するまでの時間、子どもたちは送迎付きの水泳教室や体操教室に通ってみたりもしましたが、最終的には地元の小学校で行っているミニバスケットボール（ミニバス）のチームに入りました。それともう一つ、市が主催する日本舞踊教室にも通いました。

長女がミニバスのチームに入ったことをきっかけに、下の二人の弟もバスケットボールを始めることとなりました。ここから子どもたちのスポーツに親としてどっぷりと関わっていくこととなります。ちなみに、現在わが子は、大学生二人と高校生一人となっていますが、今もバスケットボールと日舞を続けています。子どもたちは、スポーツを通して多くの人と出会い、人生の糧となるうれしいことや大変なことも経験しました。そして子どもたちと同様に、親も子どものスポーツを通してさまざまな経験を味わいました。時には子どもと一緒にスポーツを楽しみ、時には他の保護者の方と一緒に応援に燃え、時には仕事をしながらの試合当番や遠征や合宿の付き添いに疲労困憊になりながら……。今となってはどれもとてもよい思い出です。子どものスポーツを通した他の子どもたちや保護者たち、指導者たちとの出会いは、私にとっては財産です。練習や試合当番の際の雑談が日頃のストレス解消となったり、子どもたちの活躍している姿を見て、親として元気をもらったりと有意義な時間となりました。スポーツは子育てにとって欠かせない大切なものです。

一方で、日本の子どもを取り巻くスポーツの負の現状も垣間見ることとなりました。親としての経験のみでなく、心理臨床の場で語られる子どもや保護者の悩みからも、スポーツを取り巻く負の側面が見え隠れします。たとえば、「超早期からスポーツの習い事にのめりこむ親」「やめたくとも親に許してもらえない子どもたち」「ミスした子どもに感情的に怒鳴る指導者や保護者たち」「土日に家族の予定を入れたいと思っても、休みをなかなか言い出せないチームの雰囲気」

「土日の遠征で体力も気力も消耗してしまい宿題や勉強まで手が回らない子どもたち」「オーバーユーズ（練習などによる体の酷使）で怪我をしていく子どもたち」「他人の住所を借りて越境して強豪校に進学する親子たち」「レギュラーと非レギュラーとの溝」「公にされていない、入学前のスカウティングと優遇された入学条件」「勝利至上主義やスポーツ至上主義」など、多くの疑問を感じる出来事と出会ってきました。

こうした状況をみると、スポーツを通して子どもたちに何を伝えたいのか、私たち親は子どもたちにどのようなスポーツ環境を整えてあげるとよいのか、私たち大人が子どものスポーツについて真剣に考えないといけない時期にきているのだと思います。日々の生活や親子関係の中で、子どもの「発達」を大切にしながら、スポーツと上手に付き合っていく方法を示してくれる本はあまり見当たりません。そこで、本書では「子育て本」として、発達心理学、スポーツ心理学、社会心理学、臨床心理学、健康教育、体育教育の視点を織り交ぜながら、スポーツを通した子どもの育ちについて考えてみることにしました。

本書は、私たち三人に加え、子どもの運動遊びを専門とし、全国各地で講演会をしている篠原俊明先生、生活リズムが専門の泉秀生先生、非行犯罪や不登校・ひきこもりなど多くの心理臨床に携わってきた須田誠先生にもお力を借りて執筆しました。

皆さんと一緒に親として子どものために何ができるのかを考えていくことができれば幸いです。

執筆者代表　藤後悦子

7章　子どものスポーツを通した親の対人関係

本文イラスト（5〜7章、コラム10）　山口ぐりこ

序章

社会で活躍できる選手を育てる

この章では、本書がスポーツを通して目指す方向性を示します。単に「勝つこと」やレギュラーになること」を目指すのではなく、「ウェルビーイング（Well-Being）を実現するスポーツ」「社会で活躍するためのスポーツ」「ＳＤＧｓを実現するためのスポーツ」「子どもの権利条約の視点」という大切な考え方を紹介したいと思います。

1　スポーツを通してウェルビーイング（幸福）を高める

子どもがスポーツを習いはじめ、試合で勝ったり、選手に選ばれたりすると、親は夢が広がっていきます。最初は、「試合に出られたらいいね」から始まり、「選抜に選ばれたい」「うちの子なら活躍できるんじゃない」「うちの子、もっと練習すれば上を目指せる」というように、期待は膨らみます。一方でうまくいかないと、「あの子よりもうちの子の方がうまいのに」「あの子、練習サボってるくせに試合に出て」「うちの子、もっとまじめに練習すればいいのに」「あのコーチだとうちの子が活躍できない」など、思わず不満が漏れてくることもあります。

私たちは子どものスポーツを通して、子どもたちに何を望んでいるのでしょうか。このことをきちんと考えておく必要があります。この本では、スポーツを通して子どもたちの**ウェルビーイ**

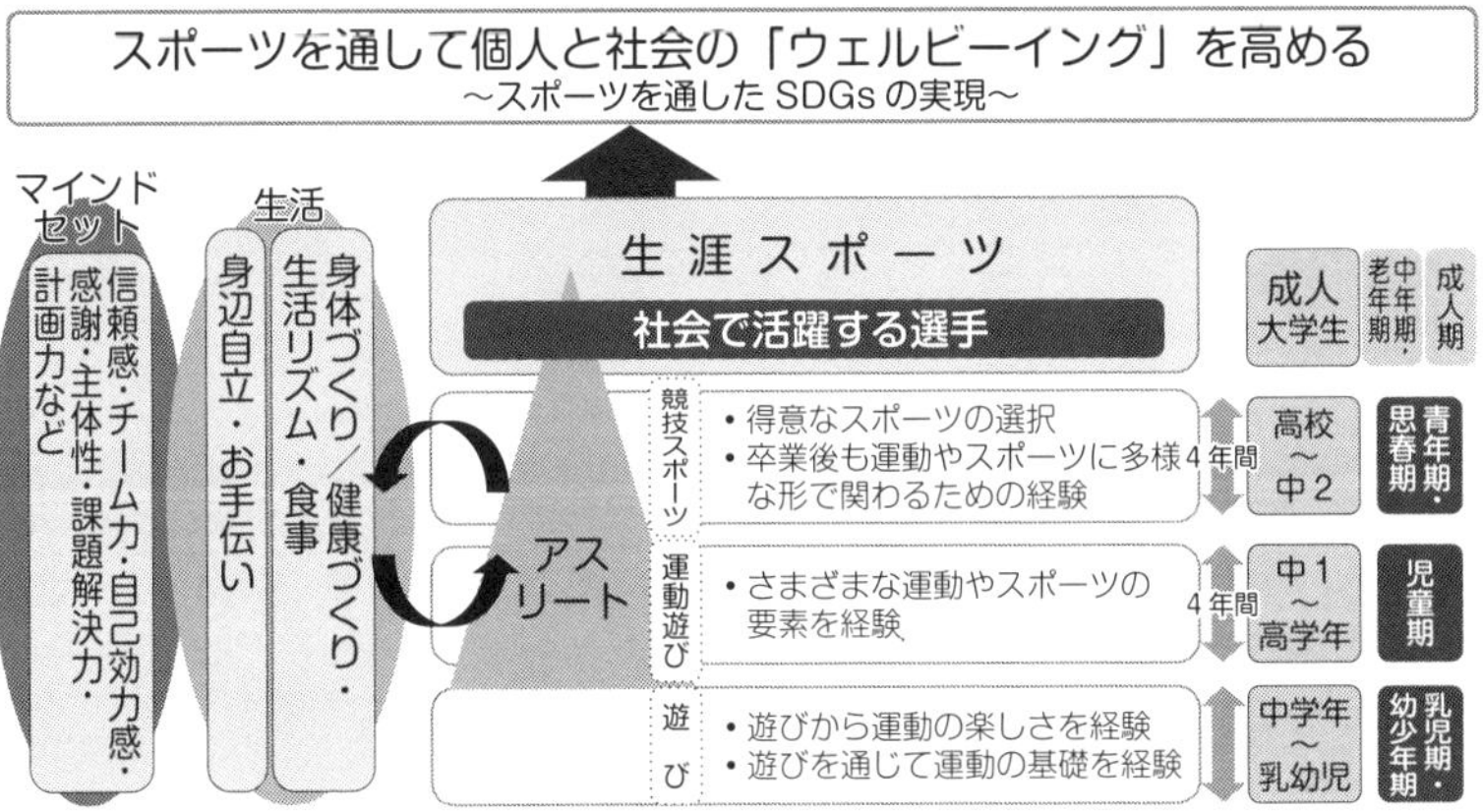

図序.1　子どものスポーツの理想図

ング（幸福）を高めることを最終的な目標としています。

ウェルビーイングとは、幸福と訳すことができ、私たちが「幸福」を感じることができる状態を意味します。幸福とは、利己的なものではなく、そして一時的なものでもなく、長い時間軸の中で、自他ともに認め合い成長を感じ、安定した精神的満足感を感じている状態ともいえます。大坊（2012）は、ウェルビーイングを追求するには、自分の個人の視点が中心となるのではなく、「個人と社会への双方向の視点や自分、他者との関係、社会的広がりを捉えること」（p.282）が必要と述べています。私が専門とするコミュニティ心理学では、個人と社会の適合を大切にします。個人のウェルビーイングを高めるには、社会的なウェルビーイングも必要なのです。

このことを子どものスポーツに置き換えて考えてみると、スポーツを通した子どものウェルビーイングの実現がスポーツの目標と考えられます。そのためには、子どもだけではなく、子どものスポーツに関わる人的環境、具体的には仲間、先輩、後輩、OB、指導者、親、チームの親たちなどすべての人々が、お互いの関係性の中でウェルビーイングを高めることが大切です。人と社会はそれぞれに呼応し合うので、人的環境を含めた社会のウェルビーイングが保障されていることで、その中にいる人と人とのつながりが豊かになり、子ども自身のウェルビーイングも高まります。つまり、子どものスポーツを通して、子ども自身のウェルビーイングのみでなく、親や指導者などスポーツに関わるすべての人々や子どもを取り巻く社会のウェルビーイングを高めることを目標としたいのです。

そこで、本書で掲げる子どものスポーツの理想図が、図序・1です。この図のトップに「ウェルビーイング」を掲げました。スポーツを通して、子どもも親も、指導者も、そして社会も豊かになるという視点を常に持っていただきたいものです。

この本を通して皆さんと一緒に、親として何ができるのか、子どもには何が必要なのかを考えていきたいと思います。

2 社会で活躍できる選手を目指して

「スポーツを通して子どもや社会のウェルビーイングを目指す」という大きな理念を掲げたとしても、いざ子どもの試合に臨むと、わが子には「活躍してもらいたい」というのが親心ではないでしょうか。試合に勝つのは子どもも親もうれしいことですし、子どもが活躍して、勝利を手に入れると大興奮します。どのレベルの選手になりたいかは、子ども自身の没入度や能力にも関係しますが、ぜひとも子ども自身が夢を持ち、その夢の実現に向けて「活躍」していってほしいものです。

しかしながら、気をつけなければいけないのがこの「活躍」という言葉です。もし「活躍」が「勝つこと」や「レギュラーになること」のみを意味するのであれば、ある時期の「活躍」が終わった後の過度のバーンアウト（燃え尽き症候群）や「活躍」していない自分への自己否定が起こってしまいます。思春期や青年期といった心も体も未熟な時期に「勝つこと」だけを目指しすぎることにより、子どもたちの体や心に、ネガティブな影響を及ぼすことが大いに考えられます。たとえば、勝利至上主義によって、これから成長していく過程にある子どもたちの体にとって、過度な筋力トレーニングや過剰な練習を行うこと、また複雑すぎる動きや難易度の高い技の習得を目指すことになると、怪我をする危険性が高まります。もし、怪我をしてしまったら、運動ができなくなってしまうかもしれませんし、生活すら困難になってしまうこともありえます。

さらに、「勝つこと」だけを良しとすることによって、まだまだ未熟な子どもたちの心を貧しいものにしてしまう可能性があります。具体的には、試合中に、相手のミスを喜んだり、失敗をした味方を責めたり、蔑んだりすることなどが考えられます。また、勝利が続くことで、えらぶったり、練習を軽視したりする子どもも少なからず出てくるでしょう。汚い手段で勝利を求めることや、勝敗が決まりつつある段階で緩んだプレーをすることもあるかもしれません。

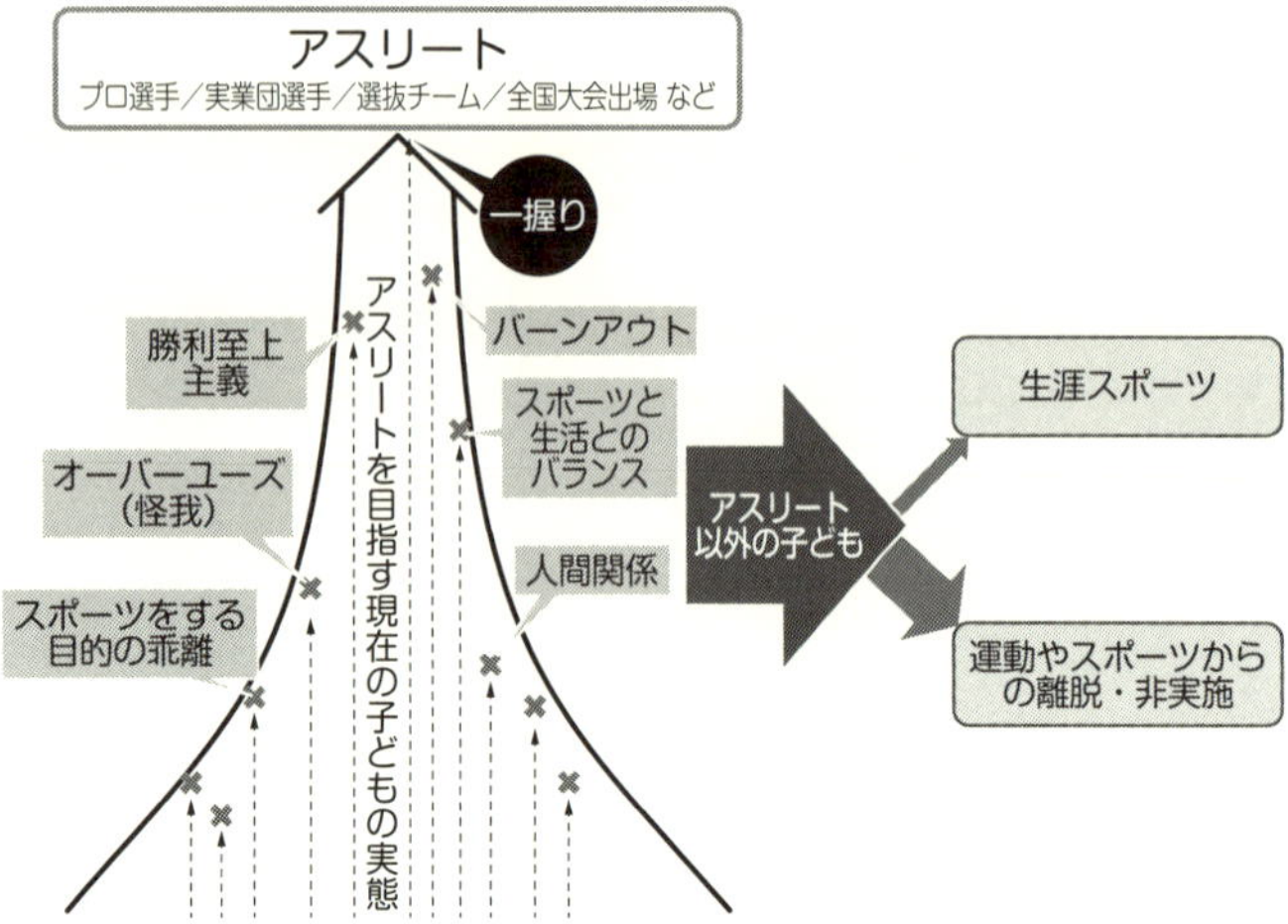

図序.2　子どものスポーツが直面している問題
出所：篠原俊明作成

子どものスポーツが直面している現在の問題を表したものが図序・2です。早期からの専門スポーツの選択、遊び経験の不足、生活経験の脆弱化、アスリートを目指す子どもたちのドロップアウトなど、多くの問題が浮き彫りになっています。

私たちは、子どもたちが望むのであれば、競技で活躍するために、ストイックにスポーツにのめりこんでいく姿があってもよいと思っています。そこで、図序・1の中には「アスリート」という枠も設けました。しかし、あくまでもスポーツを通した経験が社会で生かせること、つまり社会の中で活躍できるような選手や子どもたちに育ってもらいたいと考えています。そうした意図から、本書の図序・1の中では、競技での活躍を超え、「社会で活躍する選手」が目標となっています。そのためには、アスリートであったとしても、子ども時代にはたっぷり子どもらしく「遊び」、そして生活リズムや身辺自立、食事なども大切にしていくことが、最終的には「社会で活躍する選手」につながると信じています。

3　どんな「社会」で活躍するのか
――持続可能な開発目標（SDGs）の視点

それでは、「社会で活躍する力」といったときの「社会」とは、具体的にどのような社会でしょうか。先に述べたようにウェルビーイングを実現する社会ではありますが、それをもう少し具体的に考えてみましょう。現在、世界では目指す方向性として持続可能な開発目標（ＳＤＧｓ：Sustainable Development Goals）という視点が語られています。二〇一五年九月に国連サミットで採択された「持続可能な開発のための２０３０アジェンダ」で記載された国際目標は、十七のゴール・一六九のターゲットから構成されています。

スポーツ庁は、「スポーツＳＤＧｓ」を掲げて、その推進に力を入れています。国連広報センター（2016）は、ＳＤＧｓの目標1～17まですべてにスポーツは関係すると述べています。十七のゴールの中でも本書の内容と特に関連しそうな内容をいくつか紹介しましょう。

〈1．貧困をなくそう〉　スポーツは、幸せや、経済への参加、生産性、レジリエンスとつながりうる、移転可能な社会面、雇用面、生活面でのスキルを教えたり、実践したりする手段として用いることができます。

〈3．すべての人に健康と福祉を〉　運動とスポーツは、アクティブなライフスタイルや精神的な安寧の重要な要素です。非伝染性の疾病などのリスク予防に貢献したり、性と生殖その他の健康問題に関する教育的ツールとしての役割を果たしたりすることもできます。

〈4．質も高い教育をみんなに〉　体育とスポーツ活動は、就学年齢児童の正規教育システムにおける就学率や出席率、さらには成績を高めることができます。スポーツを中心とするプログラムは、初等・中等教育以後の学習機会や、職場や社会生活でも応用できるスキルの修得に向けた基礎にもなりえます。

このようにスポーツを通しての学びは、目の前の「勝つ」ことや「競技力向上」にとどまらず、さまざまな側面があるということを理解していただけたでしょうか。

SDGs「世界を変えるための 17 のゴール」
出所：国際連合広報センターウェブサイト

4　生涯スポーツと健康寿命という視点

近年では、「生涯学習」という言葉や「健康寿命」という言葉に代表されるように、人生を長い期間で考えるようになってきました。これは、日本人に代表されるように、人々の寿命が延びたことにより、ただ長く生きるだけではなく、その質についても問うことを重要視した考え方です。義務教育を終え高校へ進み、その延長線上にある専門学校、短期大学、大学などで学ぶということだけではなく、社会に出てからも学び続けるということです。もちろん、定年を迎えてからも学びたいことを学び続ける、もしくは、学び直すことも含まれます。生涯にわたって学ぶこと（生涯学習）は、人々の知的探究心を満たし、さらには、人間が豊かに暮らすうえでの、多くの知見を見いだしてくれます。義務教育期間の子どもは、心も体も未熟であり、得た知識を応用したり、他分野と組み合わせたりすることは難しいでしょう。しかし、社会に出たり、家族を養ったりしていく過程で、多くの経験をした大人は、学び直すことで、義務教育期間には気づけなかったことや、考えが及ばなかったことに気づける場合があります。そのため、生涯にわたって学ぶことは、とても有意義なことだと言えるでしょう。

健康寿命という言葉は、「ただ長く生きるのではなく、心身ともに健康で自立した生活を送りながら生きている期間」ということができるでしょう。怪我や病気などによって、介護を受けたり機械の助けを借りたりして生きていくようなことになれば、自分のやりたいことややれることの幅が狭まる可能性が高いため、人生の選択肢も少なくなることが考えられます。そのため、「寿命」だけではなく、「健康寿命」が重要だと考えられます。

このように、学ぶことや寿命といったことを長い期間でとらえる時代において、部活動やスポーツなどを考えてみると、「勝つこと」だけに視点を置いて「活躍」を考えることには違和感を覚えますし、危険性も考えられます。先に述べた通り、寿命が延びたことにより、活動できる時間も期間も延びているのです。

5　社会で活躍する選手に必要な要素とは

健康寿命を見据えながら、社会で活躍する選手として身につけてもらいたい要素を考えた際、経済産業省が提唱している社会人基礎力の構成要素が参考になります。「前に踏み出す力」（主体性、働きかけ力、実行力）、「考え抜く力」（課題発見力、計画力、創造力）、「チームで働く力」（発信力、傾聴力、柔軟性、状況把握力、規律性、ストレスコントロール力）です。「前に踏み出す力」は、一歩前に踏み出し、失敗しても粘り強く取り組む力、「考え抜く力」は、疑問を持ち、考え抜く力、「チームで働く力」とは、多様な人々とともに目標に向けて協力する力、と定義されています。スポーツはこれらを育む絶好のチャンスだといえます。

何を主眼にスポーツと関わっていくかは、本当に重要なことです。競技スポーツの引退後、アルコールや女性、ギャンブルや薬物に溺れる選手、監督となって体罰を振るう選手などの話を聞くたびに、「スポーツのみで活躍すること」や「勝つことのみにこだわること」の意味を真剣に問い直したいと思うのです。そこには、スポーツマンシップも重要です。ルールや規則を守ることはもちろんのこと、いかなるときにも全力を尽くし、さらに、相手や仲間、応援してくれる人たちへの感謝の気持ちを忘れないことです。

社会で活躍する選手として必要な強い精神力をもった選手は、いかなるときにも自分自身と向き合うことができるため、落ち着いた気持ちで競技に集中できるでしょう。日本で昔から行われている相撲や柔道、剣道などでは特に、礼に始まり礼に終わることが特徴的です。自分一人では試合は成り立ちませんし、試合ができる環境を整えてくれる人や、応援してくれる方々、自分を育ててくれるコーチや監督、叱咤激励してくれる友人や先輩・後輩、温かく見守ってくれる家族など、多くの方の支えがあって試合ができることに感謝することが大切です。感謝の気持ちを持つことが、スポーツを通してウェルビーイングを高めるために必要なのです。

6　幼児期から青年期・成人期までの「発達」を見通した関わりの必要性

社会で活躍できる選手になるという、スポーツを通した子どものウェルビーイングの実現を目標とした場合、具体的に親はどのような環境を子どもたちに与え、どのような関わりをしていく必要があるのでしょうか。本書では、私たちの専門領域でもある「発達」を意識しました。世間では、スポーツでの活躍が報道されるたびに、早期教育がクローズアップされます。親はいつ、どのような習い事をさせればよいのかと悩むことでしょう。私たちは、教育的な視点、心理学的視点から子どもの成長に合った環境を提唱します。

前掲の図序・1にはその具体的な要素がまとめられています。運動能力という面では、幼児期は「遊び」と「生活」を重視します。児童期では、さまざまな動きを伴った「運動遊び」と「生活」の重視を提唱します。生活とは、身辺自立やお手伝い、生活リズム、食事などの側面を有します。本格的なアスリートを希望する場合は、たっぷりと「遊び」や「運動遊び」の時期を過ごしたうえで、日本の場合は小学校高学年をめどに、種目を絞っていくこととなるかもしれません。中学・高校・大学と専門種目に没入する時期が出てくると思いますが、その中でも生活リズムや食事、運動負荷量などを意識し、勉強と両立できる環境を保障してあげることを望みます。その後トップアスリートを目指す人数は限られてきますが、上手に他の種目に移ったり、少しペースを落とした生涯スポーツへ移行したりすることも柔軟にできるシステムがあるとよいでしょう。図序・1にはこれらの関係性も表されています。

7　子どもの権利条約の視点

子どものスポーツの話をしていたのに、「なぜ急に子どもの権利条約？」と不思議に思う方もいるかもしれません。条約とは、憲法の次に位置するもので、国内法の上位に位置します。つまり、国内にある子どものスポーツに関連する法律すべてにこの子どもの権利条約は影響するのです。子どものスポーツに関連する法律には、スポーツ基本法、教育基本法、学校教育法、刑法、刑事訴訟法、民法、民事訴訟法などが挙げられます。

その大元となる子どもの権利条約を確認しておきましょう。子どもの権利条約とは、一九八九年に国連総会において採択され、一九九〇年に発効しました。日本は一九九四年に批准しています。「子どもの権利条約」の一般原則としては、「生命・生存及び発達に対する権利」「子どもの最善の利益」「子どもの意見の尊重」「差別の禁止」です。わかりやすく言うと、生きる権利、育つ権利、守られる権利、参加する権利という分け方をすることもあります。

ここでは、子どもの権利条約の中の第三一条を紹介します。第三一条は、「休息・遊び・文化的な生活及び芸術的な活動に十分に参加する権利、レクリエーション及び余暇の活動のための適切かつ平等な機会の提唱」を保障するものです（増山 2017）。日本ではスポーツというとストイックな訓練を理想とする風潮がありますが、子どもの権利条約によって、子どもたちの休息や遊び、芸術、そしてレクリエーションへの参加を保障しないといけないのです。つまり、生活のほぼ全部がスポーツに偏重していたら、子どもの遊びや休息等が保障されていないので、子どもの権利が守られていないこととなります。子どもの権利というと、少し強い印象を与えてしまうかもしれませんが、親として子どものスポーツに関わる場合にも、しっかりと子どもの権利条約を押さえておく必要があります。

このことを象徴するように、二〇一八年十一月にユニセフと日本ユニセフ協会は「子どもの権利とスポーツの原則」を発表しました。これはユニセフの中でも日本発のものであり、子どもたちの権利を守るためにも重要な内容となっています。スポーツの原則は次の十項目に分かれています。

1. 子どもの権利の尊重と推進にコミットする
2. スポーツを通じた子どものバランスのとれた成長に配慮する
3. 子どもをスポーツに関係したリスクから保護する
4. 子どもの健康を守る
5. 子どもの権利を守るためのガバナンス体制を整備する
6. 子どもに関わるおとなの理解とエンゲージメント（対話）を推進する
7. スポーツ団体等への支援の意思決定において子どもの権利を組み込む
8. 支援先のスポーツ団体等に対して働きかけを行う

9．関係者への働きかけと対話を行う
10．スポーツを通じた子どもの健全な成長をサポートする

具体的なアセスメントツールも作成されていて、合計六百点で子どもの権利を侵害するリスクをチェックできるようになっています。ぜひあなたの子どもが所属するチームをチェックして、チーム運営を考えるきっかけに使ってみてください。

8　本書の構成

本書は、本章を含む全9章から構成されています。どの章からも読めるようになっていますので、皆さんの問題意識に合わせて頁をめくっていただけると幸いです。次の1章では、現在の子どもを取り巻くスポーツの現状について、多くのデータを取り入れながら述べています。本書を単に子育てのノウハウにとどめたくないという思いから、科学的知見に基づいた私たちの問題意識を述べています。目の前の子どもの問題を俯瞰することで、自分の問題としてのみとらえるのではなく、社会の問題としてとらえることが可能になります。

2章は、子どもの運動能力を伸ばすための考え方と実践について述べています。幼児期は主に保育の場で大切にしている子どもの育ちについて述べ、それらが運動能力とどのように関連して

いるのかを写真を交えながら説明しています。また後半は、学童期の「運動遊び」の必要性とこの時期に求められる動きの内容について紹介しています。

3章は、中学以降、部活動を中心に専門スポーツに関わっていく子どもたちにも役立ててもらえることを念頭に置いて書きました。社会で活躍する選手になるためのマインドセットの具体化や競技力向上につながるヒントが隠れています。

4章からは、子どものスポーツに向き合うために親は何をするとよいのかについて考えていきます。親自身の自己理解や価値観を問い直し、どのようなスタンスで子どもと向き合えばよいのか、理解を深めます。

5~7章では、具体的な対応方法を事例を通して学んでいきます。5章は乳幼児・学童期、6章は思春期、7章は子どものスポーツにまつわる親の対人関係についてです。スポーツを通して多くの出会いがあるということは、絆が深まるとともに対人関係の中での葛藤も生じやすいものです。よりよい関係性構築を目指して、何ができるかを考えます。

最後に8章で、親自身のサポート力について考えます。親自身がスポーツとどのように関わり成長していくかは、実は子どもの成長に大きな影響を及ぼすものです。

なお、本文では、保護者・親、乳児・幼児期・学童期という区分、幼少期と学童を合わせて幼少期という記述をしている部分があります。語句の統一も検討しましたが、書き手の専門領域や文脈を重視するということで、統一せずに個々の表現のままにしています。

Ⅰ章

現代の子どもを取り巻くスポーツ環境

スポーツを子育てに活かしていくにあたり、まずは日本のジュニアスポーツの現状を概観しましょう。

「ジュニアスポーツ」は、概ね十八歳以下の子どもを対象にしたスポーツを指します。ただ、日本のシステムでは、中学校以上の子どもは学校の課外活動（いわゆる部活動）としてスポーツを行うことが中心となりますが、それ以前の年齢でスポーツを行いたい場合は個々に選ぶ必要があるというように、子どもの年代によってスポーツに関するシステムが異なります。また、心理的にも幼児から中高生にかけて大きく成長します。そこで、必要に応じて小学生までと中高生とを分けてお話ししたいと思います。

1　子どもにとってのスポーツ

①スポーツとは何か

子どもにとってのスポーツを考える前に、ここでまず、スポーツとは何かを確認しておきましょう。皆さんはスポーツに関する法律があるのをご存じでしょうか？　スポーツに関する基本理念やスポーツ関係の施策の基本となる事項を定めるスポーツ基本法が、二〇一一年に制定されています。これは、一九六一年に制定されたスポーツ振興法を五十年ぶりに全面的に改正した法律です。その前文には、スポーツは、「心身の健全な発達、健康及び体力の保持増進、精神的な充足感の獲得、自律心その他の精神の涵養《かんよう》等のために個人又は集団で行われる運動競技その他の身体活動」とあります。スポーツ基本法ではさらに、スポーツが、人が生涯にわたって心身ともに健康で文化的な生活を営むうえで不可欠であるばかりか、「次代を担う青少年の体力を向上させるとともに、他者を尊重しこれと協同する精神、公正さと規律を尊ぶ態度や克己心を培い、実践的な思考力や判断力を育む等人格の形成に大きな影響を及ぼすものである」と、スポーツが心身の成長の過程にある青少年・子どもの真に健全な成長を支えるという特別な意義があることを明示しています。

日本ユニセフ協会が二〇一八年に制定した「子どもの権利とスポーツの原則」も、その前文において、スポーツの持つ二つの力を明記しています。一つは、「子どもの健全で豊かさに充ちた成長を促す大きな力」です。後ほど詳述しますが、スポーツをすることで、体力だけではなく精神面でも成長を促すことが調査データからもわかっています。もう一つは、「その大きな影響力を通じて、世の中に広く積極的なメッセージを伝える力」です。確かに新聞には必ずスポーツ欄がありますし、スポーツ選手にあこがれる人は多く、オリンピックやワールドカップなどのイベントは普段関心がない層も巻き込んでお祭りのようになります。特に毎日のオリンピック報道や競技の様子を興奮して語りあう人々の様子を考えると、スポーツに何らかの力があることは疑いようがありません。

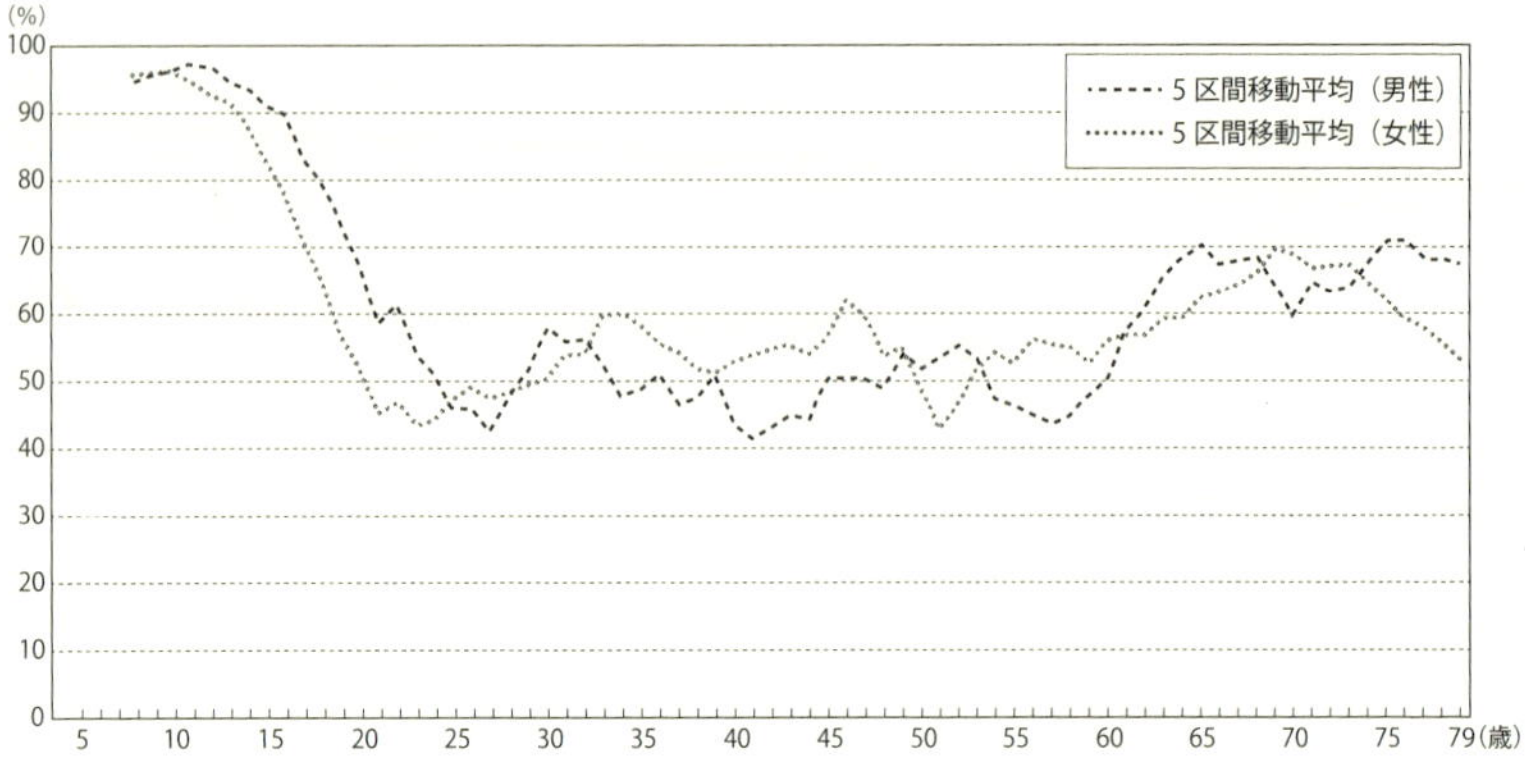

図1.1　各年齢における週1回以上の運動・スポーツ実施率

注：年齢5区間の移動平均をプロットしており、たとえば8歳時点の数値には8歳を基点とした4～8歳までの5区間における実施率の平均値を示している。
出所：笹川スポーツ財団（2017b）p.21

スポーツ庁が二〇一五年十月に新設されたのもそのような背景からでしょう。スポーツ庁新設に関しては、オリンピックでの金メダルの数を増やすための強化策が話題に上りがちですが、「スポーツを通じて「国民が生涯にわたり心身ともに健康で文化的な生活を営む」ことができる社会の実現」が目標に掲げられています。長寿高齢化する社会の中でいかに健康に長く生活するかはとても重大な課題ですので、それにスポーツ振興によって取り組もうとしているのです。

一般の人々がスポーツを楽しみながら健康の保持増進をしたり社会参加を推進したりする生涯学習としてのスポーツを生涯スポーツと呼びます。日本では中学生までは週に一度以上運動・スポーツをする人は八割を超えますが、成人期以降の運動実施率は五割程度まで落ちます（図1・1、笹川スポーツ財団 2017b）。これは欧米

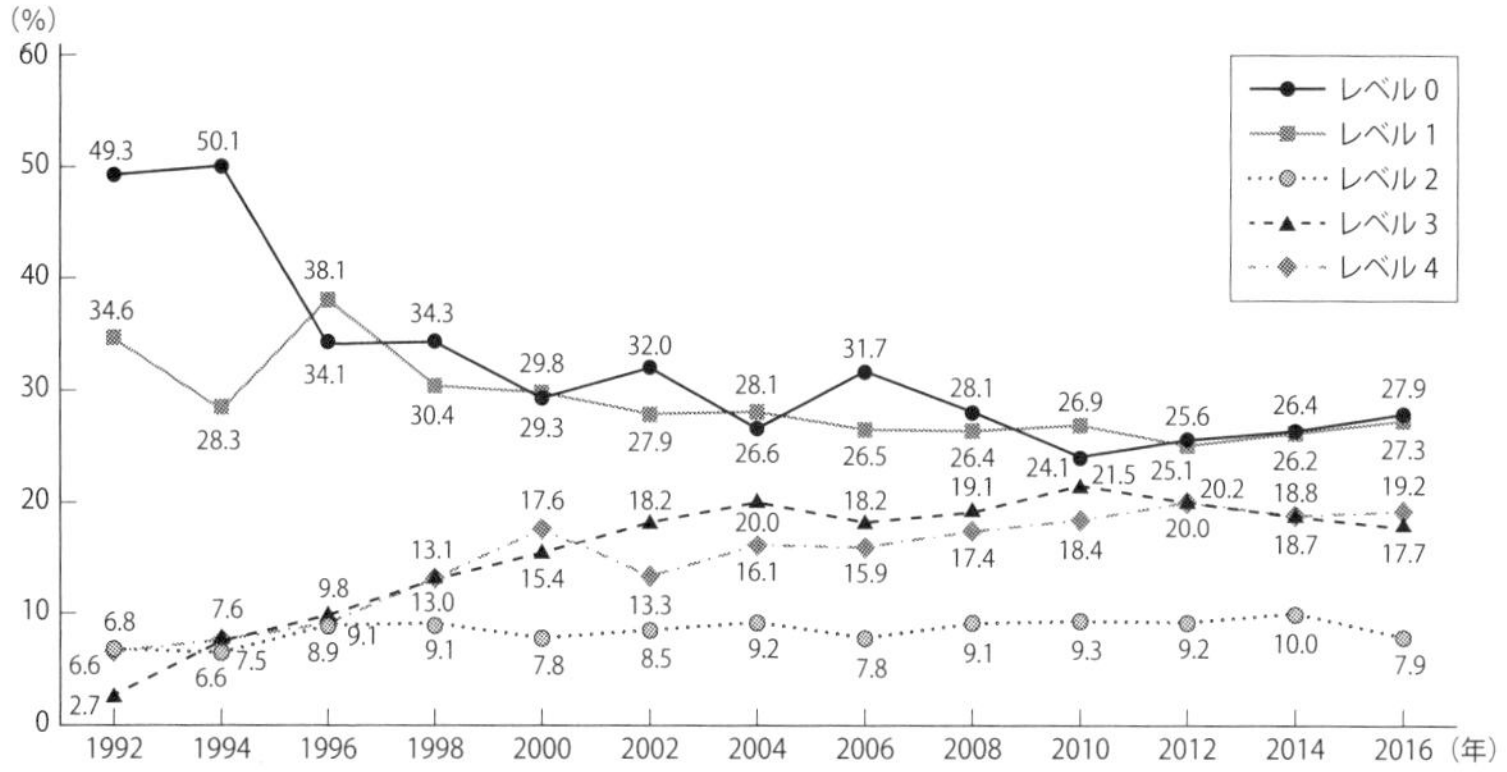

図 1.2　成人のレベル別運動・スポーツ実施状況の推移

注：レベル 0 ＝過去 1 年間全くスポーツをしなかった、レベル 1 ＝年 1 回以上週 2 回未満、レベル 2 ＝週 2 回以上、レベル 3 ＝週 2 回以上かつ 1 回 30 分以上、レベル 4 ＝週 2 回以上 1 回 30 分以上かつ運動強度がややきつい以上

出所：笹川スポーツ財団（2017a）p.76

諸国と比べると低いのですが、近年は職場を定年退職した後に少し増える傾向があり、中高年を中心に定期的に運動・スポーツをする人は徐々に増えてきているようです（図１・２、笹川スポーツ財団 2017a）。

②子どものスポーツの現状

子どものスポーツ実施率はどうでしょうか。笹川財団の調査によれば、「子どもが今の時期に運動・スポーツをすることは重要だと思う」に「あてはまる」「ややあてはまる」と回答した保護者は実に九六％を超えていましたし（笹川スポーツ財団 2017b, p.50）、母親を対象に行われた別の調査でも、九八％という圧倒的多数が「子どもにとって運動やスポーツは必要だ」と考えていることが報告されています（佐藤 2009）。

実際に、習い事としてスポーツは相変

わらず人気です。たとえば、Benesse教育研究開発センター（2009）が行った放課後の時間の使い方に関する調査によれば、就学前からスポーツ系の習い事が盛んであり、小学校低学年では約七〇％がスイミングやサッカー、野球などのスポーツ系の習い事をしています。イオレ（2018）が一七五一家庭に行った調査でも、小学生以下では、一位・水泳、二位・サッカー、六位・野球、九位・体操、十位・ダンスと、スポーツ系の習い事が次々ランクインしています。

中学生・高校生はどうでしょうか。日本では中学校に上がると部活動への加入が強く奨励されており、スポーツ庁の調査（2016）によれば、何の部活動にも所属していない生徒は一〇％足らずです（図1・3）。中でも運動部への加入率は高く、ここ数年は六五〜六七％程度で推移しています（笹川スポーツ財団 2017a, p.76）。二〇一七年度「運動部活動等に関する実態調査」によれば、高等学校でも六三・二％と多くの生徒が運動部に所属しています（中学校では七七・七％。スポーツ庁 2018c）。

運動部活動の活動日数については、学期中における平日の活動日数が六日以上と答えた割合は中学校で六七・二％、高等学校では七七・三％に及びました（図1・4）。また、学期中の平日の一日の活動時間は二〜三時間が最多となっていますが、三時間を超えるケースも多々見られます

就学前からスポーツの習い事は盛ん

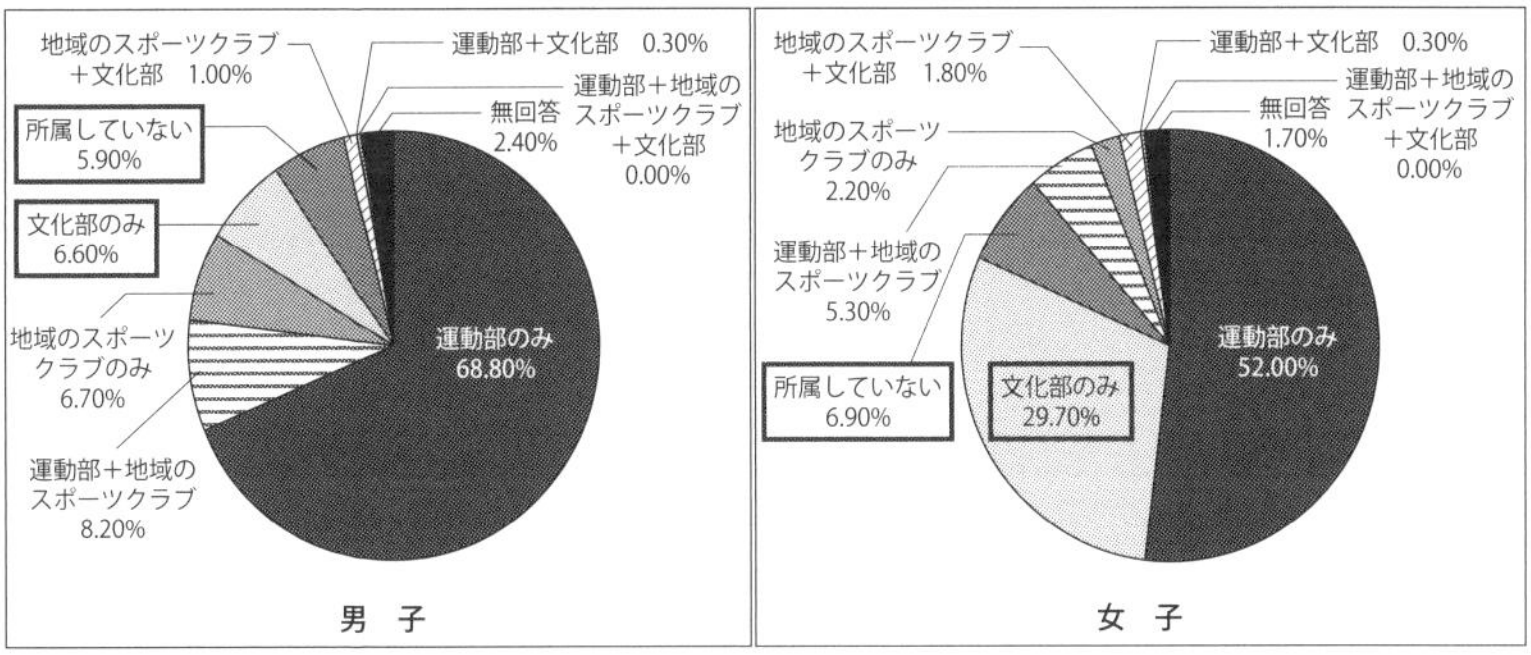

図 1.3　部活動等の所属内訳（中学 2 年生）
出所：スポーツ庁（2016）

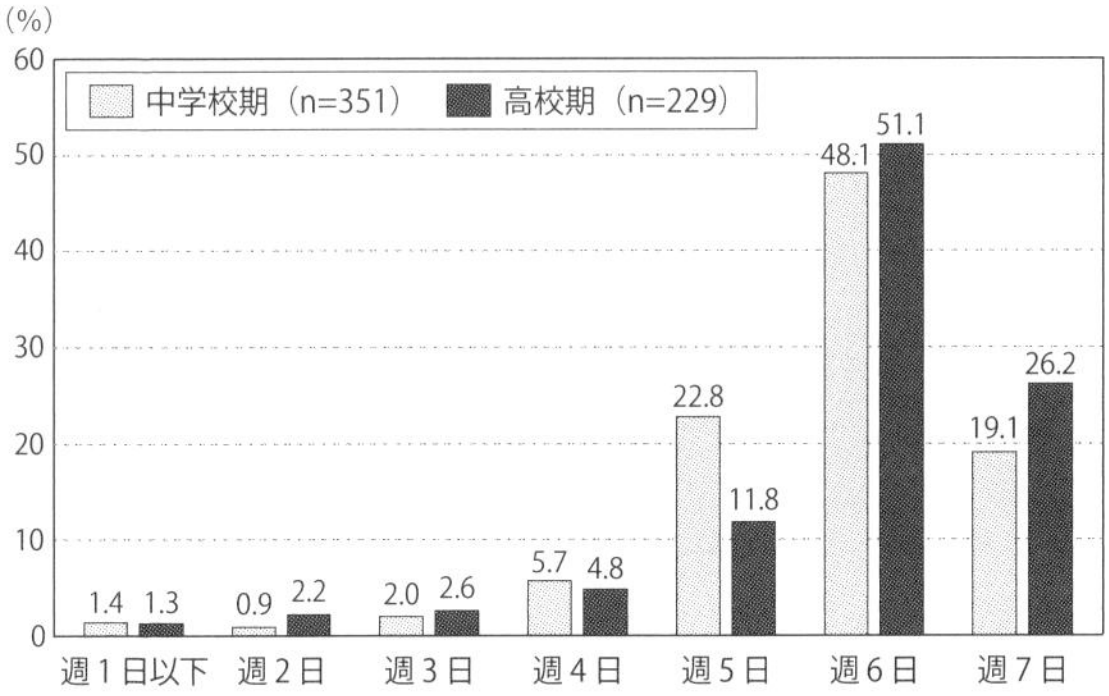

図 1.4　運動部活動の週あたりの活動日数（学校期別）
出所：笹川スポーツ財団（2017b）p.120

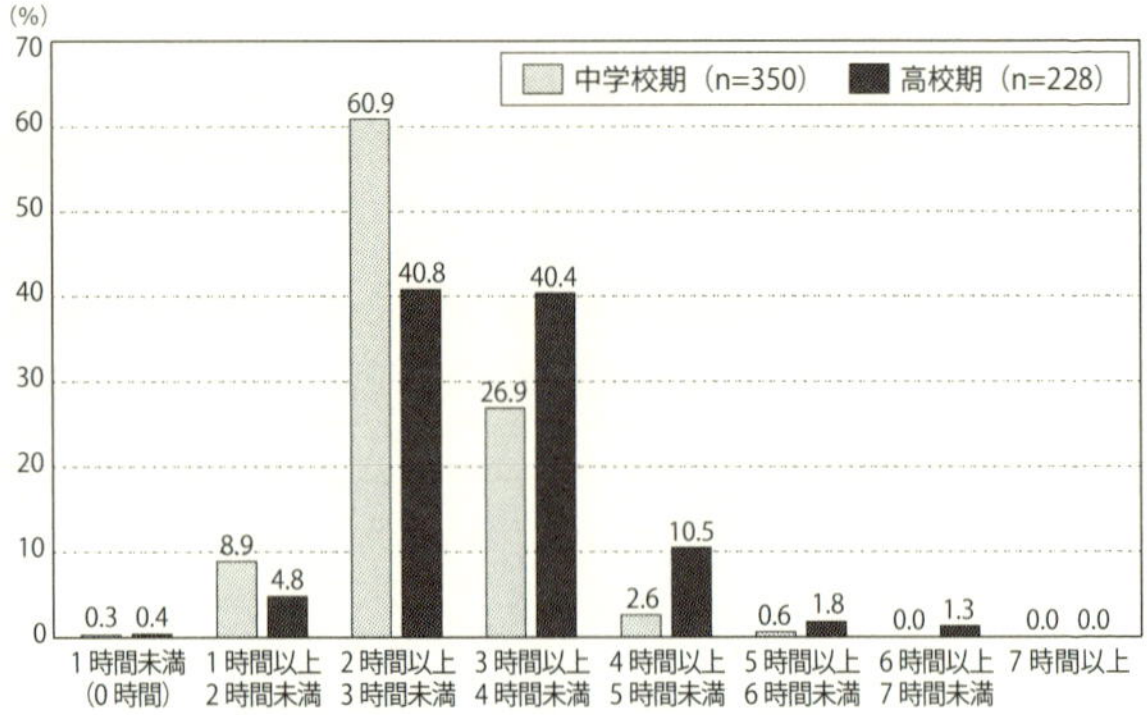

図1.5　運動部活動の1日あたりの活動時間：平日（学校期別）

出所：笹川スポーツ財団（2017b）p.120

（図1・5）。これに加え長期休暇中の練習や合宿もあることを考えると、学校の運動部はかなり長時間活動しています。そのため、中高生にとっては、部活動の人間関係が学校生活の中心となることが多いと言われています。

なお、運動部に入っていない生徒の中には、学校以外のスポーツクラブに所属している者も一定数います（中学生で一五％、高校生で二一％強。スポーツ庁 2018c）。これは、同じ種目であっても学校の方が競技レベルが低いというケースと、そもそもやりたい種目の運動部がないケースがあるようです。

このような調査結果から、現代の日本において青少年のスポーツは盛んだと言えるのではないでしょうか。

③スポーツが育むもの――本人への影響

子ども時代にスポーツを行うことにはどのような効果があるのでしょうか。

まず、スポーツ基本法などが謳《うた》っているように、身体の発育促進の効果があります（谷口2004）。成長期の骨や筋肉の発達には、十分な栄養に加え、運動による適度な刺激が不可欠です。また、体力増進と運動能力向上という効果もあります。筋力や骨格は十代後半まで伸びていきますが、神経は幼児期に急激に発達し、大人の八〇％にまで達すると言われています。そのため、この時期にさまざまな動作を経験することで、脳が刺激され、運動神経も発達していきます。運動能力を発達させるためには、年齢に合わせた刺激を身体に与えることに一定の効果があるとされています（詳細は2章で）。

文部科学省が毎年度行っている体力・運動能力調査によれば、ここ十年はやや持ち直しているとはいえ、短距離走、持久走、握力、ソフトボール投げなどの体力テストのほぼすべての項目について、現在の子どもの方が親世代よりも依然として低いレベルにあります（文部科学省 2014a：スポーツ庁 2018a）。これは日本に限った話ではなく、さまざまな国で青少年の体力および筋力の低下が報告されていて、世界的に問題になっています。ただ、先述した文部科学省の調査（2014a）によれば、九歳頃から、何らかのかたちで週に三回以上運動している子どもは、それ以外の子どもよりも体力テストの得点が高いのです。

それだけではありません。子ども時代に身体を動かす楽しみを持つことは、それ以降もスポーツを行う意欲に直結し、さらに大人になってからの心身の健康にも大きな影響を与えます。運動不足は世界的な問題ですが、二十か国の大人について行われた調査によれば、「座っている時間」が日本では一日六時間を超えておりトップだそうです（Bauman et al. 2011）。人は身体を動かして生活するようにできているため、運動が成人の健康維持に役に立つというデータはさまざまにあります。たとえば征矢らは、運動は神経細胞の成長を促し、軽い運動には前頭前野（判断や意思決定を行う脳の部位）や海馬（記憶や感情の整理を行う部位）を活性化させることを示しています（Soya et al. 2011）。中学時代に運動部に入っていた人は大人になってからも運動を行うケースが多く、老人になってからの運動機能テストの成績が良いというデータが実際に出ているのですが（文部科学省 2014a）、これは運動習慣が続くためであると解釈されています。たしかに、十分に意欲があったとしても、大人になってから突然始めるのは何であれ難しいものです。身体コントロールが大きく関係するスポーツは特に、身体も心も柔軟な子ども時代から親しんだ経験があった方が望ましいでしょう。このように、歳をとってからの体力は青少年期の運動経験と切っても切れないため、運動・スポーツは健康年齢の拡大に大きな役割を果たすのです。

スポーツ活動には、身体のみならず心理的にも効果が期待できます。まず、体を動かすことはストレス解消にもなりますし（荒井 2004）、勝利を目指して努力する中で忍耐力やチャレンジ精神も育つでしょう。たとえば、広島の小学校高学年児童を対象に行われた調査でも、スポーツを継続したことにより運動技能や自尊感情が高まったことが示されています（新本 2012）。また、運動系の部活動に所属している高校生は、そうでない高校生より日常生活で生じるさまざまな問題や要求に対し建設的かつ効果的に対処する能力が高いことが示されています（上野・中込 1998）。部活動をしている高校生としていない高校生とを比べた竹村ら（2007）もまた、部活動をしている方が課題志向性（個人の能力の発達を目標とする志向性）および協同性（仲間と協力することを目標とする志向性）が高いことや、学校生活への適応が良好であることを示しています。

これに加え、少子化が進む現代においては、スポーツ集団には個人がその属する社会の価値観や社会性を取り入れていく学習の場としての役割も期待できます。目的を持って接していると、仲間とぶつかってしまうこともあります。そのような仲間たちとの付き合いが、社会性や協調性の習得につながるのです（Coatsworth & Conroy 2009）。たとえば、カナダの小学生を対象にした調査によれば、スポーツ経験のある子どもの方がない子どもよりも社会的スキルに優れ、自尊心や幸福感が高い傾向がありました（Findlay & Coplan 2008）。

スポーツはコミュニケーションの一つの道具としても使えます。スポーツ漫画にも、たとえば、『キャプテン翼』（作：高橋陽一）で、転校生の岬君がサッカーをしていた（そしてうまい）ことで翼君たちとすぐに親しくなれたように、『黒子のバスケ』（作：藤巻忠俊）の火神大我がバスケットボールをやりながら異国の地になじんでいったように、スポーツには言葉はなくても楽しさを共有できるという良さが描かれています。

ここまでをまとめると、子どもはスポーツチームに所属することにより、まず、熱心さ、根気強さ、チャレンジ精神などの課題解決能力、さらに、コミュニケーション能力や社会性などを得ることができるでしょう。

アスレチックでチャレンジ精神を育む

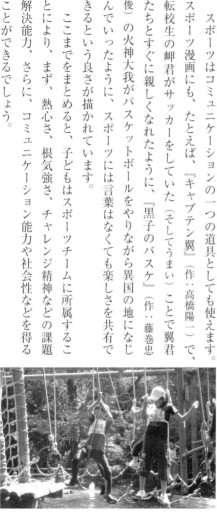

④スポーツが育むもの——家族への影響

最後に、スポーツには、豊かな親子関係を育む効果もあります。何であれ、家族で共通の趣味・関心事を持つのは良いことです。たとえば、子どもにせがまれて一緒に試合を観に行ったり、休日にその種目がプレーできるようなところに出かけたり、個人練習に付き合ったり、こういうことはぜひしてほしいと思います。なぜなら、このように保護者が子どもとともにスポーツに関わることにより、自然に、家族のコミュニケーションが増え（Dorsch et al. 2015）、子どもの成長や楽しんでいる様子を実感することができるからです（Wiersma & Fifer 2008）。

子育ての渦中にいるうちは、たくさんやることがあって大変だと感じられるかもしれません。でも、保護者が子どもに影響を与えられる期間はそう長くはありません。仕事に家事に毎日忙しいとは思いますが、物理的に手がかからなくなってきてもぜひお子さんに時間を割いてあげてください。貴重な成育過程に密度の濃い関わりをするために、そして大きくなっても維持されるような信頼関係を形成するために、スポーツは一役買うことができるでしょう。

ジュニアスポーツの場合、単なる共通の関心にとどまりません。ジュニアスポーツの一つの特徴として、選手（本人たち）と指導者に加えて、保護者が第三の登場人物として想定される点が挙げられます。練習場所の設定や試合などの際の送迎、道具の管理など物理的な面において、また励ましや動機づけなどの精神的な面において、サポーターとしての保護者がある程度必要となるからです。このため必然的に、保護者と子どもの関わりのみならず、保護者と指導者、保護者と他の保護者たちとの関わりが深くなります（大橋・藤後・井梅 2018）。大人になってから友達を作ることは簡単ではありませんが、「ママ友」という言葉があるように、子どもを介して子育てネットワークが拡大する効果も期待できるでしょう。

2　子どものスポーツ環境

体力や運動能力は子ども時代の自由な遊びの中で育つと言われていますが（詳細は2章で）、少子化が進んだ現代の子どもの遊び環境は変わりつつあります。漫画『ドラえもん』（作：藤子・F・不二雄）では、子どもたちが放課後に空き地で野球などを楽しむ場面がくり返し描かれます。『ちびまる子ちゃん』（作：さくらももこ）でも、子どもたちが公園らしきところに集まっています。けれども、現代の特に都市部においては、子どもが自由に集うことができる場所は減ってきています。空き地はありますが、多くの場合は立ち入り禁止です。一般の公園では幼児やお年寄りも同時に使うことからボール類の使用を禁止する看板がよく見られます。次頁の右上の写真は東京都東部の例ですが、自転車とともに球技全体がはっきりと禁止されていますし、その左の写真の東京都西部の例では、「大きなお兄さん」を何歳からととるかに個人差がありそうですが、野球とサッカーを例示しつつボール遊びをしないでと書かれています。

そのため、気軽に身体を動かせるサッカーやキャッチボールをやりたい場合には遠くの大きな公園まで出かけるか、あるいは、道路で行わざるを得ません。ただ、道路は車が通ることもあっ

ボールの使用を禁止する公園の看板

て安全とは言えませんし、他の歩行者の迷惑にならないよう、周りを注意しながら細々と行うことになります。そのうえ、少子化や習い事の増加に伴う遊び仲間の減少、遊び方の変化に伴う外遊びの割合の減少により、子どもの外遊び時間は減っています（東京都教育委員会 2016）。

外遊び時間減少に関するこの三点の解消は難しく、適切な運動を意識して実施することが重要になってきます。実際に、各自治体・教育機関が子どもの体力低下への対策をとりはじめています。たとえば、体育の授業時間を増やしたり、休み時間や授業前にスポーツや運動・体操を取り入れたり（縄跳び、持久走、短距離走、鬼ごっこ、ボール蹴りなど）、学級活動の時間に積極的に外遊びを取り入れたりするなどです。私の子どもたちが通っていた公立小学校では、週に一度、全校で縄跳びや鬼ごっこなどの運動遊びをする時間が設けられていました。また、休み時間はなるべく外に出るように担任の先生方が腐心していたようです。全国でのこうした取り組みの甲斐あって、体力テストではここ十年ほどで横ばい、または向上している項目もあるものの、持久走やボール投げはかなり低下したままです。こうした運動はやはり、学校の教育課程内で行うには時間的に限界があります。そのため、放課後や休日のスポーツ活動に注目が集まっています。

授業外のスポーツ活動をどこで行うかは年齢によって異なります。まず、小学生以下の場合ですが、部活動という制度がほとんど見られないため、地域スポーツに参加することになります。日本の地域スポーツは、さまざまなスポーツを行う総合型地域スポーツと、年間を通して一種目を行うボランティア主体の地域スポーツ、そして習い事としての民間経営の地域スポーツに分類することができます。水泳やテニスは民間経営の教室が盛んですが、チームスポーツ（野球、サッカー、バスケットボール、バレーボール）はボランティア主体の地域スポーツが主に担っているのが現状です（片岡ら 2013）。ボランティア主体の地域スポーツは、練習の当番や試合への送迎などに親の援助が必要となるので、必然的に親とチーム、親同士の関わりが深くなります（大橋・井梅・藤後 2015；Smoll et al. 2011）。親もまた子どもとともに地域スポーツに関わるため、家族のコミュニケーションの増加（Dorsch 2015）、子どもの成長や楽しんでいる様子の実感（Wiersma & Fifer 2008）、子育てネットワークの拡大（Na 2015）などさまざまなメリットが得られる一方で、子どものスポーツを通した対人関係の中で困難にも遭遇することになります（藤後・三好ら 2018）。

一方、中学生以上の場合、学校の部活動が中心になります。学校が主幹であるため、顧問を中心とする学校を中心に運営されますし、生徒は自身の関心に基づいて部を選ぶことができます。そのため、あまり親の関与が必要ありませんが、強豪校になるとそうでもないようです。また、進学先にそのスポーツを行う部がない場合や競技レベルが合わない場合を中心に、地域スポーツを続けるケースも見られます。

3 ジュニア期のスポーツの問題点

スポーツは行う方も楽しいですが、スポーツ観戦が趣味として成り立っているように、観戦もまた楽しめるところがポイントです。つまり大人の世界にはプロによる娯楽としてのスポーツが存在します。人は限界まで鍛え上げられた選手の身体と技術を見て感心し、応援に熱を上げます。それはサッカーや相撲やオリンピックの中継などの盛り上がりのみならず、「筋肉番付」(ＴＢＳ系列、一九九五〜二〇〇二年放送)や「ＳＡＳＵＫＥ」(同、一九九七年〜)などのスポーツ・バラエティ番組の人気からも察することができます。

子どものスポーツにも同じような形式で「試合」がありますから、観戦の楽しみがあることは確かです。ここで大切なのは、子どものスポーツを観戦することを、プロスポーツの観戦と混同してはいけないということです。

なぜなら、子どものスポーツには教育の要素が大きく、技術や勝敗にだけ腐心するわけにはいきません。もちろんスポーツで勝つことはうれしいことですが、勝利を子どものスポーツの目的にすることは大変危険です。チームスポーツで相手が勝てば自分は負けですし、個人スポーツでは勝利を味わえるのはごく少数です。勝利だけが楽しみだとしたら、レベルが上がり相手も強いので勝ちにくくなってくると、そのスポーツには楽しみが少ないということになってしまいます。

また、親や指導者が、自分自身が叶えられなかった願望を子に託し、過剰な指導・応援をすることがありますが（武田 2008）、これも子どもにストレスを与えます。さらに、親と子どもそれぞれにスポーツ体験について調査した研究によれば（Kanters et al. 2008）、親からのプレッシャーを子どもは親よりも大きくとらえており、親からの支持や援助については子よりも親自身の評定の方が高いというずれが見られています。スポーツを続けるには内的な評価の高さ、すなわち楽しさが大切ですが、親子のずれが小さいほど子どもはそのスポーツを楽しいと考えていました。

スポーツを行う理由は何でしょうか。先述したようにスポーツの習い事を幼児期から始める子どもが多い現状を見ると、どのスタイルを選ぶか、始める時期や種目の選択にもまた、保護者の意向が強く働いていると思われます。特に幼児・児童の場合には保護者の意向なしに始められませんから、まずは保護者が自分の子をスポーツ集団に加入させる動機について見ていきましょう。

丸山（1984）は、都内の幼稚園で、子どもにスポーツの習

子どもの野球を観戦する保護者（アメリカ、サンフランシスコ）

い事をさせている保護者にその動機について尋ねました。その結果、「より健康で丈夫になってほしい」「元気ではきはきした子になってほしい」「頑張りのきく子になってほしい」「協調性のある子になってほしい」など、心身両面での積極性を動機として挙げるケースが目立ちましたが、競技力の上達を挙げる保護者も少数ながら存在しました。子をスイミングスクールへ入会させた動機を調査した研究でも、主な入会理由として、健康面（一層丈夫になど）・技術面（泳げるようになど）とともに、心情面（根性をつける、がんばりがきく子になど）が多く挙がっています（永吉ら 1976）。

笹川スポーツ財団（2017b）が四歳から十一歳の子どもを持つ保護者一五六七名に行った調査によれば、子どもの運動・スポーツ実施に対して保護者はさまざまな期待を持っていることが明らかになりました。すなわち、体力をつけるなどの健康面のみならず、楽しむこと、達成感や目標を見つけてがんばることを経験することといった心情面や、友達づくり・コミュニケーション力の習得など人間関係形成についての期待が強い傾向が見られました。その一方で、技術の習得や運動不足の解消はあまり期待されてはいないものの、二五〜三〇％程度が期待していると答えていました。学年や種目が混在しており、回答者数があまり多くないため一般的なパターンかどうかわからないという問題が残りますが、大変興味深い調査です。

私たちが地域スポーツに子どもを参加させている母親五百名を対象に行った調査においても、その種目がうまくなってほしいという動機よりも、努力の大切さを理解してほしい、身体を動かしてほしいなどの動機の方が平均としては高くなっていました。ただし、その種目の上達を目指すという平均値が極端に低いわけではありませんでした。「子どもにスポーツをさせる」行為の中に多様なニーズが含まれることを示していると言えるでしょう。

なお、中学校・高校の部活動についても似たような結果が出ています。運動部に所属している中学生の保護者に対して行われた調査によれば（文部科学省 1997）、運動部での活動の効果として「人間的な成長」が圧倒的に多く選ばれており、「充実した生活」「体力の向上」がそれに続いていました。友達づくりや選手としての活躍も選択肢にあったのですが、これらを選んだ保護者はごくわずかでした。その二十年後に行われた調査でも、「チームワーク・協調性・共感を味わう」が最も多く、「体力・運動能力の向上」「社会性の育成」がそれに続いていました（スポーツ庁 2018c）。

所属チームの種類による違いも見られています。愛知県のクラブチームとスポーツ少年団に子どもを所属させている保護者に対しその加入動機を尋ねた水上ら（2000）の調査では、運動が好きになること・健康になること・スポーツができるようになることについてはもちろん、友達づくり・協調性や積極性の育成についても、保護者は高い期待を持っていました。これに加えて、根気・努力・礼儀正しさの促進もある程度期待されていましたが、スポーツクラブよりも、少年団に通わせている保護者においてよりその期待は強かったのです。

一方、子ども自身は、どのような理由でスポーツを始めたと考えているのでしょうか。小学生がスポーツクラブに通うきっかけについて尋ねると、「うまくなりたい」「面白そう」「そのスポーツが好き」が多く、「体を鍛えたいから」「運動をしたい」が続きます（加藤 1995）。小学生以下を対象とした調査はこれしか見つかりませんでしたが、確かに、まわりの子どもや若い指導者に聞いてみると、その競技が好きだから、うまくなりたかったから、体験で参加してみて楽しかったから、友達がやっていたからという返答が目立ちます。

先に挙げたスポーツ庁の調査では、中学校および高校の運動部の生徒本人にも、運動部に所属する最大の目的について尋ねています。先述したように六〜七割という多くの生徒が運動部に所属することを考えれば当然かもしれませんが、そのニーズはさまざまでした。三割強が「大会・コンクールなどでよい成績を収めること」を挙げましたが、その一方で「チームワーク・協調性・共感を味わう」も二割、「体力・技術を向上させる」も二割（中学生では三割弱）ほど挙げられていました（スポーツ庁 2018c）。また、部活動の加入理由としては、「そのスポーツを楽しみたかったから」が、中学・高校ともに四六％でトップとなっています（文部科学省 1997）。

このようにスポーツを何のためにやっているのかは人によって異なります。高い技術を目指すクラブチームを除けば、多くのチームにおいて参加目的による入会制限はかけていません。学校の部活動はその学校の生徒でそのスポーツをやりたい人が誰でも入ることができますし、地域スポーツも多くはその地域に住んでいてそのスポーツをやりたい人なら誰でも参加できます。そのため、実際に、一つの部活動・チームの中でも人による志向性の違いが出るという話を耳にします。

まず、小学生以下が中心の地域スポーツ（特にボランティア運営でチーム競技をしているもの）について考えましょう。地域の子どもなら誰でも参加できるため、チーム内には、スポーツを楽しむという志向と、勝利や上達を目指す志向（勝利至上主義：Grosse 2008）が混在します。アメリカやヨーロッパにおいては、競技力向上に主眼を置く競争的スポーツと健康増進に主眼を置くレクリエーション的スポーツではじめからチームが分かれていますが（尾見 2019）、日本の小学生までを対象とする地域スポーツにおいては、多くの場合このような区別はされていないからです。子どもがなんとなくサッカーをやりたいと言うので地元の小学校の校庭で練習していたチームに入れてみたら、県大会制覇を目指す強豪チームでとてつもなく練習がハードだったというようなケースがあります。また、チーム内で志向性が割れているというケースも見聞きします（詳しくは4章で）。

同じことが部活動でも言えます。部活動は学校単位で行われますから、さまざまな子どもが入部してきます。特に中学の部活動には、中学からその競技を始める子どもも多くいます。一つの部に、身体を動かしたくて来ている生徒や友達に誘われてなんとなく参加している生徒と、すでに一定の競技経験があり大会などで勝ちたい・技術を高めたい（あわよくばスポーツ強豪校に進学したい）と考える生徒が混在していることがよくあります。そうすると、どのくらい熱心に練習をするのか、どのようなローテーションで試合に出るのかなど、さまざまな面で生徒間の葛藤が生じることは避けられません。

大きな学校でしたら、一つの種目の部活を二つ設置することができます。私の娘の高校には、体育会的なバスケットボール部とレクリエーション的なバスケットボール部があり、体育会的な部の方は土曜日を含めて週三～四日活動しますが、レクリエーション的な部の方は週二回の練習のみで対外試合はないそうです。ただこれはバスケットボールが比較的小人数（五人）でチームが組めることと、学校の規模が大きいからできることで、なかなかこのようなことが実現できる中学校・高校は少ないでしょう。

勝利したい・競技技術を高めたいと部員が一致団結している場合でも、注意が必要です。勝利を目指すための練習や鍛錬により上達したという経験は、子どもにとって大きな学習となりますし、自己価値観を高めるという意味では望ましいと言えましょう。人はやや高い目標があるときに最もやる気が出て成長できるものです。

けれども、学生として勉強をしたり将来のことを考えたりしながらになりますし、成長途上の身体に負荷がかかりすぎるのも良くありませんので、スポーツにかけられる時間には限界があります。大学生と話をしていると、中高時代に野球で肩を痛めたりバレーボールで膝を痛めたりして若い身空で後遺症に苦しんでいる学生がいて悲しくなります。強くなれると思うといくらでも練習をしたく（させたく）なるのかもしれませんが、成長途中の状態で、特定部位に負荷をかけすぎるとこのようなことが起こってしまいます。若いマラソン選手に本来必要のない鉄剤注射を打たせるという話もそうでしょう。そのときにはタイムは上がったかもしれませんが、長い目で見ると体に良くありません。それに、勝利至上主義に基づいて競技力強化に主眼を置くことは、子どもの身体・精神への負担もさることながら、勝利こそ目指すべきものであるという偏った考え方を植えつけることにもなりかねません。

また、競技中心で考えるあまり、競技レベルが低い選手が馬鹿にされたり、逆に、競技レベルが高くまじめな選手が浮いてしまったりという問題にも気をつけなくてはなりません。日本の部活動の活動時間は長く、学校の仲間と一緒に活動するため、部活動の人間関係が学校生活の中心となりがちだからです。実際に、不登校経験がある人を対象とした「不登校に関する実態調査」（文部科学省 2014b）によると、部活動の友人・先輩との関係が原因で不登校となったと回答した生徒は不登校者の二三・一％にも及びます（表１・１）。また、大学生を対象に回想法を用いた調査において、スポーツ場面におけるネガティブ体験が「ある」と回答した時期は、中学時代が最多でした（藤後・井梅・大橋 2015）。その体験の内容は、コーチや顧問との関係、周囲の大人との関係、先輩・後輩との関係、仲間との関係、相手チームとの関係など多岐にわたっていました。これは、中学校が最もバラエティに富んだメンバーが集まりやすいこと、また、大人の関与が少なく、同調圧力が高い年代であることが原因であろうと思われます。

一方、勉強や学校行事という学校生活そのものを充実させていく中で、さまざまな経験を積み、人間としての魅力を高めていくことができるのもこの時期です。子どもたちには、心身に良いかたちでスポーツに取り組ませてあげたいものです。そのために、周りの大人たちは、勝利至上主義に陥ることなく、大

表 1.1　不登校経験がある生徒が挙げた、不登校になった原因

順位	内容	比率（複数回答）
1位	友人関係をめぐる問題	53.7%
2位	生活リズムの乱れ	34.7%
3位	勉強がわからない	31.6%
4位	先生との関係	26.6%
5位	部活動の友人・先輩との関係	23.1%

出所：文部科学省（2014b）

きな視点で、注意深く成長を見守ってあげるとよいでしょう。

そもそも日本では種目を絞るのが早すぎる傾向があります。幼児時代にサッカーを始めたら、小学校は地域スポーツでサッカー、中学校でもサッカー部というように、幼児のうちから一つの種目に絞ってプレーすることが多いです。私たちが見学したアメリカ西海岸やドイツ、ニュージーランドでは、シーズン制をとっていることもあり、サッカーが好きな子どもも、夏は野球やテニスをしていたり、冬もサッカーと並行してラグビーやバスケットボールをしていたり、小学生くらいまでは複数の種目をプレーしています。チームについても、通える範囲内で年ごとにチームを移動することは珍しくないそうです。アメリカの場合、プロ野球選手でも中学生くらいまでは複数種目をプレーすることが多く（尾見 2019）、いろいろな種目、いろいろなチームを体験する中で、自分がやりたい種目を選んでいくのです。もちろんスポーツそのものをやめる子もいますが、それは日本も同じですね。さまざまな種目を体験することによって、身体のさまざまな部位が刺激されて成長できますし、何が本当に自分に合っているかが理解できるでしょう。

4　スポーツ・ハラスメントとは

①さまざまなハラスメント

最近「〇〇ハラスメント」という言葉がよく聞かれるようになりました。ハラスメントとは相手に対して行われる「いやがらせ」を指し、いまや二十種類以上が指摘されています。ハラスメントは加害者側の考えを問題としないため、たとえ本人にそのつもりがない場合でも被害者が傷つけられたと感じたら、あるいは苦痛を感じたら、その言動は「ハラスメント」と呼ばれます。

代表的なものは、セクシュアル・ハラスメント（セクハラ、性的いやがらせ）ですね。セクハラは、職場や学校における立場や上下関係を利用して下位にある者に対して何らかの言動を強要する「対価型セクハラ」と、受け入れがたい性的な言動をくり返す「環境型セクハラ」に大別されます。その他に、同じ職場で働く者に対し職務上の地位や役職などの優位性を背景に適正な業務の範囲を超えて精神的・身体的苦痛を与えるパワー・ハラスメント、大学教員がその立場を利用して学生に対していやがらせを行うアカデミック・ハラスメントが知られています。加害・被害が存在する対人関係の中であればハラスメントが成り立ちますので、アルコール・ハラスメント（飲酒を強要するなどお酒にまつわるハラスメント）、スメル・ハラスメント（臭いによって他人を不快な気持ちにさせるハラスメント）、スモーク・ハラスメント（喫煙者が非喫煙者に行うハラスメント、口臭や体臭が主ですが香水も当てはまります）など、新たなものも指摘されています。

②スポーツ・ハラスメントの定義と例

スポーツ・ハラスメントとは、そのうちの一つで、役割上の地位や競技レベル、人間関係、経済的状況などすべてを含むスポーツの場における優位性を背景に、適正な範囲を超えて、精神的・身体的苦痛を与える、または対象者らのスポーツ環境を悪化させる行為を指します（藤後・

大橋・井梅 2017)。

最も典型的なスポーツ・ハラスメントは、スポーツ場面における監督やコーチや先生(指導者)からの「体罰」や「不適切な指導」でしょう。(注)暴力的な指導(殴る、蹴る、物を投げるなど)や精神的な暴力(ミスに対する人格を否定するような発言、頭ごなしの暴言、過剰な叱咤、不必要な大声、「やめちまえ」などの放棄的な言葉、ひいきなど)は当然として、過剰な量の練習の強要(長時間の練習、特定の練習を過剰に続けること、罰として校庭を三十周走らせるなども含む)、不適切な条件での練習の強要(炎天下での練習、休憩をとらせないなど)もスポーツ・ハラスメントに該当します。

スポーツ・ハラスメントを行うのは、指導者だけではありません。保護者(虐待)、応援席の保護者集団、他の子どもたち(いじめ)もまたスポーツ・ハラスメントの加害者になることがあります。たとえば、試合や練習中のミスに対して応援席の保護者や先輩たちが罵声を浴びせたら、これもまたスポーツ・ハラスメントと呼ぶことができます。下手な子を試合に出すことに否定的な感想をこぼしたり、応援や差し入れの際に一部の子を無視したりする行為もそうです。また、なかなか上達しないわが子に対して、保護者が遊ぶ時間を制限して自主練習を強要したら、それもスポーツ・ハラスメントと呼ぶことができます。

指導者によるハラスメントと保護者などによるハラスメントは多くの場合、連動しています。従来の学級を中心としたいじめ研究で、リーダーである教師の指導スタイルによっていじめ容認の風土が容易につくられることが指摘されてきました(山岸 2002)。指導者の言動がさまざまな方法で選手である子どもたちに影響し、チームの雰囲気をつくっていくことは、これまでにスポーツ心理学の中でくり返し論じられてきました（たとえばHorn 2008）。これに加え、ミスに対して暴言を含む厳しい対応をする指導者のもとでは（指導者によるハラスメント）、ミスをした子どもたちに罵声を浴びせている様子を見た保護者や他の選手たちも、スポーツの指導とはこのようなものだと考え、それにならうことが考えられます（応援席からのハラスメント、チーム内でのハラスメント）。実際に、私たちの調査でこの三種類のハラスメントが連動して見られました（藤後・人橋・井梅 2017）。レギュラー決定権などを指導者が持っているためにやむなくなのかもしれませんが、指導者のやり方に異を唱えず同調するということは、指導者の方針に賛同していることを意味します。そのため、賛同を得た指導者はますます暴力・暴言を用いた指導をするという悪循環が予想されます。

教師という一名のリーダー以外の子どもたちは平等である学級と比べて、部活動では顧問・コーチが最上位、次に先輩が続くという上下関係がはっきりしています。そのため、指導者や上級生からのしごきが容認されてしまいやすいのでしょう。

ちなみに、ハラスメントという言葉は、「いやがらせ」と訳されるため軽く考えてしまう方もいますが、いじめ同様、基本的人権に反する行為です。スポーツ・ハラスメントは、スポーツ基

（注）　体罰とは、「身体的性質のもの、すなわち、身体に対する侵害を内容とするもの（殴る・蹴る等）、児童生徒に肉体的苦痛を与えるようなもの」（文部科学省 2013）など、主に身体的な暴力を指します。また、不適切な指導とは、「人格を否定するような暴言」「大きな声や威圧的な態度等の高圧的な指導」「不必要な身体接触」「無視やいやがらせ」など、児童・生徒を深く傷つける行為を指します（神奈川県教育委員会 2013）。

本法の基本理念、第二条一項「スポーツは、これを通じて幸福で豊かな生活を営むことが人々の権利である」にも抵触します。指導者が体罰を行った場合、刑法第二〇四条「傷害罪」、第二〇八条「暴行罪」、第二二二条「脅迫罪」、第二二三条「強要罪」などが適用されますし、不適切な指導を行った場合は、第二三〇条「名誉毀損罪」、第二三一条「侮辱罪」などが適用されます。

③スポーツ・ハラスメントはなぜ起こる？

スポーツ・ハラスメントはなぜ起こるのでしょうか。指導者がスポーツ・ハラスメントを行ってしまう最大の原因は勝利至上主義にあるのではないかと私たちは考えています。指導者にとってチームないし部は子どものようなものです。そのため、勝敗が、チームを育て上げた自分への評価のように感じられてしまうのでしょう。勝利の可能性を高めるための効果的な策として、練習に時間をかけ、罵声を浴びせるなどして競争心をあおり、また上手な子により手をかけ試合でのプレー時間も多く与えることが考えられます。私たちの行った調査において、部の競技レベルが高いほど指導者によるハラスメントが多くなっていましたが、これは勝利にこだわる傾向が強いからでしょう。運動部において勝利至上主義が強くなると、競技力が高い者が力を持つという部内格差が生まれその風土がいじめを促進させてしまいます（藤後・大橋・井梅 2018）。

スポーツの世界では強者の論理が通りやすいと言われています（永井 2004）。私たちが地域スポーツにわが子を参加させた経験がある保護者九百名を対象に行った調査でも、非レギュラーの子はレギュラーの子の倍の叱責・罵倒を指導者から受けていました（大橋・井梅・藤後 2015）。上手でなくてもいられるチームを目指してほしいものです。

また、年代差もあります。インターネットメディア開発事業などを展開する株式会社ホワイトボックス（2018）は、対象者百名（二十代～五十代）と小規模ですが、学生時代の部活動について調査を行っています。その結果、部活における暴力的なハラスメント経験は上の世代ほど多く、また、上の世代ほどわが子への体罰・暴力を容認する傾向が見られました（図１・６）。

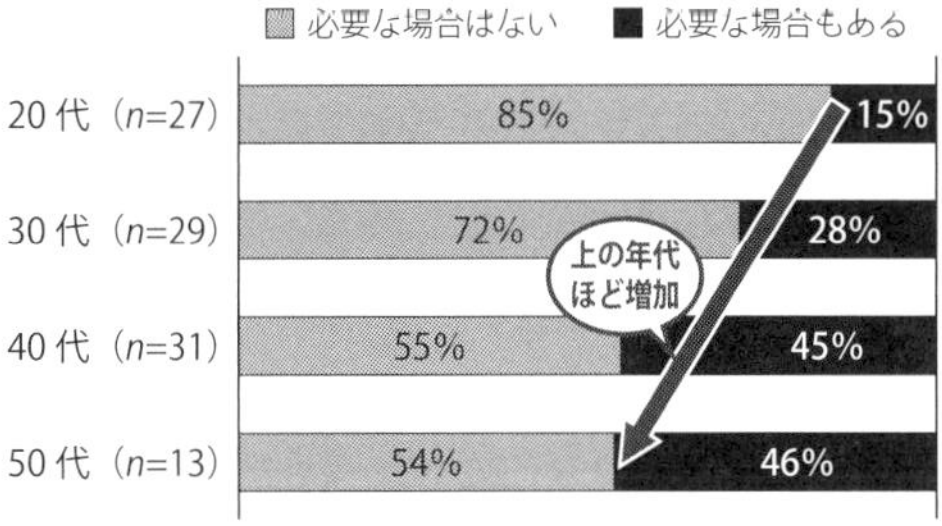

図 1.6　部活中の自分の子どもに軽い体罰であれば必要な場合もあると認めますか（1 つ選択、n=100）
出所：ホワイトボックス（2018）

保護者がスポーツ・ハラスメントを行ってしまう場合も、わが子に上達してほしい、しっかりできなくてはかわいそうだという気持ちが強いのではないかと思います。つまり、「そのスポーツの競技技術が上がること」に過度に価値が置かれていることが、スポーツ・ハラスメントの最大の原因ではないでしょうか。

　ここで、スポーツをする目的を思い出してほしいのです。先にご紹介した運動部員たち対象の調査や、子どもにスポーツをさせている保護者対象の調査では、個人差が大きいものの、学校の運動部に参加した理由として大きいのはその種目の上達ではありませんでした。「チームワーク・協調性・共感を味わう」ためや「体力・運動能力の向上」のために参加しているという回答はかなり多かったですし、保護者はさらに「社会性の育成」を運動部参加の目的に挙げていました。スポーツ教室に通っている幼児の保護者対象の調査や、私たちが以前に行った地域スポーツに通っている小学生の保護者対象の調査においても、体力や運動能力の向上、心理的な成長、友人づくりなどへの期待が高く、その種目の上達を挙げる層はあまり多くありませんでした。始めるときは冷静なはずですが、動きが活発で勝敗がはっきりと見えてしまうがゆえについ熱くなってしまい、勝敗に関心が集中してしまうところがスポーツの持つ魔力なのかな、と思います。

努力至上主義もまた、スポーツ・ハラスメントの原因だろうと思われます。「練習しないとできない」は正しいですが、これは「たくさん練習すればできる」と同じではありません。必要な努力ができないことは問題ですが、日本において努力は美化されすぎているように感じます。有名なスポ根漫画『アタックNo.1』（作：浦野千賀子）や、で描かれた、腕があざだらけになるような長時間にわたるサーブ練習や、『巨人の星』（原作：梶原一騎、画：川崎のぼる）の父親手製の筋力増強ギプスは、この基準から言えば明らかにスポーツ・ハラスメントです。知識の学習において、やればやるほど覚えるということはないことが示されています。さらに、運動技能についても、やればやるだけ身につくというのは幻想だということがデータで示されています。たとえば、Brashers-Krug et al.（1996）は、外力がかかった状態で八方向にランダムに示されるターゲットに向かってカーソルを動かすという課題を使って実験をしています。外からかかる力ははじめのうちは時計回りなのですが、休憩をはさみ、次は反時計回りになります。翌日、時計回り課題をやって学習が定着しているか測定してみると、四時間休憩をとった群は、休憩なし群や休憩一時間以下群よりも運動をしっかり記憶していました（図1・7）。つまり、新しい運動を記憶・修得するには、休憩を十分にとった方がよいのです。

ある動作を習得させたい場合にも、その動作をした回数・時間よりも、意図の理解が重要だと言われています。むやみやたらに素振りなどをするよりも、何のためにするのか、どのような効果があるのかなどを考えながら行う方が効果的なのです。

また、日本の中学校や高校の運動部は週六日以上活動していることが多いのですが（笹川スポーツ財団 2017b）、これも国際基準から見ればやりすぎです。アメリカの子どもはたとえスポーツ推薦を目指すような子どもであっても、週に六日も同じ種目をプレーしません（尾見 2019）。確かに目標を目指してがんばることは素晴らしいですが、たくさん練習すればそれだけ成長するとは限りません。筋肉は使ったら一、二日休ませた方がよいと言われていて、運動生理学的にも連続した練習はあまり能率が良くないと言われています。やみくもに時間をかけるよりも、何のためにその練習をしているのかをしっかり意識することが上達を促します。そのため

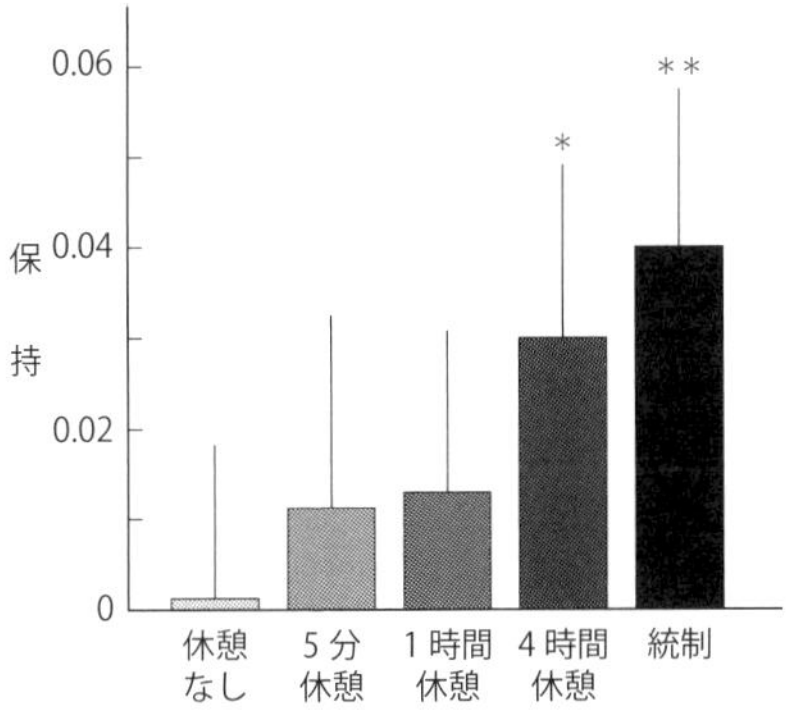

図1.7　休憩時間の長さが運動記憶の保持量に与える影響

出所：Brashers-Krug et al.（1996）p.252．宮崎真・阿部匡樹・山田祐樹ほか編著『日常と非日常からみるこころと脳の科学』コロナ社、2017年、p.57より

には、短時間で集中して練習する習慣をつける方がよいでしょう。

これは、勉強や他の技術（音楽の演奏など）でも同じです。何が苦手かを見極めて勉強をしないと効率が悪いですよね。たとえば計算で繰り上がりや繰り下がりが苦手なら、大量の問題を機械的にこなすのではなく、問題の性質を意識して解いた方ができるようになっていきます。単語を覚えるときには、ただ単語帳を見ながら順番に唱えていくよりも、意味が言えない単語のみを取り出してクイズ形式で覚えるようにした方が頭に入りやすいです。楽器の練習にしても、どうしてもうまく弾けない箇所がある場合、やみくもに通し練習をしてもなかなか改善しません。間違いやすい箇所をゆっくり意識しながら練習し、それから通して弾いた方がうまくできます。身体を使うことだから実践あるのみという考えは、現代では通用しないのです。

④スポーツ・ハラスメントがもたらすもの

スポーツ・ハラスメントを受けるとどうなるのでしょうか。たとえば、「スポーツくずれ」という言葉がありますが、これは、教育熱心な親や指導者のもとでその期待に応えることができず、そのスポーツを途中でやめ心理的ダメージを受けた子どもを指します（三浦 2013）。「バーンアウト」（燃え尽き症候群）もスポーツ場面で使われますが、その場合、そのスポーツにある時期までは熱心に取り組んでいたが、何かのきっかけで意欲が消失してしまうことを指します。このように、スポーツ・ハラスメントを受けた子どもは、その後スポーツに対する意欲のみならず、さまざまなことに対する積極性や自己肯定感が失われてしまう可能性があります。

運動部の体罰を研究した阿江（2014）は、体罰の影響として、行動の萎縮《いしゅく》、意見が言えない、当該スポーツを見ることができない、指示を待つ消極的な態度が形成されることなどを指摘しました。先述のとおり、私たちが大学生を対象に回想法を用いて行った調査でも、部の競技レベルが高いほど指導者はハラスメントを行っており、指導者がハラスメントを行うほど、回答者は部の中で他のメンバーたちに疎外された経験が多く、その結果として否定的な精神的健康状態につながる傾向が性別・競技形態を問わず見られました（特に個人競技において強固：藤後・大橋・井梅 2018）。さらには、恐怖体験はその場限りではなく子どもの心身に残ることがあります。被虐待経験者の脳を調べると特定の部位が萎縮しているという衝撃的なデータがあります（友田 2011）。友田によれば、虐待を受けた人は認知能力や情報処理能力に関わる脳の部位が相対的に発達していないそうです。これは、脳が発達する時期に強いストレスを受けたためだと考えられており、暴言を受けて育った人は聴覚野が狭く、性的虐待を受けて育った人は視覚野が狭いという特徴も見られます。

このようにスポーツ・ハラスメントは子どもに大きなダメージを与えると考えられます。見逃さないように、ただ指導者に任せるのではなく、様子を見守りましょう。

⑤スポーツ・ハラスメントを発生させないために

子育てにおけるさまざまなことがらと同じように、スポーツ・ハラスメントは起こってから対応するのではなく、起こらないように対策をとることが重要です。では、どうすればスポーツ・

ハラスメントを避けることができるのでしょうか。これには「正解」と言えるものがありませんが、一緒に考えてみましょう。

近年、大阪府大阪市の市立桜宮高校のバスケットボール部の事件（二〇一二年十二月）や愛知県の県立豊川工業高校の陸上部の事件（二〇一三年一月）、兵庫県たつの市の県立龍野高校のテニス部の事件（二〇〇七年五月）、日本大学ラグビー部の違法タックル事件（二〇一八年五月）など、スポーツ・ハラスメントとしてまとめられる事件が次々明るみに出る中で、子どものスポーツの問題に関する理解は少しずつ進んでいます。けれども、多くの指導者は暴力的なハラスメントについては理解していても、言語的なハラスメントや過度の練習という意味でのハラスメントに対する理解はいまだ乏しいようです。たとえば、二〇一七年六月に金沢市の市立中学校の男子生徒が、初夏の夕方に野球部の練習としてグラウンドを周回する十分間走を行っている途中で倒れ、搬送先の病院で死亡しています（毎日新聞 同年六月七日付）。文部科学省（2017a）がまとめたところによれば、二〇一七年度前半にはこれ以外にサッカー部（死亡）、レスリング部（死亡）、バスケットボール部（重体）において熱中症あるいは過負荷の練習による事故が起きています。また、二〇一九年に入ってなお、高校バレー部の男子生徒が部活動での指導が原因とみられる自殺をしたという事件が報道されています。

このような状況ですので、保護者がまずスポーツ・ハラスメントを理解し、内容とその影響について周りに広めていく必要があるでしょう。

そのためには、先ほども述べましたが、スポーツ・ハラスメントを見逃さないように、ただ指導者に任せるのではなく、様子を見守ることが大切です。必要がなくても練習や試合に顔を出し、指導者や他の保護者たちとコミュニケーションをとりましょう。

次に、自分の直感に自信を持ちましょう。人には自分の意見や信念を曲げても多数派に従う傾向があります。これは「同調」と呼ばれる現象です（本間 2011）。ハラスメントが多いチームにいる保護者ほど、子どものスポーツの応援中に攻撃的な行動を取る傾向があるなど（大橋・藤後・井梅 2017）、子どものスポーツを観戦する保護者にもこの現象が見られます。

８章でも述べますが、同調が起こる原因には、大きく分けて二つあります（Deutsch & Gerard 1955）。一つめは、同じようにした方が集団の他のメンバーたちに好かれやすいから、逆の言い方をすれば、違うことをすると変な人、ダメな人と見られてしまうからです。これを子どものスポーツ応援場面に当てはめると、ハラスメントが多いチームにいると、嫌だと感じつつも異なる行動をして他の保護者や他の観戦者からの無言の罰を受けたくないと考え、同調するということです。もう一つは、たくさんの人がそれぞれの判断で選んだ行動は正しいと考えられるからです。これを子どものスポーツ応援場面に当てはめると、周囲の保護者の言動を観察するうちにスポーツ応援の際に保護者はこうふるまうべきだという認識ができ、同調するということです。つまり、ハラスメント的な応援をしている人たちがいたとしても、実は本心からそうしたいと思っているとは限りません。同調しているだけかもしれませんので、変だなと感じたら、疑問を口に出す勇気を持っていただけたらと思います。

クラブないしチーム以外の人に話してみるのもよいでしょう。特定のクラブないしチームの感覚に染まると、そちらが「常識」となってしまい、一般論が見えなくなります。DVの渦中にいる人が、暴力を受けていることをまったく問題にしていないのと似ています。スポーツとは関係がなさそうな人、年上の人、年下の人、さまざまな価値観の人と話をしてみると、問題の存在が見えてくるものです。

コラム1　少年院でのスポーツ

「運動会　行進中から　母なみだ」
（法務省 2019b）

この俳句は少年院に入所中の少年が詠んだものです。ちなみに司法分野では、男性も女性も二十歳未満であれば「少年」と呼びます。この俳句から、皆さんは二つのことを知るのではないでしょうか。

一つは、少年院でも運動会が開催され、家族が参観できるということです。運動会とは別個のスポーツ大会が開催される少年院もあります。近年では、非行少年の更生を支援する団体等を介して、少年院内で外部の大人と少年がスポーツで交流することもあります。タグラグビー（年少・初心者向けのタックルをタグに置き換えてプレーするラグビー）交流マッチを開催したり、日本プロサッカーリーグ（Jリーグ）のFC東京やガンバ大阪がサッカー教室を開催したりしたこともあります。

もう一つは、少年院でのスポーツの場における親子の交流です。運動会で行進をしながら、参観に来た母親を見つけ、母親の目になみだが溢れていることに気づく少年。行進中の娘を見つけ、娘の更生と成長に気づき、なみだを流す母親。このお互いの視線の交差による二人にしかわからない心理的交流を、少年は何としても言葉で表現をして母親にプレゼントしたかったのでしょう。

少年院のことを知っている人はそう多くはいません。そこで、少年院について少し説明をします。まず、多くの人が誤解しているのですが、少年院と少年刑務所は別のものです。

少年刑務所は、家庭裁判所によって保護処分ではなく刑罰を科す方が適切と判断された少年が入所します。一方、少年院は少年の保護、つまり更生および教育に重点が置かれた矯正施設です。少年院には入所時の年齢（十二歳以上か十六歳以上か）そして、非行や犯罪の程度や、心身に著しい障害があるか否かで種類の区別があります。また、女子の少年と男子の少年は別々の少年院に入所します。

少年院については、厳格さが求められる全寮制の学校をイメージしてもよいかもしれません。少年院では①生活指導、②職業指導、③教科指導、④保健・体育指導、⑤特別活動指導の五つの矯正教育が行われています（法務省 2019b）。

このコラムでは、④保健・体育指導に注目をして紹介します。どのようなことが行われているかというと、体操、ランニング、腹筋運動やスクワットなどの筋力トレーニング（筋トレ）、女子の入所する少年院ではエアロビクスなどです。この紹介で、疑問に思われた方もいるかもしれません。そうです、集団競技が少ないのです。野球やサッカーなどの球技も実施されますが、あくまで協調性を身につけるという教育的な面が重視されます。

個人運動が多い理由は、非行少年は生活のリズムの乱れから体力が低下している場合が多いため、まずは基礎体力の取り戻しとその維持を目標としているからです。そして、集団競技が少ない理由は、少年院内では原則として私語が禁じられているからです。なぜなら、お互いの出身地を伝え合い、出所後の「悪さ」の計画を立てて不良交友を始めてしまう少年たちが多いからです。こうした「悪さ」の防止のためという事情はわかりますが、スポーツの観点からすると、私語厳禁、会話ができないことには集団競技は成立しません。多少のかけ声は許されているとしても、です。

少年院の入所期間の平均は約一年です。出所後の再犯防止のためには、少年院にいる一年間は集団競技で伸び伸びすることは我慢してもらうほかありません。

私がカウンセリングを担当していたある非行少年が、少年院から出所した後に私のもとに挨拶に訪れ、「今はフットサルのチームに入って楽しんでいる」と語ってくれたことがあります。私が「少年院でもサッカーやバスケ、やりたかったんじゃない？」と尋ねると、少年は「そりゃそうだけど、一人でいるのが好きな奴も多かったし、私語厳禁じゃしょうがないよ。一年我慢した分、今、楽しいからね」と案外頼もしいことを言ってくれました。

少年院でのスポーツの実態が皆さんに少しでも伝わったでしょうか。スポーツの優れているところ、特に集団競技の優れているところは、リーダーシップとフォロワーシップの発揮、協調性の発揮、そして何よりもぶつかり合いながらの人間関係の形成です。しかしながら、少年院にいる間は、年に数回の「イベントとしての運動会やスポーツ大会」での、急ごしらえの集団競技とならざるを得ません。

「ひまわりに　負けじと空へ　背伸びする」

（法務省 2019a）

この俳句も少年院に入所中の少年が詠んだものです。少年院内に制約があることはやむを得ませんが、与えられた環境の中で、精いっぱい生きようとする少年の姿が目に浮かびます。体操のときに空へ向かって背伸びする、そんな一生懸命な子どもが増えることを願っています。

コラム2 ドイツのジュニアスポーツ事情

ジュニアスポーツが盛んな国として、ドイツの様子をご紹介します。

ドイツが日本と一番大きく違うのは、西ヨーロッパ全体に共通しますが、スポーツが(基本的に)レクリエーションとして、楽しみとして、とらえられている点ではないかと思います。

日本では、「体育」という語に示されるように、スポーツを通して何か教育的な成果を得るという考えが強くなっています。これは、教育では知識(知育)と道徳(徳育)と身体(体育)の三つを育成すべしという考えからきています。スポーツの成果の内容は、根性だったり体力だったり協調性だったりコミュニケーション力だったりします。確かにスポーツを続けることで何らかの良い効果が得られることは多いのですが、成果を目的にしてスポーツするのと、スポーツしていたらたまたま何かを得られたというのはわけが違いますよね。

身体を動かすことは本来楽しいことだったはずです。ドイツを訪問して感じたのは、日本は短い時間にたくさんのものを求めすぎているということです。子どもたちの活動の一つ一つに「意味」を持たせる必要があるのでしょうか。もう少し長期的にとらえられないものでしょうか。走り回って、「気晴らし」する時間、寄り道をして和やかな心になる時間が、子どもにも必要ではないでしょうか。

また、他のヨーロッパの国もたいていそうですが、子どもたちはスポーツを、大人から子どもまで家族ぐるみで加入する地域のスポーツクラブでやります。学校とはかなり異なるメンバーで、先生とは違うコーチと集まるので、学校の勉強にストレスを感じる子でも楽しく発散できるのです。このように学校とは違う人間関係を持つことは多様性の理解や居場所づくりに効果的であり、スポーツクラブが技術向上・健康維持・体力増進のみを目的としておらず、大人にとっても子どもにとっても「地域住民の社交の場」としても機能しているというのは興味深いところです。

ドイツでは社会全体がレクリエーションを大事にするかたちで成立しているようです。ドイツは労働組合の力が強く、夜や休日の労働が制限されていて、銀行が週四日営業だったり、日曜日はスーパーや図書館がお休みだったりします。そのため、地域のスポーツクラブでは平日の夕方から大人向けのプログラムが何種類も行われていました。

また、スポーツに非行を防ぐ役割があるということもあり、政府先導で振興策がとられています。ＮＰＯ団体であるスポーツクラブはさまざまな補助金を受けることができるの

ドイツの公園で

ですが、それに加えて、スポーツクラブで一定以上のボランティアを行うと税金が安くなる、ボランティア控除があるそうです。これはドイツで関係者にお話をうかがってわかったのですが、最大で一月二百ユーロ（約二万五千円）の控除とのことで、地域でスポーツをしたりスポーツする人たちを助けたりすることを活性化する効果があります。

日本でもレクリエーションなどの時間が楽しめるようになるよう、「働き方改革」に期待したいですね。

2章

子どもの運動能力を伸ばす

〈小学校まで〉

前章では、子どものスポーツを取り巻く環境についてデータを踏まえながら見てきました。この章では、実際の子育てで子どもの何を大切にする必要があるのかを運動能力の側面から見ていきましょう。ここでは、子どもの運動能力を伸ばすための基礎となる乳幼児期と学童期（小学校中学年まで）を中心に扱います。内容は15頁の図序・1の下の遊びの部分と左の生活の部分となります。

1　子どもの運動能力の発達とは

はじめに、小学生までの運動能力の発達について概観し、その後、具体的な遊びや運動遊びについて見ていきます。特に乳幼児期の「遊び」については、詳しく「親子遊び」「自然の中の遊び」「伝承遊び」に分けて述べていきます。

次にこの章のもう一つの特徴である、生活リズム、身辺自立、食事について見ていきます。これらは、一見すると運動能力とは関係ないように見えます。しかし実は、とても密接に関連しているのです。そのことをぜひ知ってほしいと思います。日々の何気ない生活の中に、子どもの運動能力を伸ばすたくさんのヒントが隠れているのです。

①運動に関係する子どもの能力とは

私たち親がわが子に対して、「運動能力を伸ばしてあげたい！」と思うとき、私たちはどのような「能力」を想定しているでしょうか。いわゆる「運動神経」を想像している人も多いと思いますし、もしかしたら大きな体格や試合に負けないメンタルも含めて「能力」と呼んでいる人もいるかもしれません。私たちが日常使う「運動能力」とは、正式には「運動能力に関連する能力」といえるでしょう。

運動に関連する能力には、大きく分けて、(1)身体発達の側面、(2)運動発達の側面（姿勢制御運動、移動運動、操作運動）、(3)運動能力の側面（運動体力、運動コントロール能力）、(4)視知覚と情報処理の側面、(5)知的・人格的発達の側面などがあります（杉原 2011）。

はじめに、発達の側面としての身体的発達と運動発達の側面についてみていきましょう。

②運動能力に関わる身体的発達

図2・1のスキャモンの発達曲線（Scammon 1930）を見てください。小学校中学年までは、脳や脊髄などの神経系の成長が著しいことがわかります。脳・神経系は体の動きを司っています。脳・神経系の発達は、子どもたちが運動を上手にできたり、新しい運動を覚えたりすることに影響しています。脳・神経系の発達が著しい十一、十二歳までに子どもたちがさまざまな運動を経験できる機会を設けることが、運動を上達させたり運動を獲得したりするうえでとても大切です。

身体的発達の時期と運動能力の成長が著しい時期が合致するのが、九歳から十三歳までのゴールデンエイジでしょう。その前後の五歳から九歳まではプレ・ゴールデンエイジ、十三歳から十五歳まではポスト・ゴールデンエイジと呼ばれています。

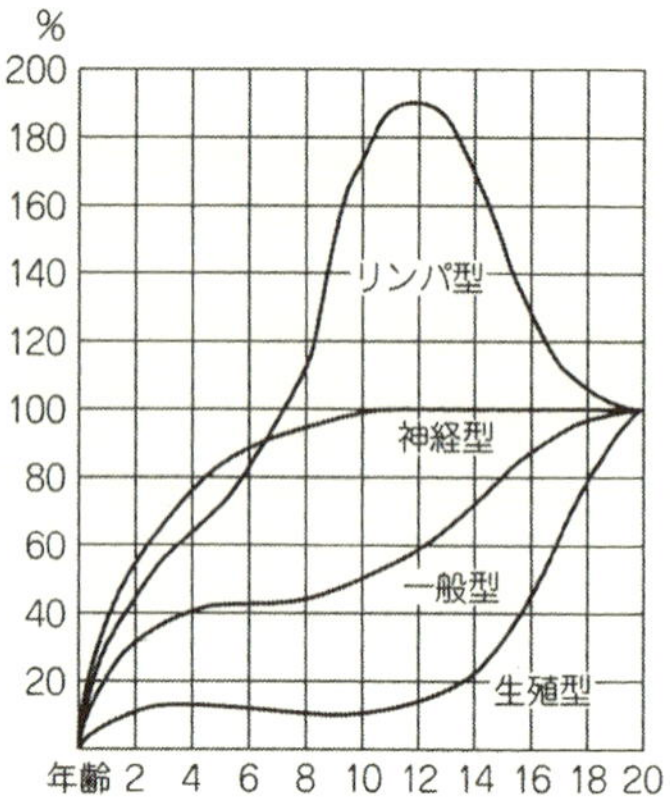

図 2.1　スキャモンの発達曲線
出所：新井邦二郎編著『図でわかる学習と発達の心理学』福村出版、2000年、p.109 より転載

③運動能力に関わる運動発達

運動には、正しい姿勢が大切になりますが、そもそも姿勢を保持するためには、体幹を整える必要があります。スポーツの場面でも「あの選手は体幹がいい」などという表現をすることはよくあります。体幹とは、姿勢保持の根幹をなすものであり、これは小学校までの姿勢や移動運動に裏付けられています。そこでまずは、子どもの発達を簡単に振り返ってみます。

子どもは生まれてから一か月ほどで、うつぶせ寝から首を上げるようになります。三か月頃になると、自分の手を見つめたりなめたりしはじめます。また胸を持ち上げて物をつかむリーチングが始まります。自分の手をたくさん使うことで手先の操作を覚えます。手を伸ばしたり、物をつかんだりする手や腕を中心とした運動を微細運動といいます。物をつかむという微細運動は、対象物に手を伸ばすことから始まり、手のひら全体で物をつかみ、しだいに指でつかめるようになっていきます（図２・２）。これは、脳・神経系の発達に加えて、乳幼児の手の骨の数に起因しています。乳幼児の手の骨の数は大人に比べて少なく、複雑な構造をしていないため、指でつかむという複雑な動きができないのです。骨の数が少ないために、赤ちゃんの手はぷにぷにと柔らかいのです。そして幼児期になるとボタンをかけたり、ハサミやお箸を使ったりできるようになっていきます。

次に、全身運動（粗大運動）についてです。七か月頃までに、自分で座ることができ、十か月頃にははいはい、そして十二か月頃にはひとり立ちができるようになります（図２・３）。

「はいはい」は、手足を動かす全身運動です。「はいはい」は、右手と左足、左手と右足という協応運動で動いていきます。つまり運動に大切な移動（ロコモーション）の基礎を作っていくのです。そして「はいはい」は、足の親指を立てて床を蹴る力によって

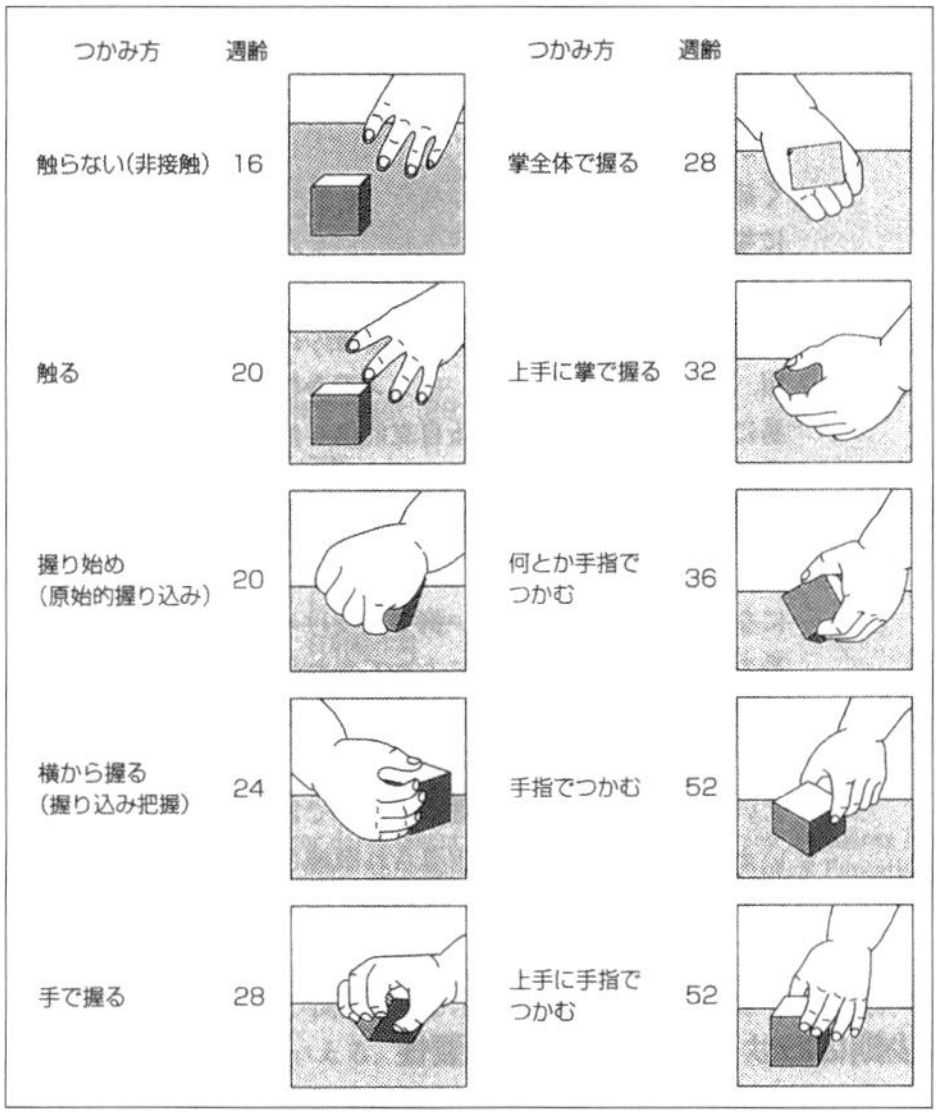

図 2.2　乳児の把握動作の発達的内容（1 インチの積み木を握る）

出所：Haywood, K.M. et al.（2012）p.185. 佐々木（2015）p.55 より転載

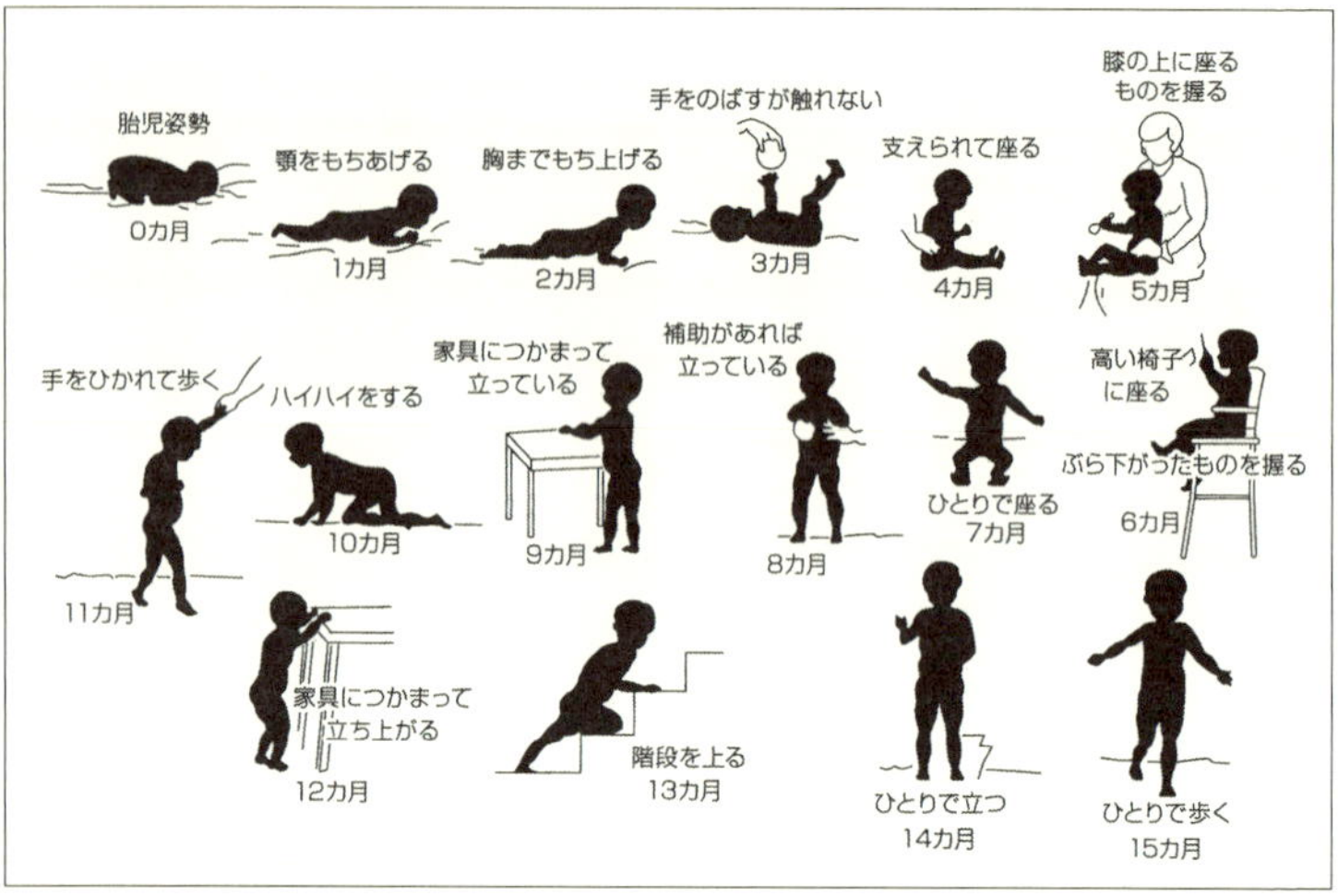

図 2.3　乳児の姿勢・運動発達

出所：Shirley, M.M., The motor sequence. In: Dennis, W. ed., *Readings in Child Psychology*, Prentice-Hall, 1963. 佐々木（2015）p.54 より転載

前に進みます。これはスポーツでの瞬発力や地面を蹴る力と結びついていきます。「親指で蹴りだす力」、これをぜひ覚えておいてください。そして乳児期にたっぷりと「はいはい」を行うことで、体幹が自然に鍛えられていきます。スポーツに必要なインナーマッスルが「はいはい」を通して効率よく鍛えられるのです。

「はいはい」の時期を過ごした後は、一歳過ぎに立ち上がり、二〜三歳頃までに走ったり、はねたりできるようになります。そして三歳までの運動経験を土台として、三歳から小学校卒業までにかけて（この時期を幼少年期と言います）、いろいろな運動ができるようになっていきます。幼少年期は、スキャモンの発達曲線からもわかるように、一生で最も運動発達が著しい時期で、日常生活動作や運動・スポーツの基礎となる動き（これを基本的な動きと言います）を急激に、そして多彩に習得できる時期といわれています（ガラヒュー 1999）。そして幼少年期に十分に基本的な動きを経験して習得しておかないと、運動やスポーツで活躍できないだけでなく、成人後も基本的な動きを習得できない可能性があります。

少し話が脱線しますが、利き手の上投げでボールを遠くに投げる姿をイメージしてください。投げるとき、どちらの足が前に出ていますか？　右手でボールを投げた場合、多くの方が野球のピッチャーのように、左足を前に出したと思います。その上投げは上手な投げ方で、十分に基本的な動きが習得できています。しかし、授業で大学生に上投げでボールを投げさせると、右足を前に出して、右手でボールを投げる学生の割合は決して少なくありません。上投げで上手に投げるという動きが、大学生になっても習得できていないのです。

昨今、子どもたちの体力や運動能力が低下していると耳にすることがあるかと思います。日本には、医学や教育、心理学や工学などさまざまな学問分野がありますが、それらすべてを総括する機関である日本学術会議は、基本的な

年長児のジャンプ

０歳児のはいはいの様子

動きを習得できていない状況が、子どもたちの体力や運動能力の低下の原因であると提言しています（日本学術会議 2017）。つまり、子どもたちの体力や運動能力を高め、運動やスポーツで活躍してもらいたいと考えるのであれば、幼少年期の子どもたちが基本的な動きを習得できるようサポートしていくことが重要です。

2 運動能力を伸ばす環境とは

それでは、子どもの運動能力を伸ばすために、日常生活の中で、どのような働きかけができるでしょうか。幼少期からいち早く水泳や体操、サッカーなどの習い事をさせて能力を伸ばしたいと思われる方もいらっしゃるかもしれませんが、実は日常生活の中に運動能力を伸ばす数々のヒントがあります。

二〇一七（平成二九）年度に改正された幼稚園教育要領（文部科学省）、保育所保育指針（厚生労働省）、幼保連携型認定こども園教育・保育要領（内閣府・文部科学省・厚生労働省）には、遊びを通して知識・技能の基礎、学びに向かう力・人間性、思考力・判断力・表現力の基礎を育てていくことが掲げられています。つまり子どもの生活の中心は遊びであり、遊びが子どもたちの能力を開花させるためのヒントになるのです。

①運動発達に応じた運動経験の必要性

くり返しになりますが、三歳から小学校卒業までの幼少年期は一生で最も運動発達が著しい時期で、さまざまな運動を経験することが重要です。しかし、幼少年期は、約十年間の期間があり、年齢ごとに大きく運動発達が異なっています。子どもたちが体力や運動能力を高め、将来活躍するためには、それぞれの年齢の運動発達に適した運動経験をすることが大切です。

中村（2015）は、子どもの運動発達に応じた運動経験について、〈〇～二歳：乳幼児期〉は、お座りや歩行といった初歩的な運動ができる時期、〈三～五歳：幼児期〉は、遊びを通じてさまざまな運動を経験し、さまざまな基本的な動きができるようになる時期、〈六～十歳：小学校低・中学年〉は、いろいろな運動が上手にできたり、運動と運動を組み合わせたり（例：ドリブル＝走る＋まりつき）できる時期、〈十一歳～〉は、いろいろなスポーツの要素を経験して自分のやりたいス

図 2.4　乳児・幼少児の運動発達と運動経験のあり方

出所：日本レクリエーション協会『おやこでタッチ！』（文部科学省委託「おやこ元気アップ！事業」ブック）2009 年、p.23 より転載

ポーツを見つける時期としています。日本レクリエーション協会（2009）が子どもの運動発達をわかりやすく図にしているので参考にしてみてください（図2・4）。

②子どもの運動能力の基礎となる基本的信頼感を育む親子遊び

先ほど分類した乳幼児期（〇～二歳、三～五歳）の遊びの中でも、特に小さい頃におすすめなものが基本的信頼感を育む親子遊びです。

はじめに興味深い研究をご紹介しましょう。運動能力の高い選手の性格特性を明らかにするための研究です。たとえば、国体強化選手のジュニアアスリートと大学生（部活動群、サークル群、非運動群）に分けてハーディネス（ストレスから健康に保てる力）、コミットメント、コントロール、チャレンジに関する項目を検討した結果、ハーディネスにおいてはジュニアアスリートが大学生全群より有意に高い結果となりました（田島・門利 2015）。また、学生アスリートとストレスや生きがい（ＱＯＬ）との関連を明らかにした石原ら（2012）の研究では、自由な子どもの側面を多く持っている人が生きがいへの意欲を高め、従順な子どもの側面を多く持っている人はストレスを高める結果が報告されています。自由にふるまえる子どもらしい側面、つまり何事にもチャレンジでき、少々の困難も耐える力を持つことがアスリートとしては望ましい資質かもしれません。これらは、幼少期の基本的信頼感に基づいて形成されていくと言っても間違いではないでしょう。

基本的信頼感とは、5章の親子関係の「愛着」について述べた箇所で説明されていますが、ここでは、基本的信頼感と遊びを結びつけて紹介しましょう。小さい頃には、スキンシップをふんだんに使った遊びをしてあげることで、子どもは心地よさや安心感を覚えます。肌のぬくもりを感じたり（写真1）、写真2のように目と目を合わせて親子で楽しく共感したりし合うことは、愛着の基本となります。また落ちないように親の体に子どもがしがみついたり、こちょこちょ遊びのように体を使って笑い合ったりすることも、体幹を鍛えるだけでなく情動の共有にもつながるのです。そして、わらべ歌や手遊びを通して「相手に合わせる」ことを覚えたり、手先の動きを覚えたり、見てまねることを覚えたりと、スポーツの基礎となることがたくさん入っています。ぜひたくさんのスキンシップ遊びを親子で行ってみてください。

③運動能力を伸ばす自然の中の遊び

子どもの運動能力を伸ばすには、遊びが重要な役割を果たすことはわかりましたが、そもそも「遊び」にはどのような種類があるのでしょうか。ピアジェは、遊びを認知発達と結びつけ、感覚運動的遊び、象徴遊び、構成遊び、操作的知能活動遊びと分類しています。またパーテンは、探索行動などぶらぶらした遊び、ひとり遊び、傍観的行動、平衡遊び、連合遊び、協働遊びに分類しています。これらの遊びは、室内だけではなく、野外でも繰り広げられます。学校教育で子どもたちに身に

1

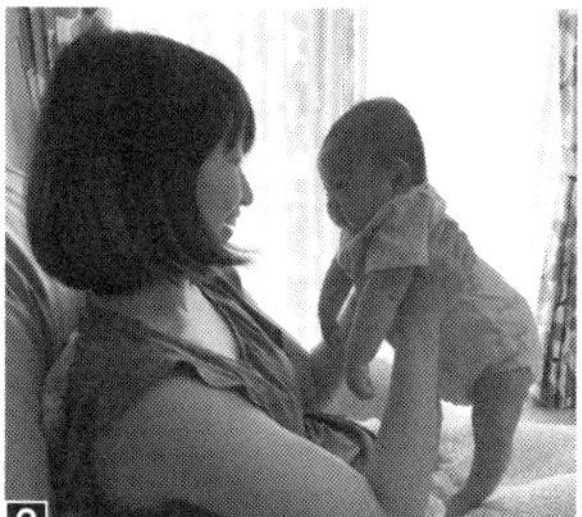
2

つけさせたい内容を文部科学省が記した学習指導要領というものがありますが、小学校低学年の学習指導要領の「体育」の中でも、「自然の中での運動遊び」の重要性が記述されています。

さて、ここでいくつかの写真を紹介しましょう。はじめに写真3です。子どもが裸足で木によじ登っています。この遊びからどのような運動能力が身につくでしょうか。たとえば、体幹、手足の協調性、落ちないように踏ん張る力など、運動に必要な多様な能力が身につきます。

次の写真456は、子どもが川で遊んだり釣りをしたりしている様子です。ここからはどのような運動能力が身につくでしょうか。子どもは、魚を捕まえようと必死で長く潜ろうとします。息を思いっきり吸って止めることをくり返す中で、心肺機能は高まっていきます。狙いを定めて道具をコントロールしながら魚を捕まえようとすることは、目と手の協応性を高めます。そして石などが転がっている川の中で、転ばないように進んでいくことは、バランス感覚や空間把握を高めていきます。写真5は、男の子が釣り竿に餌をつけようとしているところです。餌をつぶさないように、曲がった針を通していく技術には手先の巧緻性が求められます。写真6のように、遠くに釣糸を投

4

3

げたり、遠くのウキの浮き沈みを見逃さないための高い集中力は、スポーツに必要な各種トレーニングにも匹敵します。このように自然の中での遊びは、子どもたちにとって運動能力を養うための宝庫です。

ところで、このような自然の中での自由遊びをとことん追求している保育園をご存じでしょうか。その名を「森のようちえん」といいます。「森のようちえん」には園舎がなく、一日中森の中で過ごします。もともとはデンマークの親グループが自主保育として始めたものでしたが、その後デンマーク国内やドイツで一九九〇年代から二〇〇〇年代にかけて広がりを見せるようになりました。同時期に日本でも導入され、徐々に増えてきています（日本では園舎がある「森のようちえん」もあります）。

森のようちえんの活動を行っている「森の育ち場」（福岡県北九州市）の一日を紹介します。朝十時に集まり、子どもたちとミーティングを行い今日の活動を決めていきます。十二時前後になると子どもたちが好きな場所を森の中で探してお昼ごはんを食べます。雨や雪が降っているときは、レインコートを着て活動をします。天気が悪いときの食事は、公園の中のあずまやを利用しながら外でとるそうです。寒い日はあずまやにシートを張って風が通らないように工夫します。たっぷ

5

6

り遊んでたっぷり食べたら、十四時にさよならミーティングで、子どもたちが発見したことや感じたことをみんなで振り返って、一日が終わります。

森の育ち場では、さまざまな遊びが展開します。写真7は坂登りです。大きい子が坂を登っていく姿にあこがれて、小さい子も登ろうとしています。まだバランスがうまくとれないので、体中の力を使って落ちないように登っていきます。どこに足を置いたら滑らずにすむか、子どもたちは体も心も集中して活動を行います。斜面登りや斜面下りが楽しくなると、ある子が「だるまさんが転んだを坂でやろう！」とアイデアを出したそうです（写真8）。それも鬼は下。子どもたちは斜面の上から降りてきて、鬼が振り向いたら足を踏ん張って止まるのです。そして鬼にタッチしたら一目散に斜面を駆け登ります。森の育ち場の代表は、「子どもたちは、森の中で、体も心も驚くほど育っていきます」と語ってくれました。

さて、幼児期に特に遊び道具もない自然の中での自由遊びをたっぷり経験した子どもたちは、その後どのように成長するのでしょうか。小学校一～六年生を対象とした追跡調査が小鴨ら（2017）により報告されました。この調査結果では、「森のようちえん」を卒園した子どもたちは、全国調査にお

7

8

ける一般的な子どもたちと比べて、体力や運動能力は平均以上であり、特に20mシャトルランや反復横跳びの種目においては、すべての学年で平均以上でした。つまり、自然の中を自由に遊びまわるという「森のようちえん」の保育環境は、子どもの瞬発力とスピードを長期的にも形成していたのです。

このように、自然の中で遊ぶ経験を通して子どもたちはさまざまな動きを体験していきます。また、自然は変化する環境でもあるので、その場に応じた判断力やチームワークが必要となってきます。一人では魚を捕まえることは難しいけれども、協力したら捕まえることができるかもしれません。自然の変化する素材を使って基地ごっこで大きなトンネルを掘ったり、木を使って隠れ家を作ったりすることで、創造力が養われます。そして何より、自分たちで工夫してやりとげた達成感は素晴らしいものです。これはスポーツにおける「判断力」「チーム力」「問題解決力」「忍耐力」「自己効力感」などにつながるでしょう。

④運動能力を伸ばす伝承遊び

基本的な動作ができるようになる六歳から十歳の小学校低学年や中学年におすすめな遊びが伝承遊びです。学習指導要領の「体育」の低学年の内容でも「地域や学校の実態に応じて歌や運動を伴う伝承遊び」が推奨されています。日本には、多くの伝承遊びが存在します。その中でも、けん玉は、膝の使い方がさまざまなスポーツに応用できると言われています（写真❾）。元柔道オリンピック選手の古賀稔彦さんは、自身の柔道教室にけん玉を取り入れています。柔道との関係も、まずは膝の使い方だそうです。その他にも前頭前野が刺激され集中力を高めることにもなるようです。集中力は試合で力を発揮する際には不可欠な要素となります。また運動能力の要素である姿勢制御において、けん玉の熟練者と初心者の違いを見たところ、ふりけん（前方にふりだした玉を手前に一回転させて玉の穴にけん先を入れる技）を行う際に、熟練者群では運動する玉に対して頭部が動的に協調するように姿勢を調整していたのに対し、初心者群では玉に対して頭部を静的に安定させた姿勢をとっていたことがわかりました（伊藤ら2010）。つまり、熟練者は、玉の穴にけん先を入れるためにしっかりと物事を知覚し、目と手を使い、情報の入力や出力をうまく適合させるよう調整できるのです。

写真10は、女の子が竹馬をしている様子ですが、竹馬は協応運動として、手足を同時に動かしながら、高いところでバランスをとっていく調整力が養われていきます。その他にも空間感覚や位置把握などが可能となります。子どもたちは、友達とより高い竹馬に乗れるようになりたいと、何度も何度も自分で練習します。大人が無理やりに乗せようとするのではなく、多くの場合、自分で主体的に練習に取り組む姿が見られるのです。

かくれんぼも空間把握やボディーイメージの形成につながっていきます。写真11 12の子ども

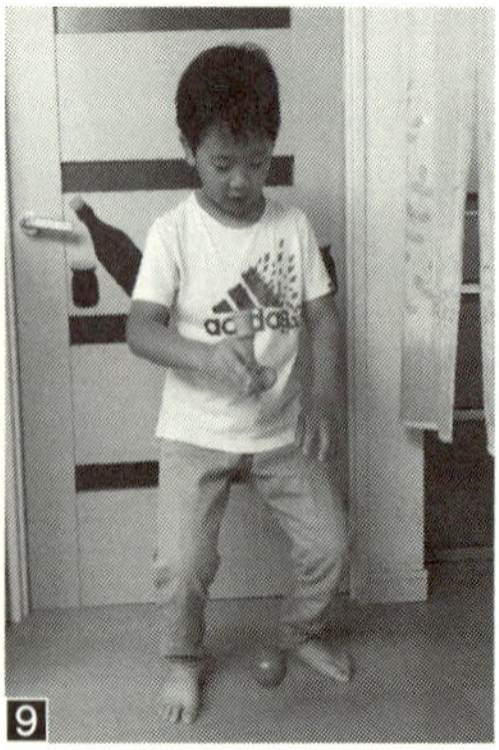
9

10

のように木をくりぬいた穴の中や押し入れや棚の狭い空間に体を合わせていく動作をするためには、筋肉や関節なども柔軟に動かしていく必要があり、どのようなスポーツにも通じるものです。子どもは狭い隙間に入るのが大好きなので、危なくないように大人は見守ってあげましょう。

写真13は、自分の縄跳びを編んでいるところです。足と手を使ってしっかりと押さえていますね。出来上がると子どもたちは自慢気です。縄跳びを使って、その場で跳んだり、走り回ったりと楽しく遊びます。縄跳びは、まさに協応運動の集大成のようなものです。縄跳びで跳び回ることで体幹は鍛えられますし、跳びながらカーブを曲がるときのバランス感覚、力の調整、そして自然と体力までついていく優れものなのです。丹精込めて作ったので、子どもたちは遊んだ後も縄を大切に取り扱います。この縄は一生の宝物です。

11

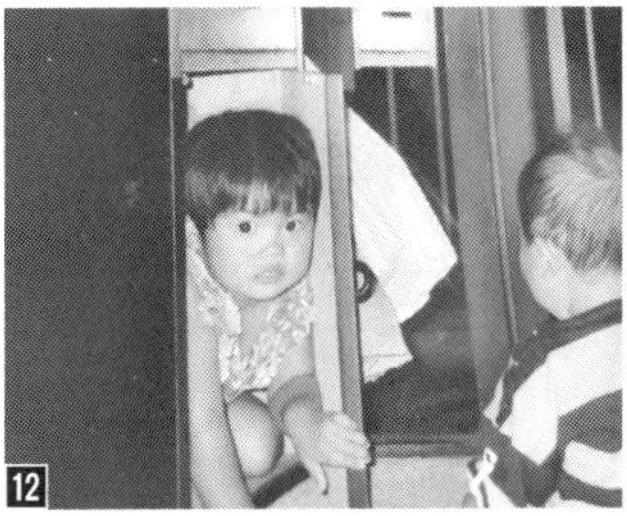
12

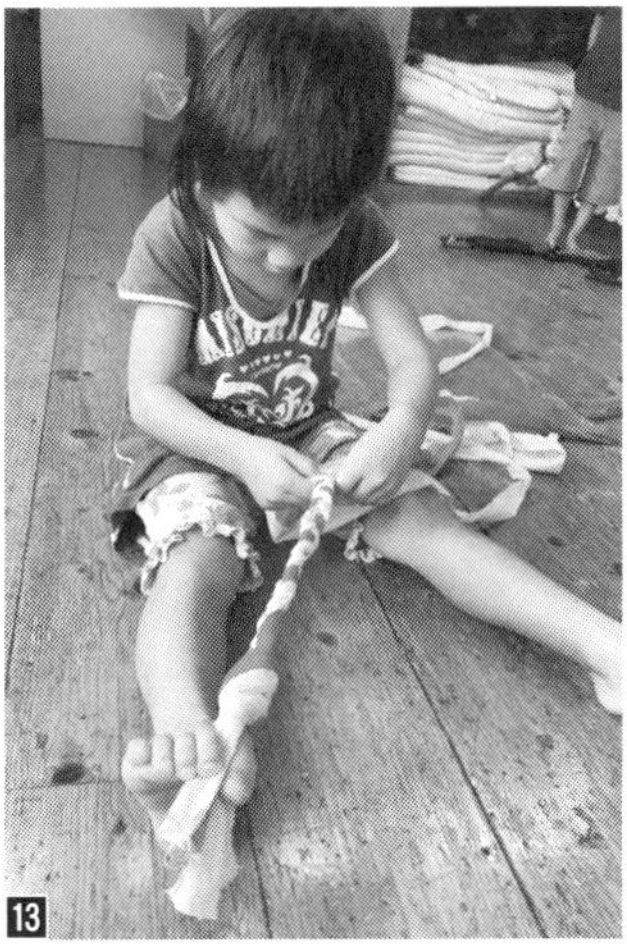
13

幼児期後半の五、六歳になると認知的な発達に伴い、ごっこ遊びなど決まりが多くない遊びから、決まりやルールが複雑な運動遊びへと発展するようになってきます（杉原 2014）。この年齢になった子どもは、だるまさんが転んだ、しっぽ取り、鬼ごっこ、氷鬼、色鬼など、ルールや決まりを伴った運動遊びが大好きです。ぜひ一緒に遊んでみてください。

⑤運動教室よりも自由遊び

さて、「遊び」の大切さはわかってもらえたと思いますが、やはりアスリートを目指すのであれば、早い時期から「運動教室」の方がいいのでは？という疑問はぬぐえないかもしれません。

ここで興味深い調査をご報告します。杉原ら（2011）は六五の幼稚園を対象に、運動指導を月に八回以上行う幼稚園、八回未満の幼稚園、そして全く指導がない幼稚園にグループ分けをして、子どもの運動能力を測定してみました。その結果、運動指導がない幼稚園の子どもの運動能力が他のグループに比べて大きく上回っていることがわかりました（図

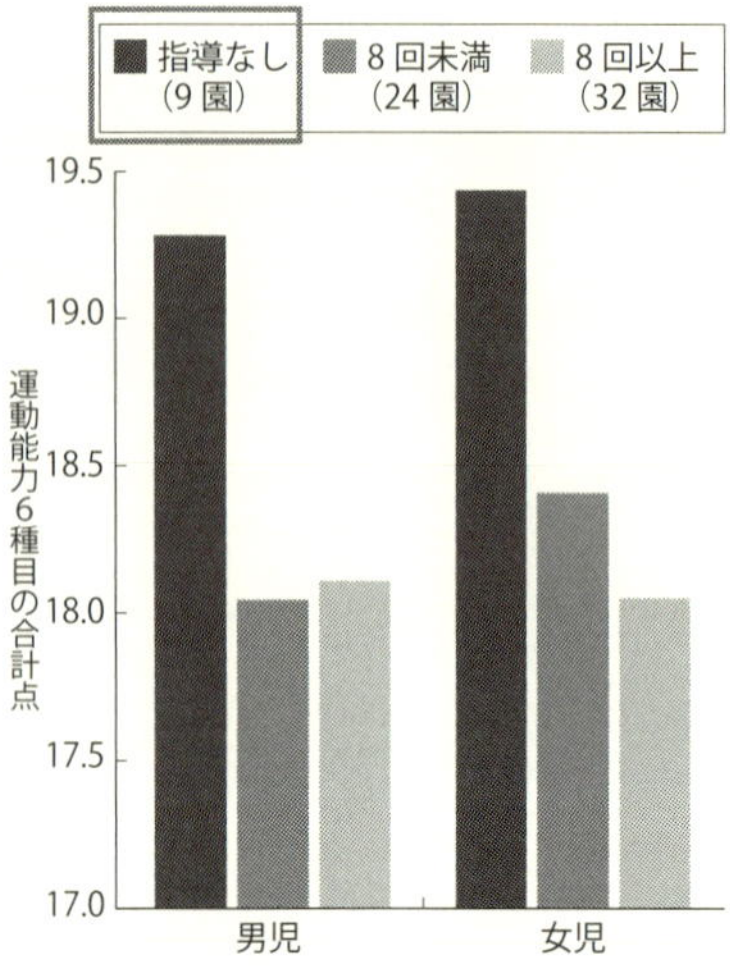

図 2.5　幼稚園での 1 か月当たりの運動指導頻度による運動能力の比較

出所：杉原ら（2011）

2・5)。

皆さんは、この結果をみてどう思いますか？　少し想像してみてください、運動指導を受けている子どもたちの様子を。先生の指導を受けて、順番を待って、自分の番になったら跳び箱を飛ぶなどの運動を行います。三十分のうち、何回順番がまわってくるでしょうか。それほど多くはないと思います。つまり運動指導を受けているわりには、運動量が多くないのです。杉原は自身の研究結果について三つの理由を述べています。

一つ目は、「大人が決めたことをやらせる」よりも、子どもが自発的に「やりたいことをやる」方が、意欲的に取り組むということです。

二つ目は、「説明を聞く時間や順番待ちの時間」の長さです。自由に遊びまわっている方が、活動量は断然多いものです。

三つ目は、動きの種類の多さです。決められた動きをくり返すよりも、今まで見てきたように自然の中での遊びや伝承遊び、鬼ごっこなどのルール遊びをしている方が、さまざまな身体の動きを行うという事実です。

くり返しになりますが、小学校低学年まではぜひ、たっぷりと子どもらしい「遊び」を保障してあげてください。

コラム3 運動会ではなく「プレイデー」――子どもの遊びの通過点を親子で共有する

東京都多摩地域にある社会福祉法人バオバブの会の若葉台バオバブ保育園では、「運動会」ではなく、年に一回「プレイデー」として親子遊びの会が開かれます。その経緯や子どもたちの様子を園長の伊藤さんにうかがいました。

＊

バオバブ保育園が開園した当初は、「運動会」として行事を行っていました。すると、保護者がイメージするのは、いわゆる学校の運動会のようなもの。保護者は当日に見に来る人、そして子どもは演じる人という関係になり、見てもらうことを意識せざるを得ませんでした。運動会の日がゴールなのではなく、あくまでも子どもたちの遊びの通過点。この日以降も遊びはどんどん発展しますし、その中での子どもたちの変化や成長は目覚ましいものです。そこで、職員で何度も話し合い、思いきって「運動会」ではなく、「プレイデー」という名前に変えて、子どもたちの遊びの通過点を親子ともに楽しむ会とすることにしました。それでも、多くの保護者は写真やビデオを撮ることに一生懸命になっていました。すると次の日に、何人かの子が「プレイデー嫌い！」と。「どうしたの？」と聞くと、家でビデオを見ながら「手の振りが悪い」などの反省会が始まることもあったそうです。

そこで、ビデオもカメラも禁止にして、とにかく目の前の子どもたちと遊びの楽しさを共有してもらうこととしました。当日だけではなく、プレイデーに近づくにつれて、子どもたちがどんな様子で遊びを工夫しているのか、写真も含めて園に貼り出すようにして、子どもたちの様子をクラスを超えて保護者と共有しているそうです。

プレイデーでのくじらさん（年長組）の例を紹介します。くじらさんではルールがある遊びをプレイデーで行います。最近は「宝探し」が人気で、代々受け継がれています。この遊びは、どろけいに「陣地（宝）を守る」という要素が加わったものです。子どもたちは、この遊びが大好きで毎日盛んに行います。保育園のお庭だけではなく、外の広場や公園などでも。くじらさんになると、素早い子やそうでもない子など、自分の力を認識するようになります。そうすると「つかまるの嫌だからやりたくない」という声も出てきます。つかまってチームが負けると「××のせいで負けた！」という声も聞こえてきます。

園庭での人気の遊び「宝探し」

そうなると子どもたちの話し合いです。「××のせいだけじゃないよ。僕もつかまるの怖いもん」。このタイミングで大人が「どうすればみんなで楽しめる？」と投げかけます。「じゃあ、逃げるのじゃなくて、カンカン（宝物）を守る係にすれば？」「走るの苦手なら、お助けマンになってタッチ係になってもらう」など、子どもたちはいろんなアイデアを出します。宝をとる人、守る人、おとりになる人など。話し合いでは、子どもたちから、いろんな声が出てきて、傷ついたり、守られたりします。でもみんなで遊ぶ楽しさを知っているからこそ、葛藤を乗り越え、みんなで工夫していきます。ルールがあるから楽しい。ずるもできない。勝つだけじゃなく、協力がないとできない。

伊藤園長は、「遊びとともに、小さい頃から話し合える関係を育てていきます。自分の気持ちを伝え、それをみんなが聞いてくれる経験。その経験の積み重ねで、子どもたちは話し合えるようになるんです」と。私の子どもは三人ともバオバブ保育園で育っていますが、「言いたいことがある！」といつも言っていたことを思い出しました。

実は、この「宝探し」ゲームには前段階がたくさんあります。「宝探し」の原型は鬼ごっこ。まずは一歳から、「まてまて」遊びをたっぷりします。大人がつかまえたらギューッと抱っこをくり返して、楽しい、抱かれて気持ちいいという感覚を育てていきます。そして二歳児では、三匹の子豚ごっこ。狼から追いかけられて「まてまて」と逃げることをくり返します。何度もくり返し、少し物足りなくなったら「しっぽ取り」。しかし、しっぽ取りは「取られる」悔しさや怖さが付きまといます。最初は、大人が十本ぐらいしっぽをつけて、みんなが追いかけます。しっぽを取られた大人が泣く真似をすると、子どもが慰めてくれたりするそうです。そのうち、追いかけるだけじゃなく、「僕たちにもしっぽをつけて」と言いだし、追いかけられて、しっぽを取られる経験をしはじめます。

悔しくてもうやりたくないと思う子も出てきますが、その前にたくさん「楽しい経験」を積んでいるから乗り越えることができるそうです。そして幼児クラスに入ると、どろけい。こんな経験を積み重ねて年長のくじらさんになるのです。

3 「遊び」から運動遊びへ

幼児期に遊びを通していろいろな体の動かし方ができるようになった後、小学校低・中学年は、さまざまな運動が上手にできたり、運動と運動を組み合わせることができたりする時期となります。この時期に基本的な動きを身につけておくとよいでしょう。

基本的な動きの種類については、国内外の多くの研究者・研究所が提唱しており、その数は二三種類、八四種類、二九種類とさまざまです。みなさんの身近なものとしては、NHK教育テレビ（現・Eテレ）の番組「からだであそぼ」（中村和彦監修、二〇〇四年四月～二〇〇九年三月放送。二〇〇九年三月～二〇一〇年三月に「あさだ！ からだ！」に移行して放送）の中で、三六の動きにまとめ紹介されています。（図2・6）。

基本的な動きはどのように習得していくのでしょうか。それには二つの側面があるといわれています。一つ目は、走る・跳ぶ・投げるといったように基本的な動きの種類を数多く経験すること（レパートリーの増大）と、上投げ・下投げ・両手投げといったようにさまざまな動きのやり方を経験する（バリエーションの拡大）という、「動きを多様に経験する」側面です。二つ目は、先ほどの大学生の例のような右手と右足を出して投げるというぎこちない動きから、くり返し上投げを経験して、右手と左足を出して投げる滑らかな動きになっていく、「動きを洗練していく」

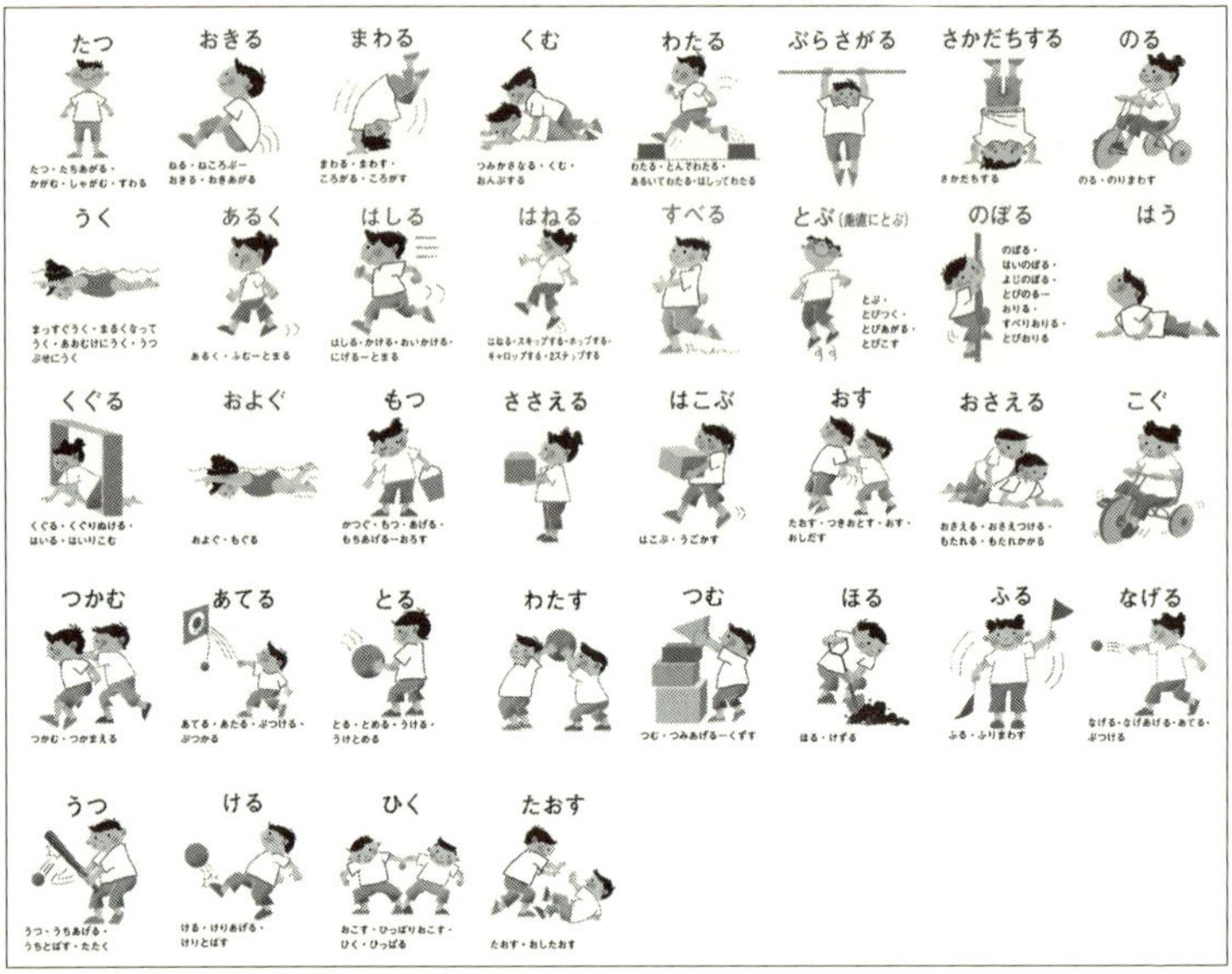

図 2.6　幼少年期に身につけたい 36 の基本的な動き

出所：日本トップリーグ機構「「ボールであそぼう！」プログラム開発の背景　6. 幼少期の動作の発達」（2009）より

側面です（図2・7）。

　これを踏まえると、基本的な動きを子どもたちが習得するためには、子どもたちがたくさんの種類の基本的な動きをいろいろなやり方で、くり返し経験できる機会を設けることが必要です。そして、幼少年期からスポーツを一つに絞らないことが大切です。たとえば、野球しかしていない子どもは、「投げる」「打つ」は上手でも、「蹴る」「泳ぐ」の経験がなく、動きを習得できません。子どもたちの可能性を広げるためには、多くの基本的な動きを経験できるようにサポートすることが重要です。さらに、そこには子どもたちの運動発達に合わせた内容という視点が必要となってきます。この運動発達に適した運動経験の視点については、前掲の図2・4を参考にしてみてください。

くり返しになりますが、子どもたちの体力や運動能力が高まり、将来、子どもたちが運動やスポーツで活躍するためには、幼少年期において基本的な動きを習得することがとても大切になります。

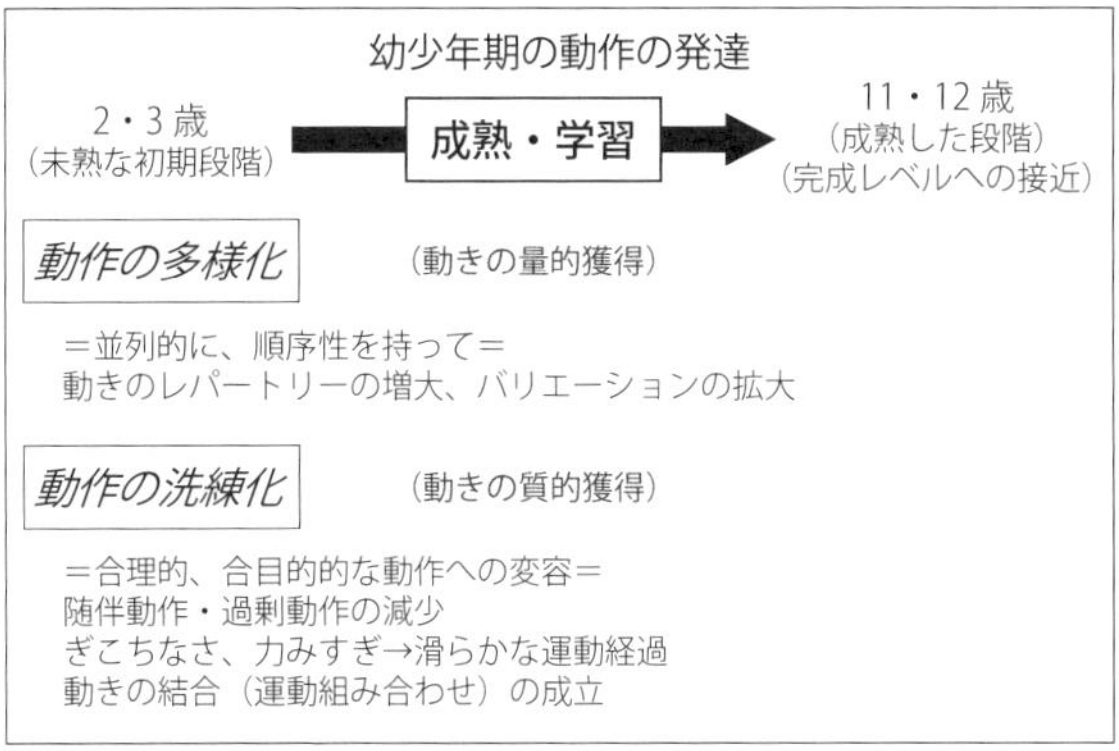

図 2.7　基本的な動きの習得の方向性

これらの基本的な動きを保障する機会として、今の子どもたちは就学後に運動遊びを体育の授業で経験できます。私が小学生のときには、体育で運動遊びをするなんて考えられませんでした。学習指導要領は、おおよそ十年に一度、文部科学省が改訂をします。二〇一七年に改訂がなされ、小学校体育の学習内容は表2・1のようになっています。低学年においては、すべて運動領域で「遊び（ゲーム）」が入っています。運動遊びが授業に取り入れられたのは、就学と同時に運動に移行するのではなく、運動遊びを通じて体を動かす楽しさやおもしろさを味わいながら基本的な動きを身につけ、その後の運動や体育につなげることが重要と考えられているためです。

表 2.1　小学校体育の内容構成

学年	1,2 年生（低学年）	3,4 年生（中学年）	5,6 年生（高学年）
領域	体つくりの運動遊び	体つくり運動	
	器械・器具を使っての運動遊び	器械運動	
	走・跳の運動遊び	走・跳の運動	陸上運動
	水遊び	水泳運動	
	ゲーム		ボール運動
	表現リズム遊び	表現運動	
		保健	

出所：文部科学省（2017b）より作成

幼児期後半から低学年にかけての子どもにとって運動遊びは、体を動かすおもしろさや中学年以降の運動を行ううえで大切な基盤となります。ですから、五、六歳から低学年にかけては幼稚園・保育園・小学校だけではなく、前節でご紹介したような遊びを自宅でもたくさん取り入れ、子どもたちと一緒に遊んでください。それが、子どもたちの健やかな育みへとつながります。

また、三、四年生の中学年においても、運動を通じて基本的な動きや技能を身につけることが体育の目標となっています。基本的な動きに関していえば、バスケットボールのドリブル（走る＋まりつき）のように基本的な動きを組み合わせた動きの習得が授業で取り上げられます。

中学年の時期は、まだ思春期には入っていないので、親子のコミュニケーションがとりやすい時期でもあります。スパルタではなく、自由な雰囲気の中で親子でさまざまな運動をするとよいでしょう。基本的な動きがより上手になり、組み合わせることができる時期ですので、二重跳びの練習、ドリブルの練習などは子どもたちが自らやりはじめるかもしれません。ここぞとばかりに指示を出す監督役をするのではなく、子どもと一緒に縄跳びで遊んだり、ドリブルしたりしてください。子どもが欲すれば、タイムを計ってあげたりしてください。中学年になると認知レベルも、抽象的な概念を扱えたり、内省できたり、他者と比較できたりする段階になります。すなわち、自分の実力がわかりはじめる時期にも入るのです。外で味わった自信のなさに追い打ちをかけるような対応ではなく、あくまでも運動の楽しさを親子で楽しむという視点や、できなかった運動ができるようになった、できるようにがんばったという、子ども自身の成長や努力をほめる視点を持っていただきたいと思います。これこそが、生涯スポーツへの継続の秘訣となります。

高学年では、運動の特性に応じた基本的な技能の習得が目標となっています。運動の特性に応じた基本的な技能とは、バレーボールでいえば、アタックやトスなどを指します。ここで大切なことは、授業では我々がテレビで観戦するようなバレーボールは行わないということです。柔らかいソフトバレーボールを使ったバレーボール、ワンバウンドしてもいいバレーボールなど、「バレーボールっぽい」運動でアタックやトスを身につける授業が行われています。高学年においては、我々大人がイメージする「スポーツ」をするのではなく、「スポーツっぽい」運動で数多くのスポーツの要素を経験することが大切です。ですから、この時期はさまざまなスポーツをやさしいかたちにした内容で、運動の特性を経験できる機会を子どもたちに確保することが重要になります。

4　子どもの運動能力を伸ばす生活とは

ここまでは、主に子どもの運動能力を伸ばすための「遊び」や「運動遊び」の側面を見てきました。ここからは、スポーツを長期的に支えることとなる生活の側面について考えていきます。序章の図序・1で見ると左側の部分ですね。その中でもここでは、主に幼児と小学生の時期に、どんなことを「生活」の中で大切にしていくことが運動能力と関係するのかについて注目していきます。

この時期の「生活」には、生活リズムや身辺自立、そしてお手伝い、食事の面などが挙げられます。「遊び」と「生活（生活リズム・身辺自立・お手伝い）」、これらが具体的にどのようにスポーツと関わっていくのでしょうか。

①お手伝いや身辺自立で活躍できる子どもへ

なぜ、お手伝いや身辺自立をすることが、活躍できる子どもになるために必要なのでしょうか。まずお手伝いの具体的な内容を挙げてみましょう。雑巾がけ、掃き掃除、洗濯物干し、洗濯物たたみ、アイロンがけ、食器洗い、食事準備、買い物の荷物運び、ペットの世話、お風呂掃除、トイレ掃除、テーブルふき、片付け、明日の準備などが思いつきます。

具体的に子どもたちが働いているいくつかの写真を紹介します。ここから、どんな能力が育つと考えられますか？

私は子どもとともに農業ボランティアを行っていましたが、そこではよく農家の方に「次の作業のことを考えて土を盛りなさい」「同じ動作をくり返し、一定の高さの土にしないと効率がよくないよ」「耕すときは腰を起点に鍬《くわ》をふってごらん」「道具を大切にするんだよ」「やりかけの仕事はきちんと整理して、すぐに次の人が入っても作業ができるようにするんだよ」などと、親子ともども教えてもらいました。これをスポーツに置き換えると、「次のプレーのことを考えて動作をしよう」「同じフォームをきちんとくり返すことが大切」「腰を起点にして力が伝わるように」「スポーツの道具は大切に」「次の人がやりやすいようにバトンを渡す」など、ほぼ同じことがスポーツの分野でも求められます。

お手伝いをする子どもたち

　また家事や労働は、毎日の仕事です。めんどうに感じても毎日淡々とやり続けなければなりません。スポーツも同じです。持久力や筋トレ、基礎スキルトレーニングなど、めんどうだと思っても毎日行う忍耐力、どのようにしたら効率よく行えるかと工夫する力など、お手伝いや身辺自立で求められていることと同じことがスポーツでも求められます。そして何よりお手伝いのすばらしいことは、毎日の動作の中に、自然と体幹を鍛える動作や筋力をつける動作が組み込まれていることです。雑巾がけなどは、まさに運動効果抜群です。他にもたとえば、写真14のように東南アジアやアフリカ、南米の人は、頭に物を載せて運びます。姿勢保持やバランス感覚は、自然と獲得されるでしょう。

　私が勤務する東京都府中市のわらしこ保育園の子どもたちは、本当によく働きます。自分のことを自分でやるということは、子どもたちにとっては、自分の力を発揮できて得意気なことなのです。たとえば写真15は、一歳児が自分の食事のいすを運んでいる様子です。そして、写真16は子どもたちが食事の用意をしている様子です。

14
"Using Your Head" by mikecogh (Creative Commons)

15

16

食事の用意のために重いいすを運ぶという動作を通して、手や足腰の力がついていきますし、主活動（食事）の前後の準備や片付けも含めて食事だということを理解します。このことは、スポーツを行ううえで、試合の前の準備や試合後の片付け、振り返りという一連の流れを自分で完結していくことにもつながっていきます。その他にも、お昼寝のときに重いお布団を運び、ござを敷き、その上にシーツを敷いていきますが、端と端を合わせてたたむことや布団の端にきちんと合わせてシーツを敷くことなどを通しても、見比べる力、目と手の協応、力のコントロールなどのスポーツで必要な基礎動作が身につくのです。働いたりお手伝いをしたりするときの手先の動かし方、力のコントロールの仕方、洋服を着るときに見えない後ろもきちんとズボンを引き上げるといった、見えない部分のボディーイメージの獲得など、日々の動作がすべてスポーツで必要な能力と関連づいているのです。

②生活リズムを整えて活躍できる子どもへ

次にスポーツを支える重要なものとして、生活リズムを取り上げたいと思います。私たちの健康を支えるものには、休養、運動、栄養があります。その中の休養部分は、現代社会においては意識的に整えていく必要があるものです。しかし、これがなかなか至難の業《わざ》であるのは、多くのご家庭で感じていることではないでしょうか。

わが家では子どもが小学生の頃、毎年、山形県に親子で短期留学をしていました。そこでは、生活リズムで難しいとされる早寝早起きが実に簡単にできたのです。なぜならば、夜は真っ暗。

コンビニなどは全くなく、外に出ると家の明かりが恋しくなる環境だったからです。テレビはありましたが、チャンネルが限られており、子どもにとって興味のある番組はありません。携帯やネットのつながりも悪いです。学校は山の中だったので、行き帰りの道のりもたっぷりと歩きます。そして全校生徒二十名以下という超小規模校だったので、勉強も遊びも掃除もすべて、休む暇なく主体的に関わらざるを得ません。毎日心地よい疲れがあるので、ご飯もたっぷり食べますし、山村留学中は特に習い事もないので、暗くなれば自宅で過ごします。自然と早寝が可能となります。環境が子どもの早寝早起きを可能にしてくれるのです。すばらしいことに、親の努力はほとんど必要なく生活リズムが整うのです。

しかしながら、東京に戻ってくると、そう簡単にはいきません。私の帰宅も遅いですし、子どもが習い事から帰ってくる時間も遅いのです。その中で、夕ご飯の用意や宿題でバタバタしていると、あっという間に時間は過ぎていきます。そして、「早く寝ないと!」という声のくり返し……。都会の生活では、早寝早起きは、親の努力なしには不可能なのです。田舎でもテレビやネット環境が整っていると、同じことかもしれません。

前橋(2004)は、最近の子どもの様子として、①運動量が少ない、②睡眠時間が少ない、③朝食をしっかりとっていな

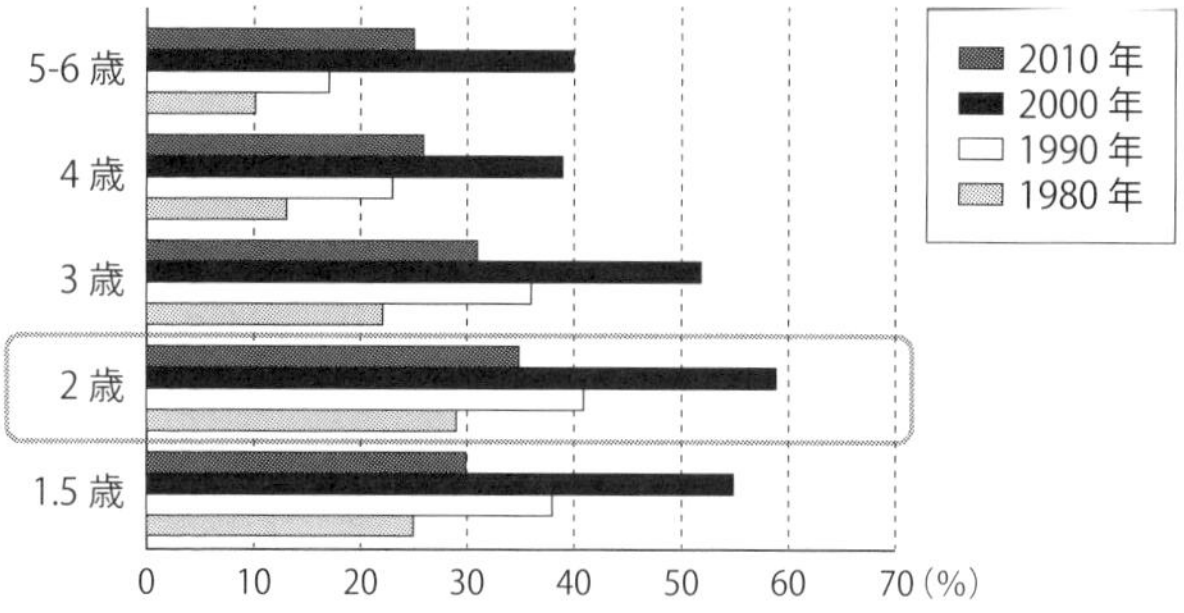

図2.8　夜10時に就寝する幼児の割合の変化
出所：日本小児保健協会発表のデータ、前橋（2004）より

い、④温度調節のなされた室内でのテレビ・ビデオ視聴やゲーム遊びが多いと指摘しています。二〇〇〇年に日本小児保健協会が発表した幼児の就寝時間のデータは、日本国内に衝撃を与えました（図2・8）。夜十時以降に寝る幼児は、なんと二歳児が最も多かったのでした。理由は簡単です。三歳児になると幼稚園が始まるので朝早く起きないといけなくなります。それ以前の二歳児は特に必要がなければ朝早く起きる必要もなく、夜も大人と同じペースで過ごすと、自然に寝る時間は遅くなってしまうのです。

また、一九九〇年から二〇〇〇年の十年間で大きく変化したことは、携帯電話やネット環境の普及でした。大人側の生活の変化として、夜までメールのやりとりをしたり、パソコンでゲームをしたりということが急激に増えてきた時代です。

先ほど紹介した二〇〇〇年の調査結果を踏まえ、文部科学省や厚生労働省も危機感を感じ、国内で「早寝早起きキャンペーン」が繰り広げられることとなります。その結果、二〇一〇年には一歳から三歳児においては、一九九〇

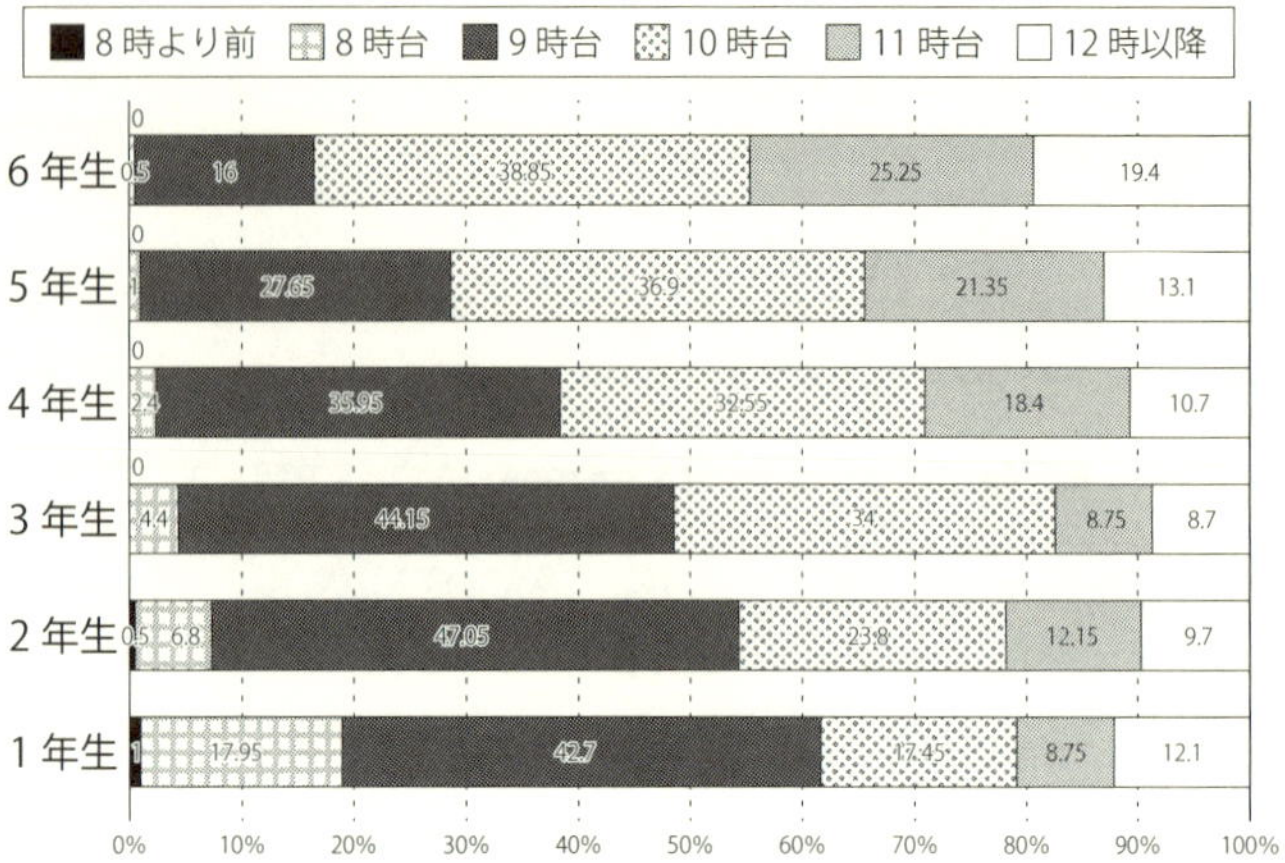

図 2.9　小学生の就寝時間（*N*＝1200, 各学年男子 100 名、女子 100 名）
出所：学研教育総合研究所（Gakken）「小学生白書（2013 年 3 月調査）」より作成

年以前よりも就寝時間が早くなりました。まさに親の努力の成果だといえます。

この早寝早起きの様相は、学年が上がるにつれて変化してきます。一二〇〇名の小学生を対象とした調査では、小学校六年生の五〇％近くが夜十一時以降まで起きており、二〇％近くが十二時以降に就寝しているという実態が明らかになりました（学研教育総合研究所 2013：図2・9）。

なぜこのように早寝早起きについて述べてきたかというと、早寝早起きは、身体づくりと精神的な安定感という点で大変重要だからです。

社会で活躍できる力を身につけるためには、運動能力やスキルを高めることも大切ですが、その前提として健康な身体づくりが不可欠ということはおわかりだと思います。そのためには、「休養」「栄養」「外遊びや運動遊び」の三つすべてが必要なのです。「外遊びや運動遊び」は、学年が上がると「競技スポーツ」と置き換えてもかまいません。六七一名の小学生を対象とした加藤ら（2014）によると、睡眠時間の遅延は「集中できない」「失敗しそうだ」などという「不安感」を増加させていました。また睡眠不足や夜食などが原因の不眠感は、頭痛や疲れやすさという「疲労感」や、怒りっぽい、いらいらするという「いらいら感」、そして「集中できない」「失敗しそうだ」という「不安感」へ強い影響を及ぼしていました。

③社会で活躍できる体と心に必要なホルモンと睡眠との関係

睡眠は、体温、成長ホルモン、セロトニン、メラトニンと関連することをご存じでしょうか。成長ホルモンは、午前中に太陽の光を浴びること、日中にたっぷりと運動することによって、夜に多く分泌されます。社会で活躍できる力を目指すのであれば、誰しもが「身長を伸ばしたい」「しっかりした骨を作って怪我をしにくい体を作りたい」「質のよい筋肉を作りたい」と思うことでしょう。これらの要素には、成長ホルモンが関連します。そして、成長ホルモンは、眠りの深い「ノンレム睡眠」の際に分泌されると言われていますす。十時から十二時の間が最も分泌されやすいとも言われていますので、この時間帯に「ノンレム睡眠」となるように就寝の準備をしたいものです。

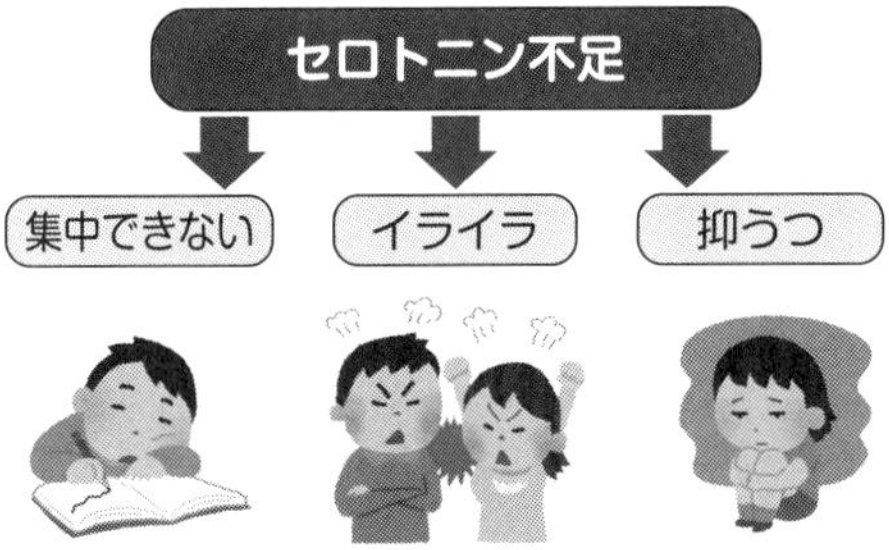

次にセロトニンについてみていきましょう。セロトニンは、心身の安定や心の安らぎなどにも関与します。セロトニンの不足は、うつ病や攻撃性、集中力の不足、睡眠不足などを誘発しやすいとされています。スポーツ場面を想像してみてください。ちょっとうまくいかないとイライラして八つ当たりしたり、仲間に暴言を吐いたりする選手。ちょっとした失敗で必要以上に落ち込んで這い上がってこない選手。練習に全く集中できない選手。彼らはどう考えても活躍からは離れていきます。

セロトニンは安定した精神を保つうえで大切な要素となりますが、しっかりと睡眠をとることでこのセロトニン不足は補うことができるのです。きついトレーニングを毎日する必要もありません。まずは、しっかりと睡眠をとることです。

そして、この大切な睡眠の質を調整するものがメラトニンです。メラトニンは、①睡眠の質や生活リズムを調整します。②若さや健康を保ち、病気を予防・抑制します。③第二次性徴を抑制します。興味深いことに、メラトニンは、暗くなると分泌されはじめ、深夜にピークとなります。そして、重要なことですが、夜に強烈な光を浴びると分泌が遅れるのです。つまりスマホを扱ってブルーライトを浴びた直後には、メラトニンは分泌されにくくなるのです。静かな環境で暗くして、早く寝ること。これで精神的に安定した、そして肉体的にもタフな活躍できる子どもへと大きく前進します。

④乳幼児・学童期に必要な食事とは

子どもの運動能力を支える生活として、最後に食事の面を取り上げていきましょう。皆さんのお子さんが好きな食べ物は何ですか？　子どもたちに聞いてみると、何と答えるでしょうか？　子どもにとって栄養が大切なことは、よくご存じだと思いますが、小さいときからどのようなものを子どもに与えたらよいでしょうか。

写真17は、私が勤務するわらしこ第2保育園（東京都府中市）のある日の食事内容です。よく噛めるように大きめの野菜、魚、具だくさんのおつゆがついた和食中心のおかずです。そして、午後には、写真18のような手作りのおやつを食べます。この日は、大きなおにぎりと、歯固めや噛む力を培うするめ、そして大きな果物です。○歳から年長さんまで、歯固め用のスティック野菜やするめなどがあり、まずはしっかりとあごを使って噛みます。噛むことで、食材そのものの味わいも堪能し、そして自然の味覚を楽しむことができます。

わらしこ第2保育園の子どもたちに「好きなご飯は何？」と聞くと、「しゃけごはん」「ひじき」「煮物」など、日々保育園で食べているおかずの名前がでてきます。旬のものを薄味で、和食中心で食べていくことで、素材の味を脳に刻ませることができ、味覚の広がりも出てきて偏食が少なくなります。ただし、「偏食」の問題は、その背景に「味覚への

18

17

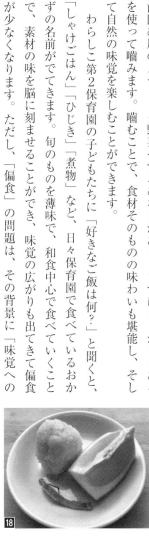

過敏性」や、「味覚障害」の可能性もあるので、無理強いはせずに自然と楽しく食事に誘っていきましょう。

一方で、四～六歳の子ども一六七八人に調査した志澤ら（2017）の調査によると、食事に関する問題では、男女ともに「特定の食べ物しか食べない（偏食）」（男児三九・四％、女児四〇・六％）が最も多く、次いで「じっと座っていられない、たち歩く、気が散る」（男児三五・二％、女児二九・一％）が問題として挙がっていました。この調査からは他にも、家族で食事をする機会が多いほど、子どもの食行動の問題は少ないことがわかっています。食事は、「孤食ではなく、家族と一緒に食べること」が理想とされています。難しい状況もあると思いますが、ここはぜひ大人が環境を整えてあげましょう。

わらしこ第2保育園の子どもたちは、本当に何でもよく食べます。その理由を考えてみましょう。この保育園では、約十か月から一歳半頃にかけて、主に手づかみで食事をします。ニンジンや大根、小さめに握ったおにぎりなどに自分から手を出し、口に持っていきます（写真19）。食に関して自らの欲求を大切にし、自主的に、そして能動的に関わり、自らの手を使い、物をつかみ、口まで運び、じっくりと味わっていくプロセスを大切にします。そこには、弁別機能、目と手の協応、微細運動、手指の巧緻性、感覚の協調性など多くの発達機能が含まれています。「「見て」「触れて」「味わう」というように、感覚を二つ、三つ協調させていく

19

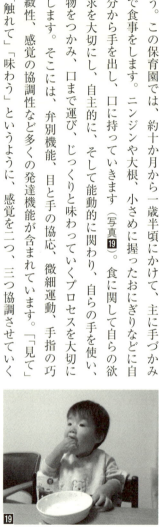

ことで、物事の深みや本質をとらえることができる」（山口・清水 2016）と考えられます。

子どもたちは食べる際、しっかりと咀嚼《そしゃく》をします。おやつや食事のときはまず最初に、咀嚼がしにくい食材である、ゆでたゴボウ、ニンジンなどを出し、しっかりと噛んでもらうのです。噛むことであごの発達を促し、あごの力をつけていきます。噛むことは、脳への刺激、唾液の分泌、消化を促し、そして筋肉の発達にもつながります。まさにスポーツで必要な原点ではないでしょうか。

子どもたちは、いっぱい遊ぶとお腹がすく、だからご飯をたっぷりと食べ、ぐっすりと眠ります。そしてまたたっぷりと遊ぶというサイクルをくり返して、運動機能や認知機能、そして心も発達させていくのです。スポーツを支える心身をつくるために、しっかりと食への意識を育てていきたいものです。

コラム4　体をしっかりとリラックス

今の子どもたちは、車での移動やスマホやテレビなどの生活で、常に体が緊張して硬くなっているといわれています。

たとえば、一歳児を対象に体の硬さと睡眠の関係を研究した谷川・鳥海（2019）は、体が硬いときは寝返りが多かったが、体がほぐれてくると仰向きに寝て、途中の覚醒も少なくなったと報告しています。体が緊張して硬いと、普段の姿勢や寝る姿勢も悪くなり、さらに体の緊張は高まり、血流も悪くなってしまうのです。

子ども自身が、自分の体がリラックスして解放されている心地よい状態を知っておくことは重要なことです。そして何よりも、体の緊張をほぐすのは、意識しないと難しいことです。

小さい頃は、子どもが自分で体をほぐすことは難しいので、ベビーマッサージやロールマッサージがおすすめです。上の写真は、日本の保育園でのマッサージの様子です。体の状態を確認してほぐしてあげています。またフィンランドの保育園では、運動遊びが終わったら子どもたち同士でローリングを使ってマッサージをしていました（下の写真）。みなさんもぜひ試してみてください。

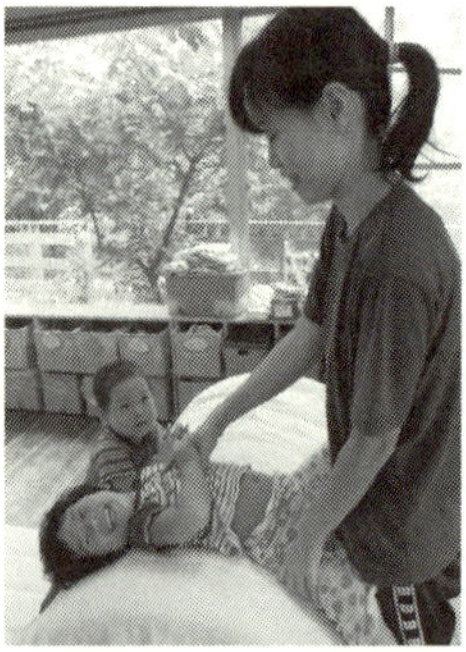

コラム5 「運動遊び」のバルシューレ

幼児期には運動・スポーツではなく、運動遊びをさせてさまざまな体の動きを体験し身につけることが大切だということは理解していただけたと思います。けれども、意図的に遊びの要素を取り入れた運動遊びを、元気な子どもに親だけが十分に相手をしようとするのは大変ですよね。子どもは子ども同士とは思いますが、昨今はそれが難しい地域もあります。

ここでご紹介したいのが、ボールを使った運動遊びプログラム・バルシューレです（奥田 2017）。一九九八年にドイツにあるハイデルベルク大学スポーツ科学研究所が開発したこのプログラムは、約一五〇種類のボール遊びを通して体のさまざまな動きを経験させるというもので、ボールゲームの基礎技術習得にも役立ちます。バルシューレは二〇〇六年頃から日本でも行われるようになり、ここ数年はうなぎ登りに教室が増えてきています。

東京都西部のある教室を見学に行きました。その教室は開設三年目に入ったところで、その日は幼児クラスに十七名、低学年クラスに九名が参加していました。

約一五〇種類のボールゲームの中からクラスに合ったものを指導者が毎週いくつか選んで実施するのですが、この日は、五十分間で、幼児で四つ、小学生で五つのプラグラムを行いました。楽しく運動することをテーマとしているため、「先生」は明るい雰囲気で、大きな声でわかりやすい言葉で話していたことが印象的でした。

バルシューレのねらいは大きく二つありま

す。まず、複数のことを同時にさせること。たとえばスキップをしながら歌が止まったらコーンをつかむというプログラムでは、スキップすると同時にコーンの位置を常に見ておく必要があります。上履きをグローブにして行うシューズホッケーでは、敵と味方とゴールの位置を同時に見て、かがみながらボールを運ぶ必要があります。

次に、自分たちでいろいろ考えさせること。たとえば、小学生のシューズホッケーおよび的当てでは、二回の「作戦タイム」がとられていました。

バルシューレは運動が好きになるきっかけづくりを目指しており、ともかく「楽しく」がテーマですが、ルール違反者やプログラムに参加しない子が出ることがあります。指導者はこれらの子どもに対して、危険があるとき以外はあまり厳しく対応しないそうです。小学生くらいになると、ルール違反は楽しさを損なうとわかってくるので、違反を時おり指摘しつつも「待つ」姿勢をとるそうです。実際にこの日もルールとは違う行動をしてしまう子どもが複数出ましたが、指導者は、「イエローカードだよ」などの言葉で軽く指摘する程度でした。ルール違反が多いときには、ゲームの合間に、実際にルール違反の例を実演してみせて「これ、おかしいよね?」と尋ねていました。ともかく、本人に意識してもらうことが大切なので、厳しくは言わないのです。これも広い意味で自分で考えるということなのでしょう。

日本では、体育館やホールを借りての教室実施が基本ですが、ドイツでは、いわゆるスポーツ施設だけではなく、小学校に出向いての教室も多く行われています。つまり、放課後の時間に指導者を派遣して、希望者にバルシューレを行っているのです。ドイツを訪問した折に、バルシューレ協会事務局長にお会いしたのですが（写真）、指導者が学校の先生とともに子どもたちの様子について見守る場合もあると話されていました。

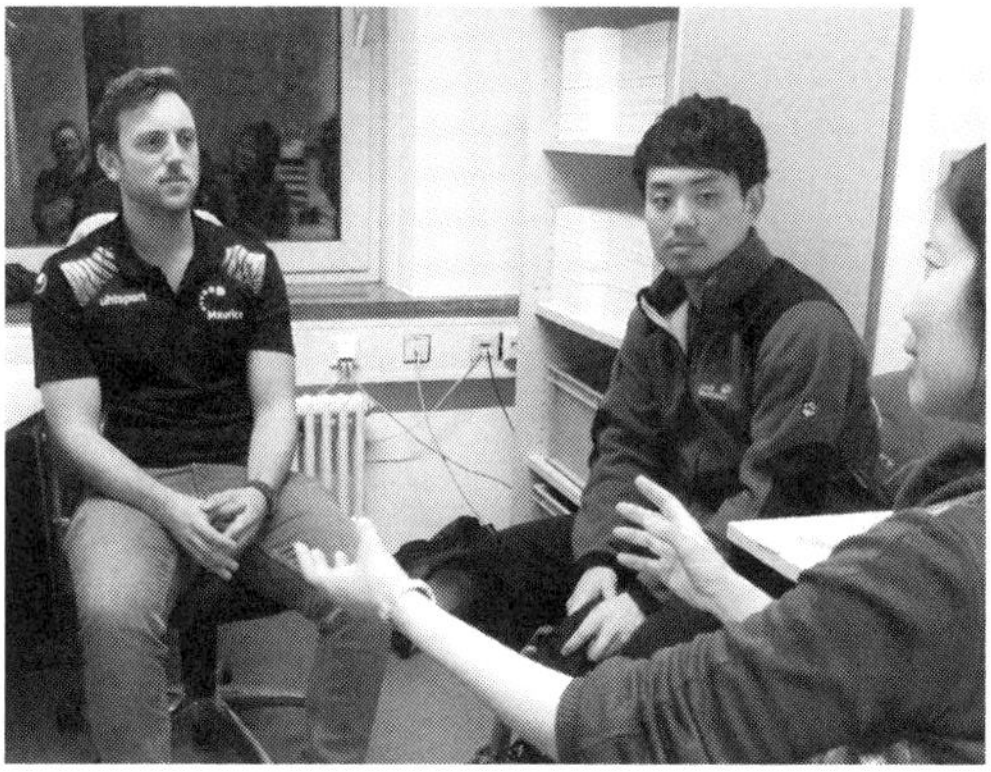

バルシューレ協会事務局長（左）

3章

競技力を高めるマインドセットと体づくり
〈中学・高校編〉

この章では、スポーツ生活が本格化する中学校・高校時代についてみていきます。図序・I（15頁）でいうと中央に位置します。中学・高校の時代は、思春期と表現されたり、青年期前期と表現されたりします。この時期、子どもたちは本格的にスポーツに取り組んでいくことも多いでしょう。この章では、中学以降の部活や競技性の高いレベルにも触れながらも、生涯スポーツとしての体育の役割や、社会で活躍するための社会人基礎力などについて説明していきます。

1　中学・高校時代のスポーツ

中学校に入ると部活動がスタートします。部活動は任意ですが、実際には加入を学校から推奨されることが多く、子どもたちは何らかの部活動に所属します。その中でも男子の大半は運動部です（1章）。現在、部活動はさまざまなスポーツをカバーしていますが、一方でサッカーやバスケなどは、学校の部活動か地域や各種競技団体のクラブチームのどちらに所属するかを選択しなければいけません。さらに高校では、強豪校への進学を考える人もいるでしょう。いずれにせよ、遊びや運動遊びから、より競技スポーツへの色が強まるのが、思春期にあたる中学・高校時代でしょう。全中（全国中学校体育大会）、高校総体、夏の甲子園、選手権大会、ウインターカップ、ラグビー花園大会などと聞くと、親子ともに夢に向かって突き進みたくなるかもしれません。スポーツを通して華々しい活躍をする子どもや挫折を味わう子どもなど、この時期は多様なスポーツ生活と付き合うこととなるでしょうし、アスリートへの道に踏み出していく子どもたちもでてくるでしょう。

一方で、この時期は生涯スポーツへの基礎も築かれていきます。部活動で本格的にスポーツを行わなくても、学校の「体育」の時間を通して、さまざまなスポーツの要素や得意なスポーツの技術を学び、生涯スポーツの基礎を作っていくことができます。生涯スポーツへの道はアスリートへの道を包み込みます。つまり、アスリートの道から外れたとしても生涯スポーツの道が待っていますし、生涯スポーツの道からアスリートの道に移行することも可能です。

そして生涯スポーツとアスリート生活の両者に影響を及ぼすものがやはり生活リズムや身辺自立、そして食生活なのです。この点も再度見ていきたいと思います。

2　競技力を高めるマインドセットとは

競技力を高めるために必要な能力とはどのようなものでしょうか。序章でも述べていますが、本書では、単に試合で活躍するのみでなく、あくまでも試合の先にある「社会で活躍する力」を

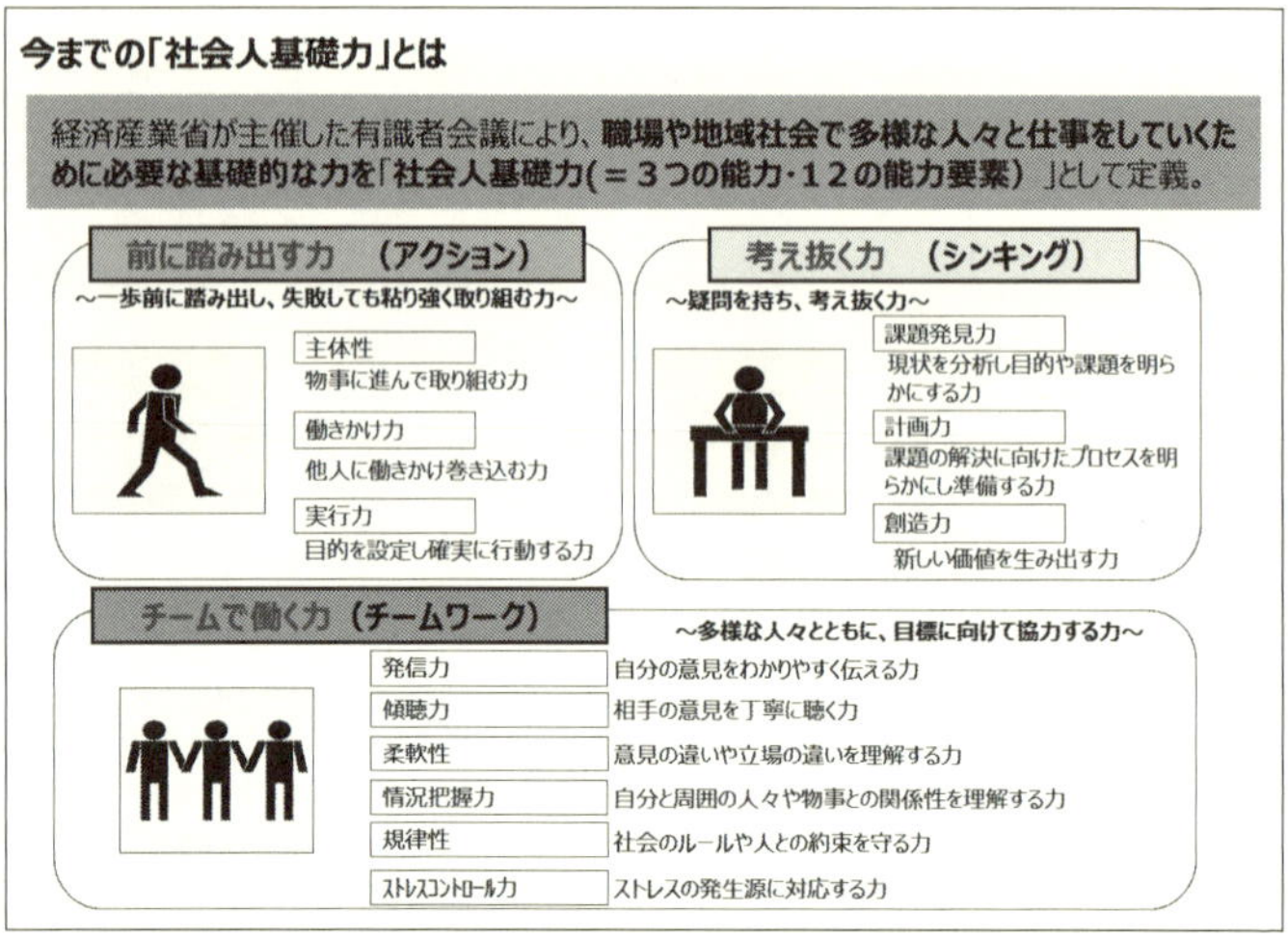

図 3.1　社会人基礎力とは

出所：経済産業省「人生 100 年時代の社会人基礎力」説明資料 p.2（https://www.meti.go.jp/policy/kisoryoku/index.html）より

目指しています。この「社会で活躍する力」には、試合で活躍するためのマインドセットが応用できます。「社会で活躍する」要素としてヒントになるものが、経済産業省が提唱している「社会人基礎力」です。具体的には、「前に踏み出す力」（主体性・働きかけ力・実行力）、「チームで働く力」（発信力・傾聴力・柔軟性・状況把握力・規律性・ストレスコントロール力）、「考え抜く力」（課題発見力・計画力・創造力）といえるでしょう（図3・1）。これらの力を統合しながら、目標に向けモチベーションを高めていきます。

　長期的な目標は「社会で活躍できる力」だとしても、短期的目標としては、「試合で勝つこと」「全国大会に出場すること」「選抜に選ばれること」「レギュラーになること」などかもしれません。

子ども自身の目標とチームの目標をそれぞれ明確にし、モチベーションを高めていく必要があります。

①競技力を支えるモチベーション

競技力を高めるためには、「モチベーション」が大切であるとお伝えしましたが、そもそものようにすればモチベーションが高まるのでしょうか。

モチベーションに関しては、さまざまな心理学の理論があります。その中でもすぐにできるシンプルなものを紹介しましょう。私たちが所属する東京未来大学の関連研究所であるモチベーション・マネジメント協会（2013）のテキストでは、モチベーションを高めるには、「とにかく声をかけてあげること」そして「ちょっとした成長を見つけてほめてあげること」と書かれています。特に真面目で一生懸命な子ほど、成長を実感しにくいので、成長したことを見つけてフィードバックしてあげることが大切です。

では、誰がどのように声をかけることがよいのでしょうか。声かけについては、アドラー心理学の「勇気づけ」が参考になります。アドラー心理学の研究者の浅井健史によると、勇気づけのポイントとしては、「誰からの言葉か」ということが重要となるそうです。知らない人から声をかけられるよりも、「信頼している人」「自分を「理解」してくれている人」「好きな人」「尊敬する人」「状況を共にしている人」の声が心に響きます。特に選手が、「失敗」「重圧」「苦境」「選択」「移行」「喪失」「孤立」「孤独」という勇気をくじかれやすい状況にあるときこそ、モチベーションを高める勇気づけの言葉かけが重要なのです（浅井 2013）。信頼できる人が、失敗から「次へ」と問題解決を一緒に考えてくれたり、結果重視ではなくプロセスを大切にしてくれたり、小さな成功を見つけてほめてくれたり（スモールステップの原則）という体験を通して私たちは、モチベーションを保ち、高めていくことができるのです。

②目標設定の方法

モチベーションを高めるために、もう一つ大切なことがあります。それは、「目標」を明確に定めることです。どこに向かうべきか「目標」がないと、単にスポーツを「やっている」だけになります。生涯スポーツの視点では、「やっているだけ」でも十分に意味があるとは思いますが、競技レベルを高めるためには、明確な目標が必要でしょう。目標を作る際に大切になることは、目標がある程度高いレベルで設定されているという「目標の具体性と高さ」、子ども自身がその目標に納得しているという「目標の受容度」、結果についてフィードバックをもらえているという「フィードバック」、そして目標自体が本人にとって「価値や魅力」を持っていることです。これらのことを踏まえて具体的に考えてみましょう。

全国大会を目指してスポーツをしている子どもたちがいるとします。彼らには、「全国大会」という目標があります。これは高いレベルの目標だといえます。まず本人たちがこの目標に納得していることが重要です。子どもたちは特に望んでいないのに、親や指導者のみが高い目標を掲げてのめりこんでいるのはよくありません。子どもたち、そしてチームが、本当にそれを目指しているのかをきちんと話し合う必要があります。もし「全国大会」を目指すと子どもたちが納得したのであれば、その目標に向かって、一年間で何ができるか、半年で何ができるか、一か月で何ができるか、一週間で何ができるか、一日で何ができるかを逆算していきます。そして一日の目標ができたら（そして目標に向かって努力したらそのプロセスを）、周囲の大人がすぐに肯定的にフィードバックしてあげるとよいでしょう。

このように目標を具体化して、小さなステップの目標を決め、フィードバック作業をくり返していくと、モチベーションは高まっていきます。もちろん、毎日肯定的なフィードバックをすることは難しいのでしょうが、とにかく「こまめな」フィードバックが大切です。目標が達成できない場合でも、必要以上に子どもたちを責める必要はなく、うまくいかなければ子どもたちと一緒に、目標とそれに向かうプロセスを見直せばいいのです。

また最近の心理学では、目標に向かって「やり抜く力」として「ＧＲＩＴ」という概念が登場しています。アンジェラ・ダックワース（2016）の『やり抜く力　ＧＲＩＴ（グリット）――人生のあらゆる成功を決める「究極の能力」を身につける』という本では、このＧＲＩＴを身につける「重要な四つの要素」として、「興味」「練習」「目的」「希望」が紹介されています。目標を実現するためには、スモールステップと肯定的フィードバックを用いながらも、練習を行い、そのスポーツや練習方法などへ「興味」を持ち、何よりも「希望」を持つことが、目標達成に向かった「やり抜く」ことにつながっていきます。

③目標を実現するための事前・事後準備

目標が定まったら、その目標に向かってモチベーションを高めていけばよいことは理解できたと思います。ここでは、一見すると目標の実現とは関係がないように思えますが、練習や試合の事前・事後準備の「用意」「整理整頓」「後片付け」について考えていきます。

ラグビーの元日本代表・五郎丸歩選手は、大事な試合にシューズを忘れてきたという痛い経験をしたことがあり、それ以降は、必ず事前に準備をして確認することにしたそうです。忘れ物は、自分だけではなくチームにも迷惑をかけてしまいます。事前準備や持ち物整理、試合会場の行き方の確認などは自分で気をつけられることです。

一流のチームとそれ以外のチームでは、チームの荷物の置き方に違いがあると言われます。写真**1**は中学生のバスケの強豪チームの荷物です。きちんと整理されています。チームで試合に臨む場合、統一感が求められますし、物をなくしてみんなで探し回るという行為は、試合前の集中力を乱し、チーム全体の士気も下げてしまいます。

次に後片付けについてです。写真**2**はアメリカのサッカーのクラブチームの風景です。文化の違いですが、ボールは使ったらほったらかしで、片付けをするのは大人のスタッフだそうです。また使ったものも置きっぱな

1

2

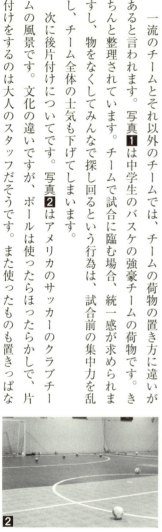

しなので、写真3のように忘れ物がどんどん増えていくと嘆いていました。日本では、試合での競技レベルは高いものの、用意や整理整頓などはすべて保護者が行うというケースも多く見かけます。「試合に勝つ」ために、選手が試合に集中できるようにと保護者が周囲のことをやってあげることは一見するとポジティブなサポートのように見えますが、それでは社会で活躍する選手には残念ながらなれないと思います。

サッカーの国際試合で、日本のロッカールームは美しいことで有名です。身の回りのものを整えるという作業は、心を整えるということにもつながってきますし、生活の自律にも関係します。目標達成のためにもこの事前・事後の整理を大切にしたいものです。

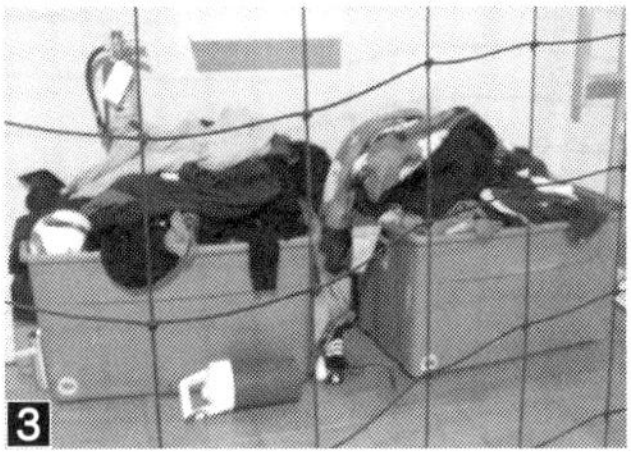

3

④競技不安との付き合い方

スポーツには試合や選抜がつきものですが、過度に緊張していつもの力が出せなかったり、失敗したらどうしようと不安になったりすることはありませんか？　藤後ら（2016）が中学生のバスケ選手たちに調査した結果、「ミスしたらどうしよう」というプレーの不安、コーチ・仲間・チームの保護者・自分の親からの評価に対する不安、負けへの不安、コンディションへ不安、将来への不安という五つの不安が出てきました。

このように競技の前に感じる不安を「競技不安」と表現します。そしてこの競技不安を高めやすい性格としては、高い情動性、強い不安傾向、強い内向性、神経質傾向などが挙げられており、不安の影響として、スポーツを回避したり、お腹が痛くなったり、無気力になるなどが報告されています（多々納 1995）。競技不安への対処法は、競技不安をコントロールするための呼吸法、考え方を変える認知行動療法や徐々に不安に慣れていくエクスポージャー法などがあります。これらは私自身も臨床の場で活用します。しかしわが子の過度な不安に遭遇すると、親としてどのように接すればよいか戸惑います。子どもの不安が親にも伝播し、子どもをどうにかしてあげたいと不安をコントロールしようとすると、子どもも親も余計に不安が高まります。さらに子どもをコントロールしようとして過干渉になってしまいやすくなるのです。

私自身が親として試してみて、いいなと思ったものが、精神科医の森田正馬先生が考えた「森田療法」です。森田療法は、日本で生まれた精神療法です（北西・中村 2005）。森田療法では不安をコントロールするのではなく、「不安とどのように付き合うか」を教えてくれます。具体的な事例は5章以降で見ていくとして、ここでは基本的な考え方を図3・2を用いて解説します。まず、子どもが図の右側のように何らかのネガティブな症状を発症しているとします。たとえば、試合や練習前にお腹が痛くなったり、試合に行くのを嫌がったり、イライラしたり、気持ちが沈んでいたりという具合です。この場合、これらの症状の裏には失敗したらどうしようという「不安」や嫌われたらどう

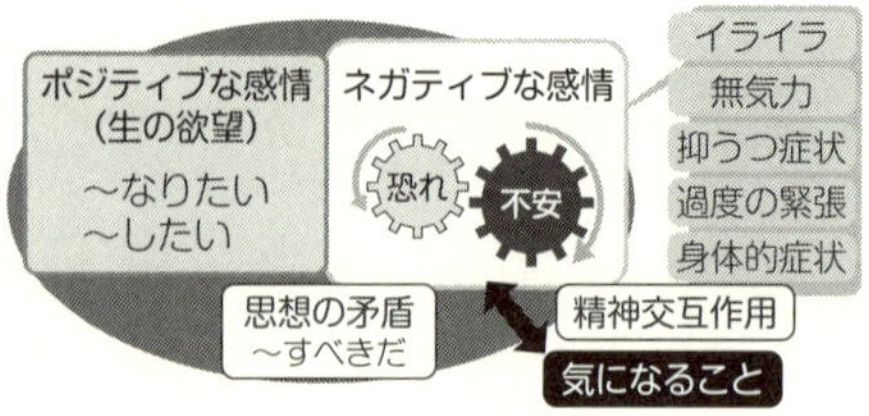

図 3.2　競技不安の理解

しよう、見捨てられたらどうしようという「恐れ」があると考えます。図の真ん中に書いてある「不安」「恐れ」という部分です。森田療法では、このような不安や恐れをコントロールしようとはしません。「感情の法則」といって、不安や恐れは時間が経つと減少すると考えます。これは皆さんも実感することではないでしょうか。試合や発表の前は緊張しているけれど、終わったらケロッとして遊び回っている子どもはよくいます。勉強面でも同じですね。試験の前は「やばい」と焦っているけれど、試験が終わった瞬間にすべてから解放されたようにすっきりするという具合です。つまり感情は「変化」するので、その感情をコントロールするのではなく、時間に任せるという姿勢です。

ただし注意が必要なのは、この「不安」や「恐れ」が強まるメカニズムです。「不安」が高まる理由は二つあります。一つは、精神交互作用と言って、気になることばかりに注意が向いてしまうことです。たとえば、なんだか今日は靴がフィットしないなと思うと、「靴のせいで、失敗したらどうしよう」と靴のことばかりが気になりはじめ、プレーに集中できなくなるのです。気になってしまうと、さらにそのことに注意が向き、注意が向けば向くほど、うまくいかないかもと「不安」が高まるのです。このことを「精神交互作用」と呼びます。図の下の矢印がある部分です。もう一つ、不安が高まる理由は、思想の矛盾です。「絶対に失敗すべきでない」「レギュラーを奪われるべきではない」という「べき」思考が強いと、それに現実が見合っていない場合に「うまくいかないのではないか」と不安が高まるのです。

それでは、どうすればよいのでしょうか。森田療法では、まず不安である自分を「あるがまま」に認めてあげます。「そりゃ不安だよね」という具合に。そして、不安と欲望は表裏一体という考え方から、不安の裏の「生の欲望」に目を向けます（図の左側）。つまり、不安が強い分、その内容に関心があり、欲望が強いのだと考えるのです。野球で「三振したくない！」と思う人は、「いいバッティングがしたい！」と思っている証拠です。野球自体に全く興味がなければ、「三振したくない！」などと思いもしません。そこで、「不安がいっぱいということは、それだけ「～したい」という気持ちが強いことだよ。すごいエネルギーだね。じゃあ、それが実現できるために、今できることをやっていこうよ」と声をかけてあげるとよいと思います。そして、目の前の「今できること」に集中するように促します。つまり、気になることから注意をそらし、目標に向かって今できることを精一杯やっていくのです。また、森田療法には、「恐怖突入」という言葉もあります。怖くても、生の欲望（目標）に向かって、目の前のやるべきことに集中しながら、怖く感じる場所に逃げずにともかく行ってみます。そうすると時間とともにいつの間にか体が慣れて、怖くなくなっていくというものです。

競技不安が高まっているお子さんに対しては、「不安になるのは当然だよね。怖いよね（共感）。でも、不安が強いということは、それだけやりたい気持ちが強いという証拠だよ。かっこいいね。さあ、今できることやっていこう！」と声をかけてあげてください。

⑤バーンアウトを予防するには——SOSへの気づき

子どもたちは、競技力を高めようと思えば思うほどストイックになり、結果を出そうと限りなく努力を行います。また若いので体も無理ができてしまい、身体も気持ちもオーバーユーズになりがちです。オーバーユーズの状態に子どもたち自身で気づくのは難しいので、いつもそばにいる私たち親は子どものサインに気づくアンテナを持ちたいものです。

私が専門とするコミュニティ心理学では、「予防」を大事にします。「予防」には、一次予防、二次予防、三次予防という考え方があります。一次予防では、問題が発生しないように環境を整えたり、啓発活動を行ったりします。二次予防は早期発見、三次予防は再発防止と覚えていただけるとよいでしょう。ここでは、子どものSOSに気づくという二次予防についてお話しします。

ストレス反応が高まると、前節でもお伝えしましたが、気持ちや身体に症状が表れてきます。気持ちに表れる場合は、抑うつ・不安、無気力、攻撃、そして身体に表れる場合は、頭痛や腹痛などが多いことでしょう。子どもたちは、言葉で自分の気持ちや状況を表すことが苦手です。特にスポーツの世界では、弱音を吐くことは弱いことだと思われがちなのです。

子どもたちのSOSをキャッチする方法として、言葉ばかりを重視するのではなく、まずは子どもの表情や声の調子に気をつけてあげてください。思春期はいつも不機嫌かもしれませんが、それでも不機嫌ながらの声の調子や表情が普段と違わないかどうか。私たち臨床心理士（および公認心理師）は、相手を理解する際にアセスメントというものを行いますが、その際、行動観察、面接、心理検査の三つの情報を統合して仮説を作っていきます。日常生活の中での行動観察としては、表情や声の調子というような非言語的行動、朝起きられない、遅刻が多い、食欲がないなどの行動面などに注意してみましょう。日常生活における面接とは、「親子の会話」と置き換えることができます。普段はあまり話さない子どもが、学校や試合前にぽつりと何か言ったり、寝る前に感情を吐き出したり、活躍した試合後に雄弁に語ったりなど、子どもが発信する機会を上手に利用して会話から子どもの様子をとらえてみてください。最後に、心理検査については日常的な実施は難しいかもしれませんが、描画検査や筆跡検査などの視点を応用して子どもの筆跡や絵や色などに注目してもよいかもしれません。

下の写真は息子の版画の作品です。小学生の頃、息子はのんびりしたミニバスのチームに所属しており、いつもニコニコとバスケをしていました。しかし、同じチームの女子は強豪チームで、いつも緊張感にあふれピリピリした雰囲気の中で練習していました。コーチも熱が入り、怒鳴り声が響くなか、体育館は不穏な空気に満ちていました。その隣で練習している息子たちの男子チームは特に怒られることはなかったのですが、いつもその緊張感に間接的にさらされていました。ある日、息子が学校で作った作品を持って帰ってきました。そこには、版画でバスケの様子が描かれていました。最初は、「なんてバスケが好きなんだろう」とほほえましくその作品を受け取りましたが、そこに書かれているタイトルを見てびっくりしました。なんと、「バスケはつらいな」の文字でした。

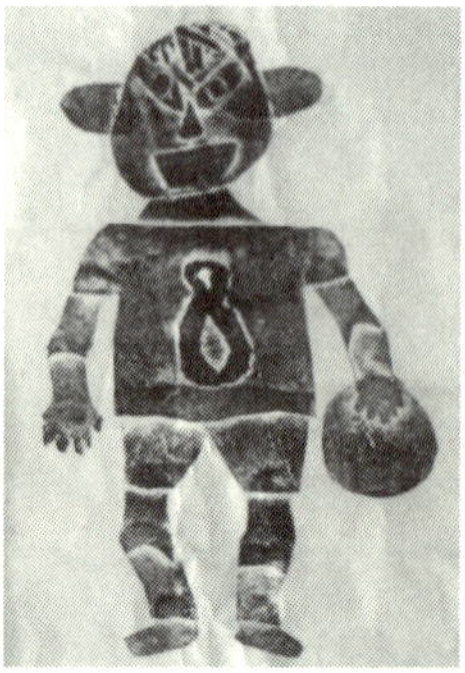
「バスケはつらいな」

このSOSのサインのおかげで、家族でも再度スポーツへの関わり方を考え直し、子どものペースに合うように、子どもが好きなキャンプや遊びを取り入れ、ゆったりとした生活にすることを確認し合いました。

余談ですが、その後も息子はずっとバスケを続け、中学、高校ではキャプテンを経験し、大学ではバスケスクールのコーチをやったり、高校部活動のＯＢたちで集まって地域の体育館で生涯スポーツとしてバスケを楽しんだりしています。

いずれにせよ、いつもそばにいる親にできることは、子どものＳＯＳサインをキャッチして、子どもの状態に合った対応を行うことです。もしあまりにも本人がつらい状況であれば、いったん競技から離れることも「あり」ですし、違う場所で競技を続けることも「あり」です。その子がその子らしくスポーツに関わっていけるよう、子どもと話し合う関係性を日頃から築いておくことが大切です。

3　競技力を高める体づくり

ここまでは、競技力を高めるための心の持ち方を中心に話してきました。ここでは、思春期や青年期という、いわゆる、中学生、高校生の頃に求められる体づくりについて考えていきたいと思います。

①思春期に求められる体とは

この時期の特徴としては、まず、子どもたちの心や体の大きな変化が挙げられます。身長が伸びたり体重が増えたり、筋肉がついたり声変わりしたりするなどの身体的な変化や、勝って喜び、負けて悲しむだけでなく、相手のよさを理解して称えたり、自分を責めたりできるようになるなどの精神的な変化があります。幼児期は自分中心であったのが、時を経て、経験を重ねて、友達・指導者・家族のことや、物事の結果だけでなく過程なども考えられるようになってきます。

今までにも何度も述べてきましたが、競技力を高めることを考えるときに、本書では、社会で活躍できる力を意図しています。しかし、もし日々の競技生活の中で、この「活躍できる力」を「勝つこと」と考えてしまったら、身体的な成長や技術・能力の鍛錬ばかりを求めるようになるのではないでしょうか。たしかに、身長が低く体重が軽いよりも、身長が高く体重が重い方が有利に働く競技や場面は多いでしょう。しかしながら、思春期や青年期で求められる「競技力」を、社会で活躍できることやその上にあるウェルビーイングを高めることだととらえた場合、重要なのは「勝つこと」だけではありません。その競技にとって大切な礼節を重んじたり、周りの友人や家族、指導してくれるコーチに感謝したり、また、練習できる環境があることや対戦できる相手のいることなどに、喜びや感謝の気持ちを感じたりすることなどを含めた身体づくりを考えていく必要があります。多くの運動、とりわけ、武道や相撲で言われる、精神・技術・体格（心・技・体）がその一つだと考えられます。すなわち、単に体だけをつくっていくのではなく、心や技術を伴った体づくりが必要なのです。このことを忘れずに体について考えていきましょう。

2章でも述べましたが、体格を考えるうえで大切なことは、毎日の生活習慣です。朝、起きて顔を洗い、食事をする。歯をみがき、排泄をし、身支度を整えて学校に向かいます。日中は、授業や運動、遊びに興じ、昼食をとり、昼過ぎから遅くても夕方くらいに帰宅します。そして、友人や家族と交流したり、遊んだり勉強したりして、夕食や入浴を済ませて、就寝します。毎日、何気なく行っている一連の習慣ですが、この習慣の積み重ねによって、その子の性格や体格が形成されていきます。生活習慣は一度乱れてしまうと、そのリズムのまま年月を重ねていく可能性が高くなります。そのため、生活習慣の乱れによって性格や体格にネガティブな影響が生じた場合、気付いたときには手遅れとなってしまう場合があるので、注意が必要です。生活リズムについて、研究成果を用いてその実態や注意点を見ていきましょう。

②生活リズムを整える

生活リズムとは、毎日の生活がサイクルを成してくり返されることを言いますが、近年の子どもたちの生活リズムをみると、決して、規則正しい生活リズムとは言えないサイクルが形成されています。神奈川県に居住する保育園児・幼稚園児・小学生・中学生・高校生を対象に行われた調査結果（泉ら 2008）を見ながら、その実態を把握し、問題点や改善点を考えていきたいと思います。とりわけ、休養（睡眠）・栄養（食事と排泄）・運動（遊び）といった、健康的な暮らしを形成するための三要素に分けて見ていきましょう。

図３・３をみると、男女ともに、加齢に伴い睡眠時間が短くなる傾向にありますが、高校生では短時間睡眠に慣れて、その状態を問題と感じられず、当たり前と思うようになっている子どもが増えていることが予想されます。したがって、睡眠の大切さを子どもたちにも理解できるよう

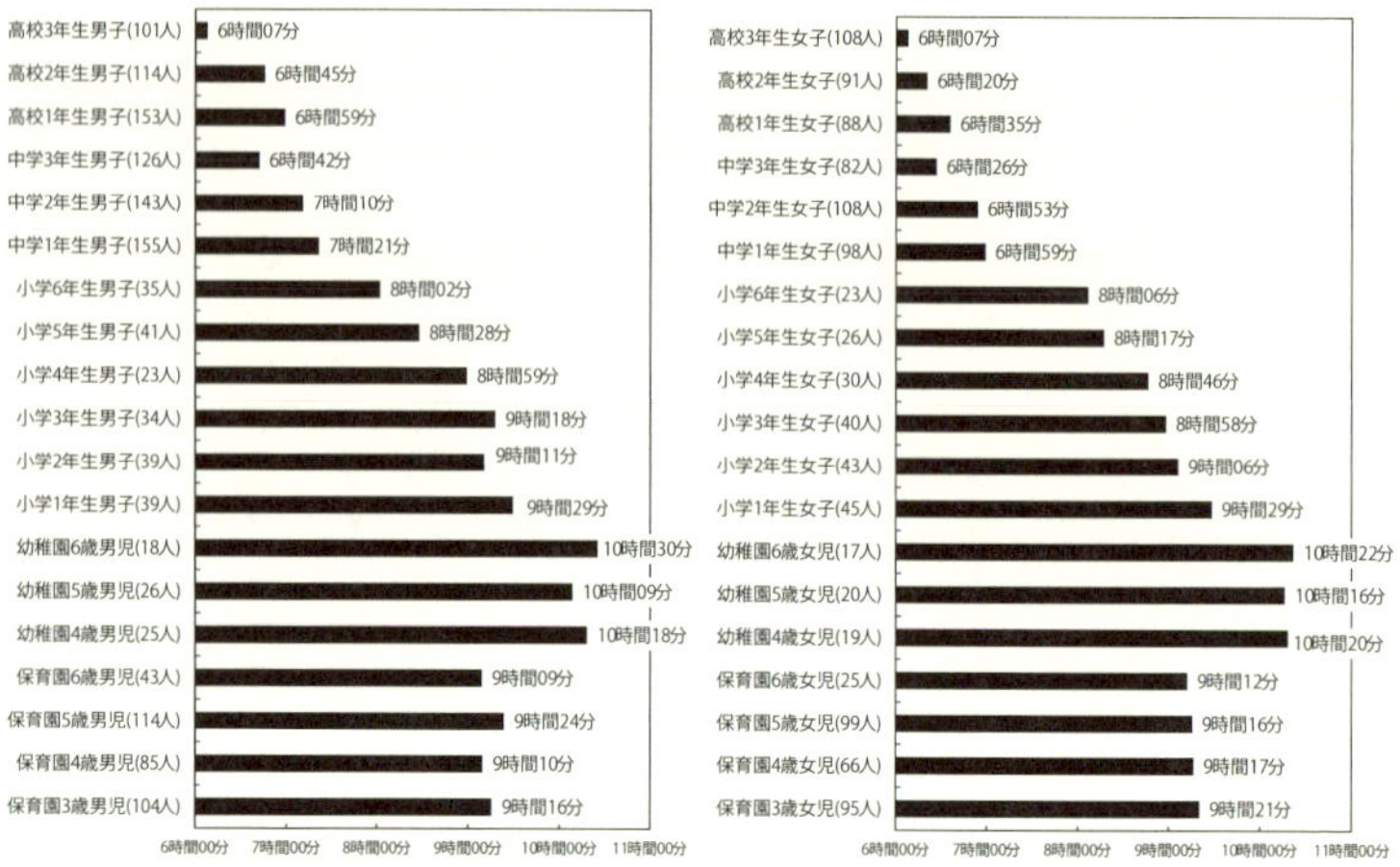

図 3.3　子どもの平日の睡眠時間（神奈川県）
出所：泉ら（2008）

な教育プログラムづくりが望まれます。

朝から心地よいスタートを切るためには、少なくとも始業二時間前の起床（前橋 2003）が望ましいのですが、中学生や高校生においては、遅い起床時刻による朝のゆとりのなさが顕著です。また、男女ともに、中学生以降の朝食摂取率が六〇〜七〇％台である（図3・4）ことから、成長期における朝食摂取の大切さを、子どもたちも私たち親ももっと理解する必要があるでしょう。

すべての学年で、朝食摂取率は七割を超えていましたが、朝の排便状況においては、男子が三〇％前後、女子が二五％前後と、全体的にその人数が極度に少ないことが懸念されます（図3・5）。朝、登校前に家で排便をすることは、心地よい気持ちで一日のスタートを切ることにつながります。また、前日から腸にたまった食物残渣《ざんさ》を排出させることで、

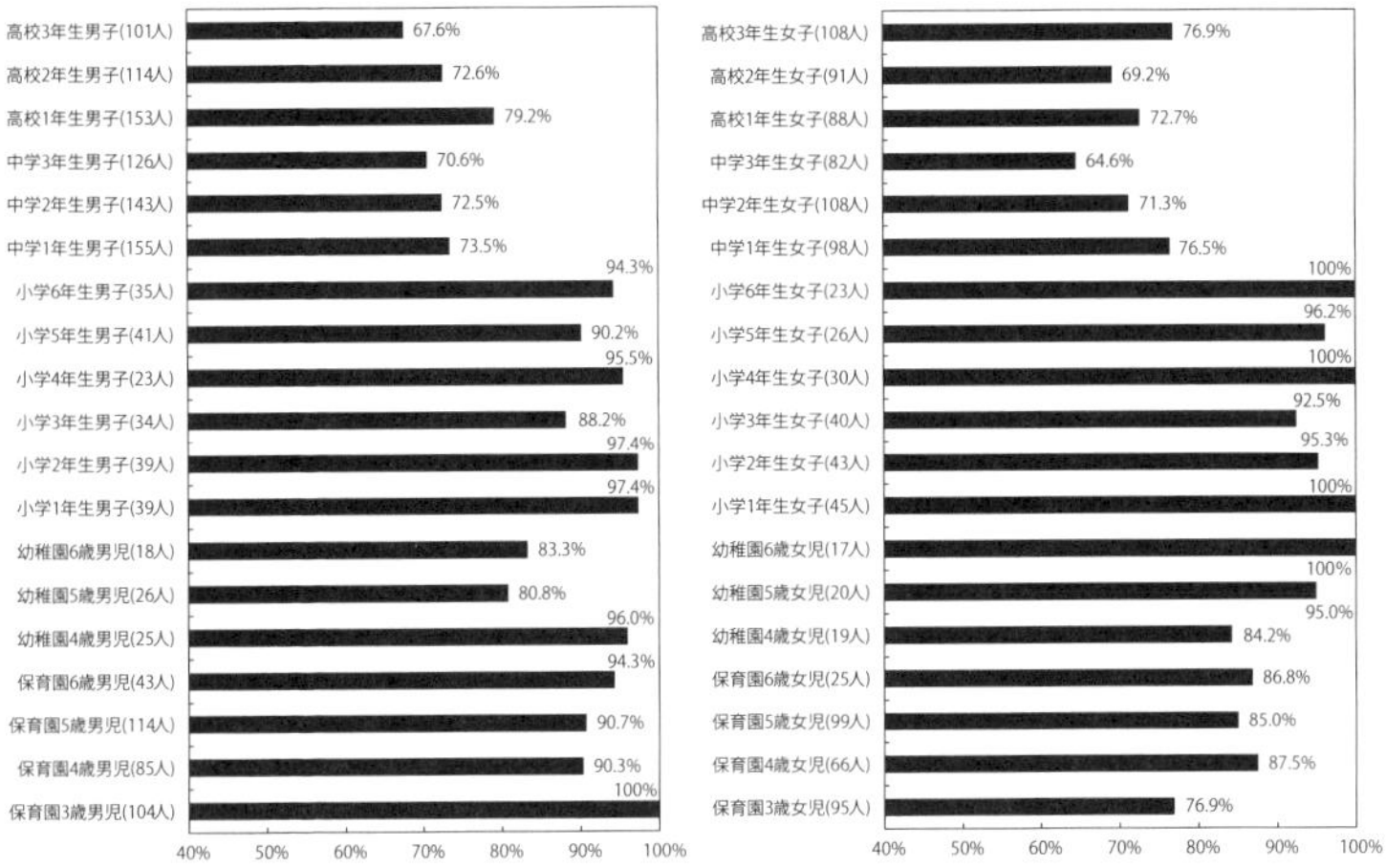

図 3.4　朝食を毎朝食べる子どもの人数割合（神奈川県）
出所：泉ら（2008）

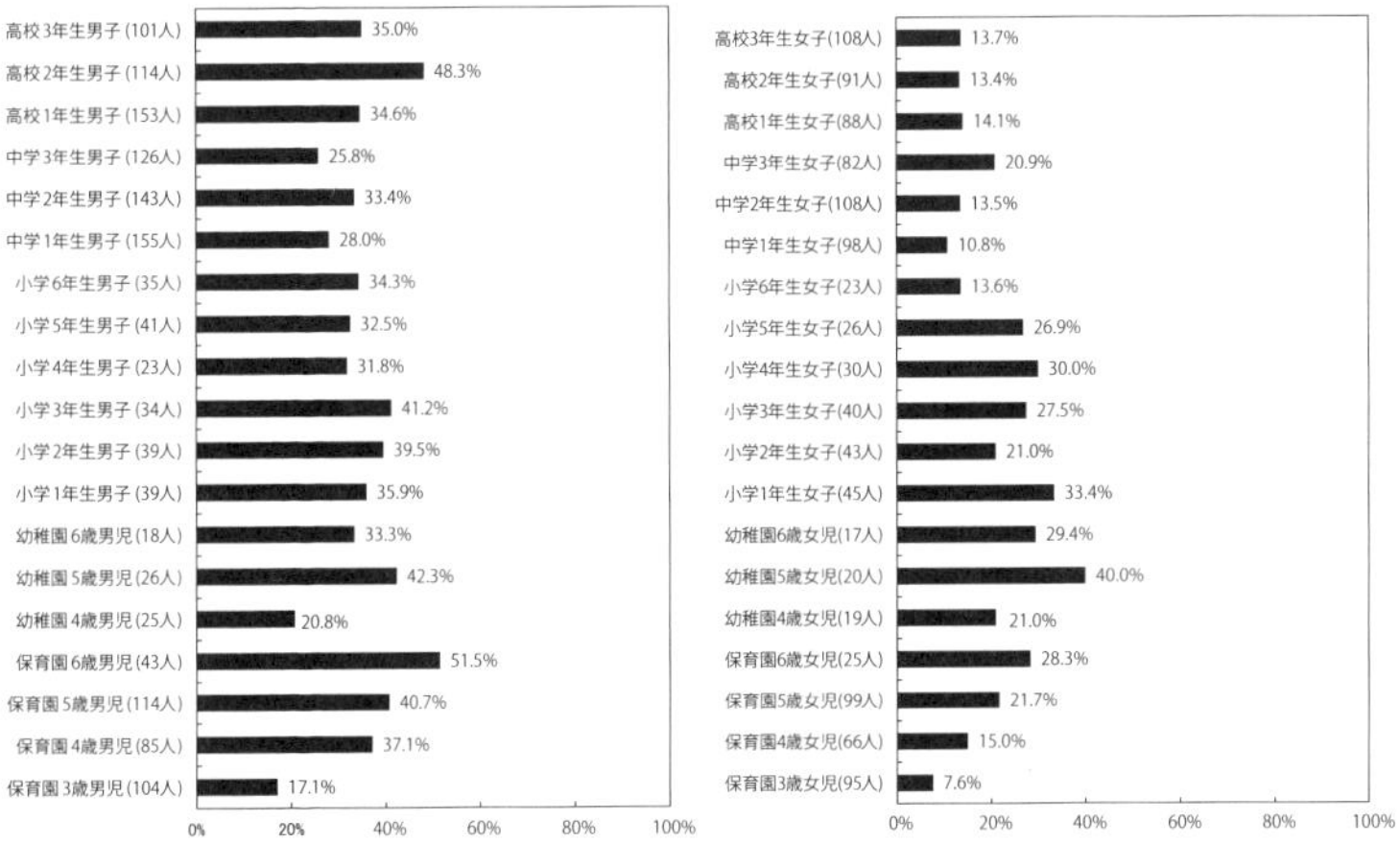

図 3.5　朝、排便のある子どもの人数割合（神奈川県）
出所：泉ら（2008）

午前中からスッキリとした身体状況で、元気よく活動することが可能になり、学校生活においても、友人や先生との円滑な関係を落ち着いて構築しやすくなるでしょう。排便は、朝、食物がからっぽの胃に入ることで、その刺激を脳に伝えてから、腸がぜん動運動を始め、食物残渣を押し出そうとすることで生じます。ただし、腸の中に満ちるだけの残りかすがたまらなければ排泄はできませんので、日頃から、腸内に残りかすとして、しっかりとした重さと体積のつくれる食事内容の充実が望まれます。一食でも欠食をすると、腸内の量が満たされず、排便のための反射も示さないので、朝の排便を促すためには、朝食摂取はもちろん、三食の食事の充実が必要不可欠です。

そして食事の摂取の時間も重要です。夜七時を過ぎてから夕食を開始している子どもたちは五割以上にのぼりました。これらの子どもたちの夕食開始時刻の遅れが就寝時刻の遅れを促していることは、先行研究（松尾・前橋 2007）からもわかっています。つまり、夕食時間の遅れは生活リズムを崩す誘因となることが懸念されます。家庭の協力を得て、夕食の開始時刻を意識的に早めていくことが必要と言えるでしょう。

これらの実態をみて思うことは、普段の生活習慣を規則正しく送ることが難しい世の中になってきており、そのシワ寄せが育ち盛りの子どもたちにも来てしまっているということです。競技力を高めるためにも、心技体を育てるためにも、普段の生活を見直し、規則正しい生活を通して、家族や友人との交流を楽しみながら、健全な心と体をつくっていくことが求められるでしょう。

③選手に必要な食事とは

先ほど食事についてふれましたが、具体的に思春期や青年期において、選手に求められる食事にはどのようなものがあるでしょうか。

下の写真は、あるスポーツのキャンプに参加した小学生や中学生が、夜の食事時間に自由にごはんを盛りつけ飲み物をついだ様子です。写真4は、揚げ物二種類、コーン一種類、オレンジジュース、焼きそばです。写真5は、二種類の揚げ物、マーボー豆腐、オレンジジュースと白米です。参加者の大半が自分の好きなもののみを盛っている状態でした。このキャンプには多くの子どもたちが参加していますが、みんな各チームの主力選手たちです。しかし、残念ながら彼らがきちんと自分たちの体づくりに意識が向いているとは思えません。

体の成長が著しい思春期や青年期こそ、三食をしっかり食べることが求められます。また、質や量の整った食事であることが大切ですが、とりわけ和食はバランスもよく、栄養価も高いのでお勧めです。菓子パンやファストフード、コンビニの食事などは手軽で便利ではありますが、人工的な味付けがされていることや、便になるための質や量を考えると不十分です。主食である米、魚や肉、野菜や汁物などをバランス良く食べ、偏った食事にならないことが大切です。脳にとって良いとされる、「ま・

4

5

ご・は（わ）・や・さ・し・い」といった食品も覚えておきたいところです。ま（豆類）、ご（ごま・ナッツ類）、わ（ワカメや昆布などの海藻類）、や（野菜）、さ（魚類）、し（しいたけ、えのき等のキノコ類）、い（いも類）を摂取し、さらに、よく噛むことであごを動かし、血液循環を良くすることで脳も活性化されます。

食事をするうえで必要なこととして、家族と食卓を囲んで団らんすることが求められます。そうすることで、保護者は、わが子が何を食べているのか、また、どのように食べているのかを知ることができますし、もし、食事の摂取量が減ったり、子どもの表情が暗かったりしたときには、悩みや不調を訴えている可能性があるなど、その様子から見て取れます。子どもの側からは、親の食事の仕方を見て、マナーを学ぶことや、親と一緒に食べることで自分の好きなもの、知っているもの以外のいろんな食材を知ることができます。何よりも、お父さんやお母さん、きょうだいたちの表情を見て、話をしながら食事をすることで、安心感を得ることもできます。食卓を囲んで家族で食事をとることは、ただ栄養を摂取することだけではなく、心の栄養を摂取する場にもなっているのです。

4　アスリートと生涯スポーツの融合を目指して

ここまでは、スポーツを行ううえで望ましいマインドセットや生活スタイルについて述べてきました。これらを踏まえ、最後に思春期以降のスポーツとの関わり方についてみていきます。

①生涯スポーツを見据えた「体育」の役割

中学校以降、学校では部活動が盛んになり、スポーツに生活の中心を置く子どもが増えます。また、小学校から実施してきた「体育」の授業は「保健体育」へと名称が変わります（ここでは「体育」と表記します）が、小学校から高等学校卒業までの十二年間、体育は共通した一つのことを目標として授業が行われています。それは本文にも何度か出てきている「生涯スポーツ」を実現するということです。ここでいう生涯スポーツとは、高等学校を卒業後もスポーツに多様に関わっていくことを指しています。多様な関わり方とは、スポーツを「すること」ことだけでなく、スポーツを「みること」「支えること」「知ること」も指しています。たとえば、バレーボールで考えた場合、バレーボールをする、バレーボールの試合をみる、バレーボールの大会を運営する、バレーボールの歴史を知るといったことです。体育では「知識および技能」「思考力、判断力、表現力等」「学びに向かう力、人間性等」の三つを、多様にスポーツに関わるために必要な要素として考え、小学校から高等学校までの十二年間でその要素を育もうとしています。

具体的には、「知識および技能」は、運動の課題やその解決方法を理解し、運動で必要になる技能を身につけることを示しています。バレーボールでいえば、アンダーパスをするためには、ひじをくっつけ、膝を曲げる必要があることを知り、そのための練習方法を理解して、練習してアンダーパスができるようになるということです。「思考力、判断力、表現力等」は、運動のポイントや課題を見つけ、課題に向けての練習方法を考え、その方法が適切かを判断したり、練習方法を他者に言葉や動きなどで伝えたりといったことです。またチームの課題を見つけて、自らの考えをチームメイトに伝え、チームで意見を出し合いながら練習方法を考えるといった場面なども想定されます。「学びに向かう力、人間性等」は、運動に主体的に取り組むこと、自己の感情・行動を抑制すること、互いに尊重し協働すること、チームワークや思いやりのことを指しています。積極的に運動に参加し、自己をコントロールしつつ、チームメイトを大切にしながら、協力してチームとして活動していく場面が具体的に考えられます。

生涯スポーツの実現に向けて、体育が育もうとしている要素について説明しましたが、多くの方が気づかれたと思います。本書でいう「社会で活躍する力」の、「前に踏み出す力」「チームで働く力」「考え抜く力」と、体育が伸ばそうとしている子どもたちの能力は似ており、体育も「社会で活躍する力」を育むために重要な役割を担っているということです。そして、体育だけでなく、学校における部活動、学外のクラブ活動、スポーツ教室や道場の活動場面においても、積極的に練習に取り組み、課題解決に向けて練習を工夫したり、チームで話し合いをしたりする中で、これらの能力を伸ばすことができるのです。

しかし、体育以外の運動やスポーツの場面においては「勝利」が大きなウェイトを占めています。また、運動やスポーツが子どもたちのどんな能力を伸ばすかと質問をされれば、「体力が向上する」「○○がうまくなる」といった回答が多いように思います。もちろん、運動やスポーツをするうえで「勝つこと」「上達すること」はとても重要なことだと思います。しかし、それのみを追求するのはどうでしょうか？　運動やスポーツは「勝利」のみではなく、「社会で活躍する力」として必要な能力を身につける大切な機会であるということも知っておいてほしいのです。

ここまでは、生涯スポーツにおける、体育以外での運動やスポーツ場面の重要性、体育が児童生徒のどのような能力を育みたいのかということを説明してきました。次は、小学校から高等学校卒業までの十二年間で、体育の授業はどのように行われているのかをみていきます。

まず、子どもたちが十二年間で経験する運動領域は（体育理論や保健は除く）、「体つくり運動系」「器械運動系」「陸上運動系」「水泳系」「球技系」「武道（中学校以降）」「ダンス系」となっています。これほどさまざまな運動を経験できる体育を実践している諸外国はほとんどありません。校種や学年によって表現が異なりますが、その内容は十二年間で連続性を持っています。ここでいう連続性とは、ハードルで考えてみると、小学校低学年の模擬の池を飛び越える遊びから始まり、中学年で小さいハードルを跳び、学年を重ねるごとに走る距離やハードルの高さが変わっていき、高等学校でハードル走が完成するということです。

これらの運動領域の指導内容は、二〇〇七年までの「体育」では十二年間を、小学校、中学校、高等学校という校種で区切り、「6‐3‐3」で構成されていました。しかし、二〇〇八年に学習指導要領が改訂され、運動を日常的なものとして、生涯スポーツにつなげるために、校種ではなく、2章で述べた子どもの運動発達を考慮して、「4‐4‐4」に区切った内容へと構成が変更されました。そして二〇一七年に学習指導要領は再び改訂されましたが、この構成は変化していません。各区切りの具体的な指導の主旨としては、最初の四年〈小学校低・中学年〉は「各

表 3.1　12 年間にわたる体育における運動領域のとらえ方

小学校		中学校		高等学校
1～4年	5・6年	1・2年	3年	1～3年
各種の運動の基礎を培う時期	多くの領域の学習を経験する時期		卒業後も運動やスポーツに多様な形で関わることができるようにする時期	

種の運動の基礎を培う時期」、中間の四年〈小学校高学年～中学校二年生〉は「多くの領域の学習を経験する時期」、最後の四年〈中学校三年生～高等学校卒業〉は「卒業後も運動やスポーツに多様な形で関わることができるようにする時期」となっています（表3・1）。「4・4・4」とすることで、運動発達に適した運動経験が可能となり、子どもたちがより効果的に育んでほしい能力を身につけることができ、卒業後に多様な形で運動やスポーツに携わることにつながるとしています。

では、生涯スポーツの実態はどうなっているのでしょうか。スポーツ庁（2018b）の報告によると二〇一七年の調査では、週に一日以上運動やスポーツをする成人の割合は、全体では五一・八％（二〇一六年 四二・五％）、男性では五三・四％（二〇一六年 四四・〇％）、女性では五〇・二％（二〇一六年 四一・〇％）、週三日以上は、全体では二六・〇％（二〇一六年 一九・七％）、男性では二六・九％（二〇一六年 二〇・九％）、女性では二五・一％（二〇一六年 一八・五％）と実施率が向上しています。スポーツ実施率の政策目標は、週一日以上が六五・〇％、週三日以上が三〇・〇％としており、この目標に近づきつつあります。しかし、年代別の割合をみると、二十代から五十代にかけて実施率が低くなることもわかります（図3・6）。また、「一年間で運動やスポーツをしなかった」および「運動・スポーツをして

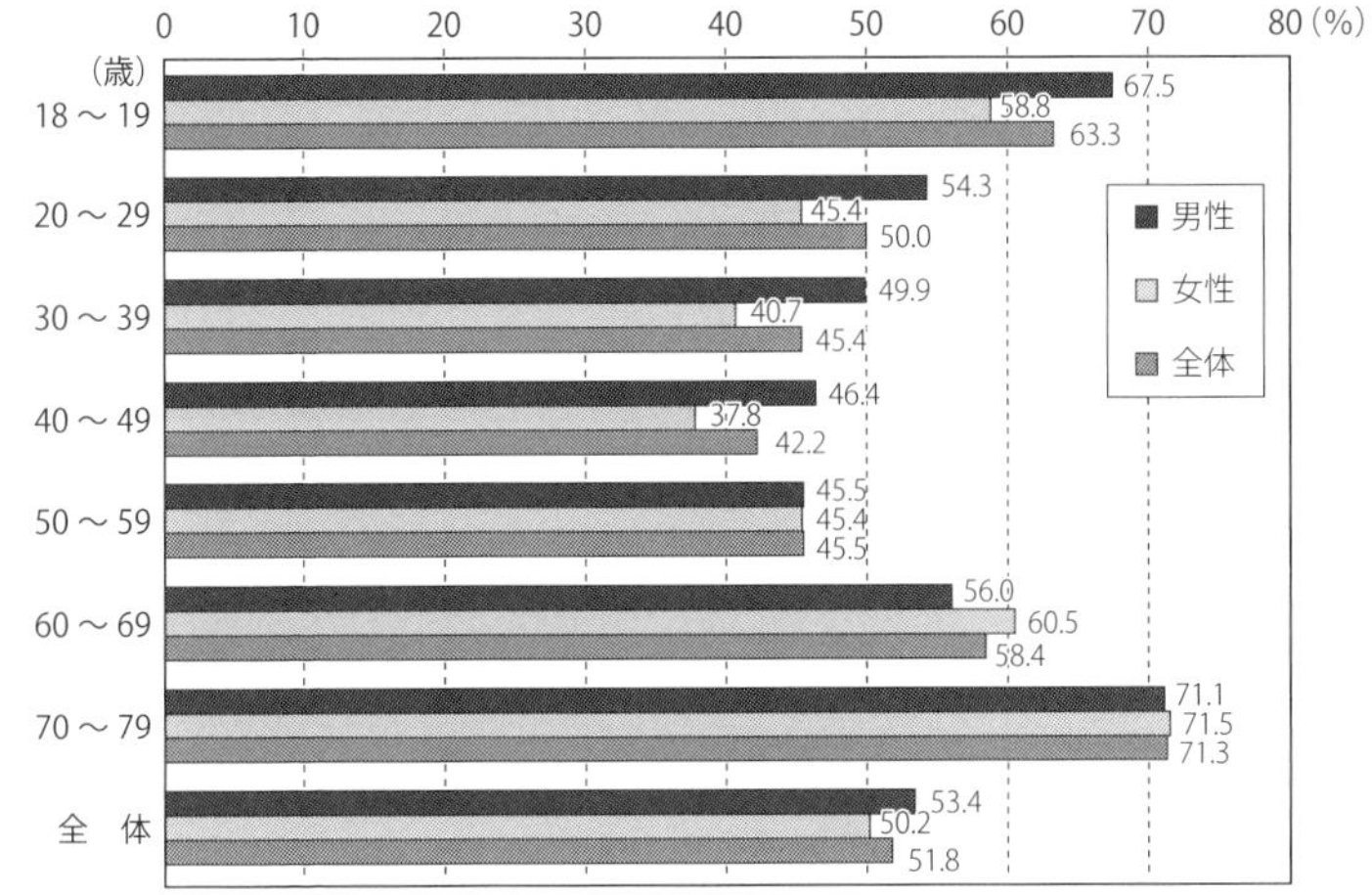

図 3.6　週に 1 日以上運動やスポーツをする成人の割合
出所：スポーツ庁（2018b）

おらず、今後もするつもりがない」の割合は二〇・七%と報告されています。実施しない理由としては、「仕事や家事が忙しい」や「面倒くさい」となっています。この状況をみると、特に「面倒くさい」といった運動やスポーツをすることに対するネガティブな印象を改善することが、スポーツ実施率の向上において重要となってきます。その手段の一つが、子どものうちに学校での体育、部活動、クラブ活動などの場面で多様に運動やスポーツを体験して、体を動かす楽しさを味わう機会を保障することだと思っています。

　また、同報告によると、一年間に会場でスポーツ観戦をした人の割合は二六・九%、一年間でスポーツに関わるボランティアに参加した人は一〇・六%となっています。「スポーツをみること」「スポーツを支えること」はまだまだ普及していない状況にあります。

学外のクラブ活動で、土日の練習の代わりに専門競技や専門競技以外のトップのリーグの試合を観戦したり、中学校や高等学校の部活動で小学生の大会の運営の手伝いをしたり、といった取り組みが打開策として考えられます。「すること」もスポーツにおいては大事ですが、さまざまな観点からスポーツに関わる機会を子どもたちに保障してほしいと思います。

②アスリートと生涯スポーツ

強豪校や選抜チーム、全国大会出場、プロや実業団などで活躍するアスリートたちのプレーは観ている私たちをワクワクさせてくれます。では、そういったアスリートたちはどのような運動経験をしてきているのでしょうか。

これについて興味深いデータがあるのでご紹介します。日本陸上競技連盟の調査によると、日本代表として活躍した選手が専門的に陸上競技に打ち込みはじめた時期は、中学校で八割、高等学校でほぼ全員となる一方で、小学校では一割半しかいません。そのうち全国大会に出場した選手の中での割合は、小学校では一割未満、中学校で四割、高等学校は八割となっています（表３・２）。また、野球から陸上へというように他の競技から陸上競技へと競技を変更した（競技を変更することをスポーツトランスファーと言います）経験がある割合は、小学校→中学校は九割、中学校→高等学

表 3.2　日本代表選手の陸上競技実施率および競技レベル

	実施率	全国大会	
		出場	入賞以上
小学校期	16.3%	3.8%	1.9%
中学校期	79.8%	40.4%	20.2%
高校期	98.1%	79.8%	61.5%

出所：日本陸上競技連盟（2016）から作成

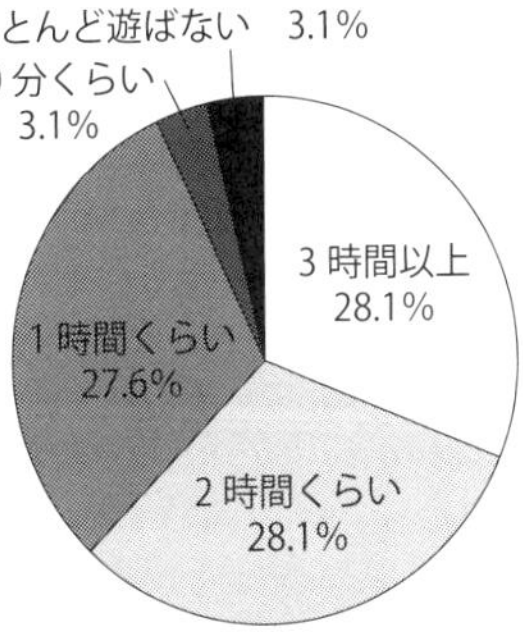

図 3.7　トップアスリートの幼少年期の１日の遊び時間

出所：中村（2015）から作成

表 3.3　日本代表選手の競技間・種目間トランスファー

	競技間	種目間
小→中	92.0%	—
中→高	30.0%	55.0%
高→学生・実業団	2.0%	32.0%

出所：日本陸上競技連盟（2016）から作成

校は三割となっています（表３・３）。

また、中村（2015）は、オリンピックや国際大会に出場した三二名のアスリートの運動経験を調査しています。その結果、多くのアスリートが幼少年期の遊び時間が長いこと（図３・７）、専門の競技を決定する前、または専門とする競技と並行して別のスポーツを経験していたとしています。その中で、北京オリンピック４×１００ｍリレーの銀メダリストである朝原宣治《のぶはる》さんの経験が紹介されています。朝原さんは、放課後や土日に、公園や河原などで三角ベースやどろけいなどで一日三時間以上遊び、サッカーや野球などのスポーツが好きであったものの、スポーツ少年団やスポーツクラブには加入せず、遊びとして経験していたそうです。本格的にスポーツを始めたのは、中学校の部活動でのハンドボール、陸上競技は高等学校に入ってからで、最初は走り幅跳びが専門だったそうです。

日本を代表するアスリートの方々は、さまざまな遊びや運動、スポーツを経験し、その経験から自分に合ったスポーツを選択したり、スポーツトランスファーしたりしているようです。このようなアスリートの方々は、第一線を退いた後、専門とした競技を楽しむことも、経験した多くの運動やスポーツの中から運動やスポーツを選んで楽しむこともできるのではないでしょうか。多様な運動経験を持ち、運動やスポーツの選択肢を広げることが競技性の向上や生涯スポーツにつながるのかもしれません。

日本を代表するアスリート、プロのアスリート、全国大会に出場するアスリートを目指して、放課後の練習、土日の試合に励む子どもたちの姿を目にします。子どもたちには多様な運動経験をしたうえで、その中から選択して専門的なスポーツに取り組んでほしいと思います。酷な言い方となりますが、目指しているアスリートになれるのは、ほんの一握りです。そこに至らなかった子どもはどうなるのでしょうか？　専門のスポーツを競技性から楽しさ重視に移行できる子ども、さまざまな運動やスポーツの経験から体を動かすおもしろさを味わった子ども、スポーツトランスファーするための選択肢をたくさん持っている子どもは、その後も継続して運動やスポーツに親しんでいけるでしょう。しかし、怪我をしてしまった、悲しいけれどそのスポーツを嫌いになってしまった、燃え尽きてしまった子どもは、専門のスポーツから離れるだけでなく、運動やスポーツ自体から離れてしまう可能性もあります。もちろん、競技性を持って専門のスポーツをがんばりアスリートを目指すことは重要です。そういったアスリートの方々は本当に輝いていて憧れの存在です。憧れの存在を目指す子どもたちを応援する保護者の皆さんには、専門的にがんばる時期はいつなのか、それまでに経験しておくべきことは何なのか、第一線を退いた後どうするのかなど、子どもの運動やスポーツにおける大切なことを知っておいてほしいのです。

少し話はそれますが、気軽に読んでください。写真6は、今から二十年ほど前の小学校六年生の私です。私はサッカーが盛んな静岡県の出身でサッカーが身近にあり、近所の仲の良かった友達に誘われて低学年からクラブチームに入っていました。四年生のときに地域の選抜チームに声をかけてもらい、七、八回のセレクションにも通過して六年生までずっと選抜チームでサッカーをしていました。所属するクラブチームで平日二日の練習、選抜チームで平日三日の練習、土日は、クラブチームと選抜チームとの掛け持ちで試合と、サッカーボールを蹴っていない日はない毎日でした。選抜チームにいた友達も同じような毎日だったと思います。

当時を振り返ると、送り迎えやお弁当など、両親には相当な苦労をかけたと思います。また私の両親は、「サポートはするけど、主役はあなた」という考えで、送り迎えをしても試合は観戦せず、試合結果やプレーについて何か言われたという記憶はありません。のびのびとサッカーができる環境を作ってくれた両親には感謝しかありません。

選抜チームは、全日本少年サッカー大会という全国大会を目標に活動していました。運良く静岡県予選を勝ち上がり、全国大会では優勝することができました。先ほどの写真は決勝での私で、

6

7

写真**7**は優勝したときの集合写真です。サポートメンバーを除き十六人のチームでした。この十六名のうち、プロになった人、大学までサッカーを続けた人は何人いるでしょうか。

中学校および高校の途中で四人がサッカーをやめ、高校を卒業してさらに四人がやめます。付け加えると、この八人のうちスポーツトランスファーした人はいません。六人が大学まで続け、二人がプロになりました。決勝の相手チームも十六人いましたから、計三二人の選手がいましたが、それでもプロは二人です。その二人もJ１リーグで試合に出ることはほとんどなく引退しました。選抜チームのメンバーで集まることがありますが、現在、定期的に体を動かしている人はあまり多くなく、やっている内容はサッカーやフットサルに偏っており、スポーツトランスファーができている人は限られています。

専門のスポーツで活躍することを目指してがんばることはとても大切です。一方で、競技性を持ってがんばれる期間は短く、それ以外の期間の方が長いということも事実です。子どもたちがさまざまな運動やスポーツを生涯にわたって楽しむことができるよう、今、目の前にいる子どもたちだけでなく、十年後、二十年後、さらにはもっと先の子どもたちの運動やスポーツについても考えながら、子どもたちの運動やスポーツを支援してもらいたいと思います。

コラム6 スポーツを通してウェルビーイングを高めるには
――幸福度ナンバーワンのフィンランドから学ぶ

国連が発表した二〇一九年の世界幸福度ランキングでは、日本は五八位です。フィンランドが二年連続で一位となりました。私たちはこの春にフィンランドに視察に行ってきたのですが、人々の何気ない会話の中で、頻繁にウェルビーイングという言葉が登場していました。近年のフィンランドの教育では、ウェルビーイングを高めることが中核におかれている（是永 2019）のです。

フィンランド人と結婚して現地に住む日本人で、二人の子どもが地域スポーツをしていた母親に次のように尋ねてみました。「フィンランドでは、チームを強くしたいと思って、コーチが強い口調などで厳しく指導したりしないの?」。すると彼女は、こう答えました。「フィンランドでは、スポーツの中でも絶対ダメ。子どもの権利がある。身体に触れるのはもちろんのことだけど、厳しい言葉も絶対ダメ。フィンランドの感覚に慣れたら、日本で子どものスポーツの指導の様子を見るとびっくりしてしまう。フィンランドでは、子どものウェルビーイングのために何ができるかを大人は常に考えている。スポーツを通してどのようにすれば子どもたちのウェルビーイングが高まるかを」。フィンランドでは、学校や学童、児童館などでも、「自分を客観視し、自分の感情を大切にし、自分たちで考え、ルールを決め工夫していく」というしかけがなされています。

次頁の上の写真は、子ども自身で得意なことや苦手なことを分類する中で、自己理解を促す教材です。自分で苦手なことや得意なことを分類していきます。中央の円（緑）の部分は「できていること」、その外側の円（黄）は「ちょっと自信がないもの」、一番外側（赤）は「まだ難しいこと」だそうです。子ども自身で分類しながら、大人と一緒に話し合い、目標を決めたり、解決方法を話し合ったりするそうです。

　下の写真では、みんなで話し合って決めた「ルール」が壁に貼り出されていて、それに対する賛同の意味でそれぞれの手形が貼られています。ルールは一度決めたら基本的に半年や一年間は継続します。修正が必要であれば、子どもたち自身で話し合っていきます。

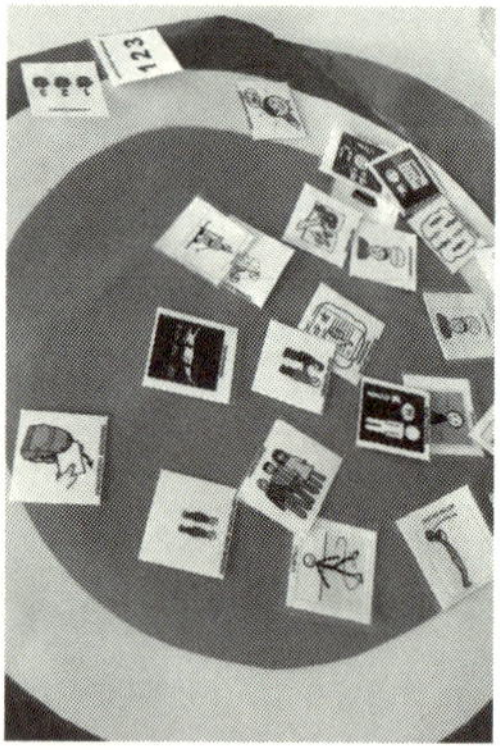

　このような方法はスポーツの分野でも取り入れることができそうです。子どもたち自身が自己を客観視し、そして個人競技であれ集団競技であれ、チームとして力を発揮するためには何が必要か、どうすればみんなのウェルビーイングが高まるのかといった話し合いを取り入れることです。これは、スポーツを通して社会で活躍する人材、そしてスポーツを通した自分自身や仲間、コミュニティのウェルビーイングを高めることにつながるのではないでしょうか。

4章

子どものスポーツを支えるサポーティブな親とは

ここからは、子どものスポーツに関わる私たち親のあり方についてみていきたいと思います。子どものスポーツに関わっていくと、私たちもさまざまな感情を体験することとなります。その際、子どもとどのように向き合い、どのように受け止め、どのように声をかけていくか、私たち自身の価値観が問われていくこととなります。

1　スポーツを通して何を目指すのか

①親自身のスポーツへの価値観

本書では、子どものスポーツの最終目標は、スポーツを通して子どものウェルビーイングを高めることとしています。そのために、私たち親ができることは何でしょうか？　お子さんがスポーツを始めたとき、それを応援したいと多くのお父さんお母さんは思うでしょう。実際にお子さんの年齢が低ければ低いほど、送り迎えなど含めて、いろいろとサポートは必要となりますし、ご自身がこれまでスポーツをやってきた方だと、「子どもと一緒にキャッチボールができる」「一緒にドリブルの練習をしよう！」など、いろいろと夢が膨らむかもしれません。

ところで、皆さん自身はスポーツに対してどのような価値観を持っているでしょうか。日頃あまり意識していないかもしれませんが、親自身のスポーツへの価値観は子どものスポーツ活動への関わり方にも影響してきます。そこで、自分自身がスポーツに対してどのような価値観を持っているか、ぜひ意識しておいてほしいのです。そうでないと、お子さんに良かれと思って関わっていたことが、子どもにとってはお腹が痛くなるほどのプレッシャーになっていたり、「もっと練習をしなければ」などと子どもを追い込んでしまったり、ということにもつながりかねません。

1章のくり返しになりますが、スポーツは勝敗がはっきりと見えるものであるため、どうしても周囲の大人は成果を求めやすく、応援にも熱が入りやすいといった側面があります。勝利至上主義の怖さです。また、日本では、スポーツがレクリエーションであるというよりは、『巨人の星』などのスポ根漫画に代表されるような、鍛錬の場であるという価値観もまだまだ根強いのです。私たち親世代が部活動をしていた頃は、「グラウンド何十周!」というような厳しい基礎練習が延々と求められたり、「練習中に水を飲むな!」といったことが当たり前だったりしたものです。こうしたスポーツ指導は今では見直されていますが、それが染みついた親世代ですから、子どもを一生懸命サポートしているつもりでも、いつの間にか根性論で子どもを追い詰めてしまっているかもしれません。まずは親自身のスポーツへの価値観を見直してみることで「真にサポーティブな（協力的に支える）関わり」を目指しましょう。

現在、子どもを対象としたスポーツ系の習い事は数多くあり、多くの子どもたちが通っています。四、五歳ぐらいになると、子どもに何か習い事を、と考えはじめる親御さんも多いのではないでしょうか。習い事に関する二〇一七年の調査では（ベネッセ教育総合研究所 2017）、四歳児では男児で三四・八％、女児で二九・三％、さらに五歳児になると男児で五二・四％、女児で四八・〇％が何らかのスポーツ活動に定期的に参加していることが示されています。小学生になると、その割合はもっと増えます。では、子どもにスポーツを習わせる動機はどのようなものでしょうか。

1章で、わが子が地域スポーツに参加しているお母さんのチームへの参加動機について紹介しましたが、最も選ばれた答えは「身体を動かしてほしいから」でした。次に「友だちを増やしてほしいから」が続きます。子どもが自由に走り回ったり、ボール遊びをしたりすることができる場所が少なくなった昨今、子どもが大いに身体を動かすことができる場として、地域スポーツが期待されていることがわかります。また、チームスポーツですから、チームメイトとの関わりを通して、友達関係を広げてほしいという願いも強いことがわかります。一方、上の二つほど多くないものの、「勝つ楽しさを経験してほしいから」や「その種目がうまくなってほしいから」を選んでいる保護者もけっこういます。この調査から見えてくることは、スポーツに参加させようと思った動機は多様であり、各家庭でずいぶんと異なるということです。

こうした保護者の価値観の違いは、サッカーや野球、バスケットボールなど、特にチームスポーツにおいて、難しさを生むようです。それは当然といえば当然で、個人競技であれば、各家庭の方針で子どもへの関わり方を決めればいいのです（とはいえ、夫婦間での温度差や、子どもと親との温度差など、いろいろあるとは思いますが）。しかし、チームスポーツでは、メンバー（の親）間で、考え方が違うことは十分ありうるでしょう。やるからには勝つことを目指して一生懸命努力してほしい、家でも自主練習をするのは当然だ、という思いの親もいるでしょうし、友達と楽しく過ごしてくれればいい、勝つことよりもみんなが楽しく活動できる方が大事、と考える親もいるでしょう。あるいは、チームが勝つためには強い子を優先するのは当然、という考え方の親もいるかもしれません。この〝温度差〟は、チームスポーツ、特に入団テストなどがなく、誰でも入ることのできる地域スポーツでは難しい問題です。私たちの調査研究においても、保護者の〝温度差〟は、地域スポーツの問題点の主要なものの一つとして挙がっています（井梅・大橋・藤後 2017a）。こうした親のスポーツに対する価値観の違いは、子どもへの関わり方の違いにもつながりますし、チーム内での保護者同士の意見の食い違いのもとにもなります。次では、子どものスポーツ活動を通した親の喜びと傷つきについて、我々の調査結果から見ていきましょう。

②スポーツを通した親の喜びと傷つき

私たちはこれまでの研究で、子どものスポーツ活動を通して、親はどのような体験をし、子どもとの関わりにどのような影響を与えているか、また、親自身のメンタルヘルスにどのような影響を与えているかについても考えてきました。ここではそうした研究結果をご紹介しながら、子どものスポーツと私たち自身の心の健康や成長についても考えていきたいと思います。

ここでは、私たちが二〇一四年に行った調査のデータを紹介します（大橋・井梅・藤後 2015）。この調査では、わが子が地域スポーツに参加している父母九百名を対象に、「お子さんのスポーツを通して、最もうれしかったことはどのようなことですか?」「お子さんのスポーツを通して傷ついたことはどのようなことですか?」と聞き、自由記述で答えてもらいました。一般的によく行われているチームスポーツの種目としてサッカー、野球、バスケットボール、バレーボールを挙げ、さらに、地域によって盛んなスポーツの種類も違うであろうということで、その他のチームスポーツ、という項目を設け、その経験がある方を対象にオンライン調査を行いました。自由記述の内容をまとめたものを表4・1と表4・2に示します。

はじめに、それぞれの回答がどの程度あったかについて見ていきたいと思います。「うれしかったこと」については、「特になし・わからない」との回答が六・四%ありましたが、それ以外の方は何らかの答えを書いてくれていました(表4・1)。一方、「傷ついたこと」については、四七・四%の人が「特になし・わからない」と回答しています(表4・2)。このことから、子どものスポーツ活動に対して、肯定的体験としてとらえている人の方が多いとは言えるでしょう。

ボランティア主体の地域スポーツでは、親の当番や役員など親の負担も多いことから、子どもを参加させることに迷いを感じる人も多くいるかと思います。地元の小学校などで行っているサッカーや野球などのチームは「親が関わることが多くて大変そう」という理由で敬遠する人の話も聞きます。そこで、実際に子どもを参加させている親がどのような意見を持っているのかを知ることは重要であると考えますが、この結果を見る限り、総数としては良い体験の方が多いと見ることができるでしょう。どんな内容が実際に挙がっているのか、もう少し詳しく見ていきたいと思います。

表 4.1　子どものスポーツで親がうれしかったこと

		全体		レギュラー		非レギュラー	
		度数	(%)	度数	(%)	度数	(%)
子ども	子の活躍	193	(22.7)	144	(28.2)	49	(14.4)
	子の成長	369	(43.4)	205	(40.1)	164	(48.2)
	子が楽しそう	56	(6.6)	30	(5.9)	26	(7.7)
	子が怪我をしなかった	4	(0.5)	2	(0.4)	2	(0.6)
	その他	15	(1.8)	7	(1.4)	8	(2.4)
レギュラー	子がレギュラー・スタメンになれた	30	(3.5)	22	(4.3)	8	(2.4)
対コーチ	子が試合に出れた	17	(2.0)	3	(0.6)	14	(4.1)
	子がコーチから学んだ	2	(0.2)	2	(0.4)	0	(0.0)
	子が認められた、ほめられた	6	(0.7)	4	(0.8)	2	(0.6)
対仲間	子が仲間と仲良くなった	44	(5.2)	24	(4.7)	20	(5.9)
	子が認められた、ほめられた	7	(0.8)	4	(0.8)	3	(0.9)
対他の親	子が認められた、ほめられた	2	(0.2)	0	(0.0)	2	(0.6)
	子と家族がより親密になれた	1	(0.1)	1	(0.2)	0	(0.0)
保護者本人	保護者自身の成長	3	(0.4)	1	(0.2)	2	(0.6)
保護者対子ども	保護者と子がより親密になれた	15	(1.8)	11	(2.2)	4	(1.2)
	家族全体がより親密になれた	2	(0.2)	2	(0.4)	0	(0.0)
保護者対コーチ	保護者が認められた、ほめられた	1	(0.1)	1	(0.2)	0	(0.0)
保護者対他の親	子が認められた、ほめられた	0	(0.0)	0	(0.0)	0	(0.0)
	助けられた	2	(0.2)	1	(0.2)	1	(0.3)
	交流が広くなった	13	(1.5)	12	(2.4)	1	(0.3)
その他		15	(1.8)	9	(1.8)	6	(1.8)
なし	特になし、わからない	54	(6.4)	26	(5.1)	28	(8.2)
合　計		851	(100.0)	511	(100.0)	340	(100.0)

出所：大橋・井梅・藤後（2015）

表 4.2　子どものスポーツで親が傷ついたこと

		全体 度数	全体 (%)	レギュラー 度数	レギュラー (%)	非レギュラー 度数	非レギュラー (%)
子ども	ミス、負け、結果が出ない、怪我	148	(17.4)	92	(18.0)	56	(16.5)
レギュラー	子がレギュラー落ち、スタメンから外された	29	(3.4)	6	(1.2)	23	(6.8)
対コーチ	子の試合中の交代	4	(0.5)	2	(0.4)	2	(0.6)
	子への罵倒・罵声、無視	17	(2.0)	6	(1.2)	11	(3.2)
	子への暴力	9	(1.1)	5	(1.0)	4	(1.2)
	子への不当な扱い、えこひいき	18	(2.1)	8	(1.6)	10	(2.9)
	子が（ふつうに）叱られる	2	(0.2)	1	(0.2)	1	(0.3)
	練習状況（悪天候での練習等）	1	(0.1)	0	(0.0)	1	(0.3)
	その他	25	(2.9)	17	(3.3)	8	(2.4)
対仲間	子が仲間に迷惑かける	2	(0.2)	0	(0.0)	2	(0.6)
	仲間から子への意地悪や叱責	26	(3.1)	11	(2.2)	15	(4.4)
	子の仲間同士のトラブル・いじめ	2	(0.2)	2	(0.4)	0	(0.0)
	子の仲間関係その他	3	(0.4)	3	(0.6)	0	(0.0)
対他の親	子が他の親から否定される	9	(1.1)	3	(0.6)	6	(1.8)
保護者本人	保護者自身の体力・能力・資金不足	19	(2.2)	8	(1.6)	11	(3.2)
保護者対コーチ	保護者が否定・誤解される	4	(0.5)	2	(0.4)	2	(0.6)
保護者対他の親	保護者が迷惑をかける	2	(0.2)	2	(0.4)	0	(0.0)
	保護者へのいじめ・仲間外れ	10	(1.2)	5	(1.0)	5	(1.5)
	その他保護者同士のトラブル	69	(8.1)	46	(9.0)	23	(6.8)
保護者対家族	自分の両親・配偶者からの否定	2	(0.2)	2	(0.4)	0	(0.0)
人間関係		8	(0.9)	3	(0.6)	5	(1.5)
その他		39	(4.6)	29	(5.7)	10	(2.9)
なし	特になし、わからない	403	(47.4)	258	(50.5)	145	(42.7)
合　計		851	(100.0)	511	(100.0)	340	(100.0)

出所：大橋・井梅・藤後（2015）

●スポーツ活動を通した親の喜び

まず、「お子さんのスポーツを通してうれしかったこと」について見ていきます。最も多かったのは「子どもの成長」で、四三・四％を占めています。また、「子どもの活躍」（二二・七％）、「子どもが楽しそう」（六・六％）など、子どもが楽しく参加していて、成長できていると実感できることが保護者にとって何よりの喜びになると言えるでしょう。また、「子どもに仲良しの仲間ができた」「認められた」といった、子どもの人間関係が広がったことに対する喜びも挙げられていました。さらに、「保護者自身の交流が広くなった」といった意見も複数見られます（一・五％）。

●スポーツ活動を通しての親の傷つき

一方、「傷ついたこと」についてはどうでしょうか。先ほど、「うれしかったこと」に比べて「傷ついたこと」の記述が少なかったことは述べましたが、しかしながら、半数強の人が何らかの傷つき体験を述べていることも見逃せない事実です。

傷つきの体験で最も多かったのは、「我が子の結果が出ない、ミス、怪我」などで一七・四％を占めています。ミスというのは具体的には、「勝てるはずの試合で、我が子の失敗で敗戦した」や、「大会でミスした」などが挙げられています。チームスポーツであるからこそ、わが子の失敗が気になったり、傷つき体験になったりするのでしょう。スポーツは勝敗がはっきりと出るものであり、誰が活躍したか、うまくいかなかったか、見ている人たちみんなにとってわかりやすいものです。たとえスポーツを始めたきっかけが「身体を動かしてほしい」や「友だちを増やしてほしい」であったとしても、ミスがあったり、わが子の結果が出なかったりすることは、親にとってつらい体験になると言えそうです。

次に多かった傷つき体験は、「保護者同士」のトラブルで九・五％にのぼります。なお、「わが子が他の親から否定される」（二・一％）を含めると、一〇％強の保護者が保護者間のトラブルを地域スポーツでの傷ついた体験として挙げていることがわかります。また、この調査では他にも、地域スポーツの問題点について聞いているのですが、その問いへの回答を見ていくと、「親の当番等の負担」や「親同士の人間関係」、さらには「親の子どもへの過干渉」など、親の関わりの問題が最も多く挙がっています。特に母親では、三一・四％の人がこのいずれかに該当する問題を挙げています（井梅・大橋・藤後 2017a）。

先ほど、地域スポーツにおいて、保護者のスポーツへの価値観の違い、いわゆる〝温度差〟があることが難しさにつながりやすいことを取り上げました。それに加えて、地域スポーツではボランティア主体での運営になることから、当番等の負担や、役割分担がいろいろと必要となる分、親同士の人間関係の難しさが発生しやすいと言えるでしょう。

親の傷つき体験に話を戻しますが、上に挙げた二つの次に多かったのが、コーチの罵倒や暴力、不当な扱いなどコーチに関する内容で八・九％がこれに該当します。これはスポーツ・ハラスメントにあたると考えられます。その中でも指導者からの体罰や暴言を挙げている人は三％程度となっており、現在、その根絶が強く求められているにもかかわらず、やはり体罰や暴言といった不適切な指導が一定数行われていることがわかります。しかも、地域スポーツの場合、指導者は基本的にボランティアであることから、不適切な指導が行われていたとしても、保護者もなかなか声を上げづらいという側面もあるかもしれません。また、コーチだけでなく、1章でも述べたように、保護者の関わりがスポーツ・ハラスメントになることもあるのです。たとえば、試合の応援中に熱くなってしまい、失敗した子どもに対して「何やってるんだ！」などと大きな声で怒鳴ったり、「ああ……、もう!!」などと落胆の声を発してしまったりするのは、プレーをしている子どもたちにとっては大変な傷つきになり、スポーツ・ハラスメントにあたります。こうしたスポーツ・ハラスメントは、勝利に対する意識が強いチームであることにも関連しており、また、コーチのハラスメントと保護者のハラスメント、さらには子ども同士のハラスメントが連動して起こりやすいことも、私たちのこれまでの研究で見出されています。子どもたちのより良いスポーツ環境を守るうえで、大人が意識的に、チームの風土を変えていく努力をすることが重要と言えます。

③親自身の自己理解

さて、前項では子どものスポーツ活動を親がどのように体験しているかを見てきましたが、子どものスポーツ活動は親にとってもさまざまな感情を引き起こすことがわかりました。そして、こうした親のさまざまな感情や関わりが、子どもたちのスポーツへの姿勢に影響を及ぼします。ここでは、親自身の心の問題について、少し考えていきたいと思います。

●中年期の発達課題と子育て

「子育ては自分育て」という言葉がありますが、子育ては大変な作業であり、子どもを育てることは、親自身の成長にもつながります。心理学者のエリクソンは、私たちの人生にはそれぞれの年齢段階で発達課題があると言っていますが、それは子どもの時期だけでなく、大人になってからも続きます（発達課題の詳細については5章で述べています）。エリクソンが言う中年期の発達課題とは何かというと、「次世代を育てること」です。「次世代」とは、子どもだけに限りません。たとえば、職場で指導的な立場になり部下の育成に努めることなども次世代の育成に含まれます。つまり、子育てはまさに、次世代を育てることと言えます。次世代を育て、社会に貢献することが、中年期において健康的なパーソナリティを形成していく秘訣なのです。子育ては育てる側が一方的に「してあげる」「与える」という営みだけではなく、実は、親の側も子育てを通して教えられたり、成長させられたりすることが多いということは、子どもを育てている方は実感することだと思います。心理学的にも、我々の心の成長・健康を考えるうえで大事なことであると言われているのです。

●子どもの成長と親子関係の変化

子育ては子どもが誕生した瞬間から始まります。子どもが乳幼児の頃は、とにかく、つきっきりで世話をし、さまざまなサポートをすることが求められます。乳幼児を育てているお母さんにとって、「たまには一人の時間がほしい」というのは切実な願いでしょう。しかし、子どもが成長してくると、今度は、「子どもから手を離すこと」を求められる場面がしばしば出てきます。小学校高学年ぐらいになってくると、子どもは、親が何か言おうとすると、「ほっといて」「うるさいこと言わないで！」と、干渉されることを嫌がります。思春期の始まりですね。

睡眠時間が削られたり、四六時中目が離せなかったり、物理的な大変さは乳幼児期の方が大きいかもしれません。しかし、思春期の子どもと向き合うことは、精神的な部分での大変さが大きくなると言えるでしょう。子どもたちの成長に合わせて親の方も関わり方に変化が求められます。

スポーツを続けていくうえでも、これはとても大事なことです。幼児期や小学校低学年ぐらいまでは、子どもには親の応援が何よりのエネルギーになります。試合の応援に自分の親が来てくれることはとてもうれしいし、親の応援の声に俄然《がぜん》はりきって活躍することも多いでしょう。

しかし、思春期に近づくにつれ、親の期待が重荷になり、「応援に来てほしくない」なんてことを言い出すこともあるかと思います。特に、親からのダメ出しや、「こうした方がいい」などのアドバイスは、思春期の子どもたちが最も嫌がることです。たとえそれが適切なアドバイスであっても、子どもにとっては指摘してほしくないのです。この時期の子どもたちの「（言われなくても）わかってるから！」というセリフはよく聞くところだと思いますが、本当はわかっていなくても、大人からアドバイスをもらった方が早いとしても、自分で試行錯誤して、納得したうえで答えを見つけていきたいのです。自分で考えて答えを見つけていくことは、子どもたちが「自立」していくうえで大変重要なことです。親の側は見ているとつい、いろいろと口を出したくなりますが、子どもの「（余計なことを）言わないで！」が始まったら、子どもが自立しはじめている証拠、「忍」の一文字で見守ることが大切です。

また、第二次性徴を迎えて身長も急速に伸び、大人らしい身体つきになる頃になると、子どもたちはいわゆる「反抗期」に突入します。これまで、親や大人の言うことは当然正しいこととして受け取っていたのが、もしかしたら親も間違ったことを言っているかも、と疑いはじめます。なお、小学校低学年でも、大人からの指示を嫌がったり、文句を言って、やろうとしなかったりと反抗的な態度を示すことはあるかと思いますが、大人と子どもの差は歴然で、大人は絶対的な存在です。しかし、第二次性徴を迎える頃から、大人との関係が変わりはじめるのです。背がぐんと伸び、文字通り目線が今までと変わります。いわゆる「対等な目線」で大人を見てくるようになります。

これは、脳の発達とも関係していて、十一、十二歳頃になると、物事を相対的にとらえることができるようになるからなのです。この頃、学習の分野では、濃度や速さの計算など、目に見えない世界を想像して数の操作をすることができるようになります。また、中学生からは算数が数学に変わり、マイナスの概念なども理解できるようになります。

こうした脳の変化は、対人的なやりとりにも関係してくるのです。物事を相対的にとらえられるようになるとは、たとえば、今まで親、あるいは自分の家の価値観の中でしか物事を考えていなかった子どもが、友達の家は違うらしい、他の場所では違う価値観があるらしい、ということに気づいていくのです。そうすると、今まで当然と思っていた親の言葉に疑いを持ってみるようになります。今まで絶対的に信じていただけに、その反発も大きいのです。加えて、友達の家は良く見えるものです（「隣の芝生は青い」というのは大人でもありますよね）。それがこの時期、親の言うことにはとにかく反発する、という態度につながるのだと言えます。また、子どもがさまざまな価値観に触れることによって（子どもたちが自立していくためには大変重要なことなのですが）、親の価値観やふるまいや考え方、時には性格についてまでも、批判してくることがあります。

これは親にとっては相当にしんどいことです。未熟であるからこそ、子どもの言葉には遠慮がありません。親を絶対的な存在と感じなくなったとはいえ、親も自分と同じように一人の人間なんだと考えるまでにはまだ成長していないのです。親であっても傷つくことがあるのだとはなかなか考えが及ばず、辛辣《しんらつ》な言葉をぶつけてくることもあるでしょう。

親の側はそういった子どもの成長過程を踏まえつつ、子どもとの距離の取り方をもう一度見直してみるのもよいでしょう。また、子どもの言葉は時として、なかなかするどい指摘であることもあります。「お母さんは○○すぎ！」などと子どもから言われると、思わず口げんかにもなってしまいそうですが、子どもは親のことをよく見ているし、近くにいて、ある意味最も素を出して付き合っているからこそ、見えることもあるのです。これは私の実体験ですが、夫婦げんかを静かに見ていた子どもに（見られていると思っていなかったのですが）、後から「お母さんもさ、○○なところあるんじゃない？」とたしなめられ、ちょっとドキッとしつつも大人になったな～としみじみ感じてしまいました。子どものストレートな言葉に「ムカッ」と来ることもありますが、少し冷静にその言葉を受け止めるのは、自分自身を見直すチャンスになるかもしれません。

●子どもへの同一化がもたらすもの

先ほどの「スポーツ活動を通しての親の傷つき」の項で出てきたスポーツ・ハラスメントについて、もう少し見ていきたいと思います。スポーツ・ハラスメントは、子どもたちのより良いスポーツ環境を保障するうえで、最も排除すべき問題と言えますが、その起こりうる要因として、1章では勝利至上主義と努力偏重を挙げました。ここではもう一つ、親子関係の観点から考えていきたいと思います。

私たちの研究においては、子どものより良いスポーツ環境を考えるうえで、指導者のハラスメントとともに、親のハラスメント（応援席ハラスメント）についても検討しています。応援席ハラスメントとは、子どもたちの試合中に、応援席から子どもたちに「何やってるんだ！」と怒鳴るなど、ネガティブな働きかけをしてしまうことを指します。こうした応援席ハラスメントを引き出す要因について検討したところ、親の側の要因としては子どもへの同一化の傾向が強い人ほど、ハラスメントを行いやすいことが示されました。

子どもへの同一化とは、「子どもが失敗して怒られると、自分も怒られている気がする」「子どもがチームで認められると、自分も認められた気がする」など、子どもの失敗や成功をわが事のように感じてしまい、親自身も喜んだり落ち込んだりするといったことを指します。この調査では、子どもとの心理的距離がどの程度近いのかを測定しており、男性も女性もこの同一化の得点が高い人ほど、ハラスメントをしやすいことがわかりました（井梅・大橋・藤後 2017b）。加えて、男性では、他者への操作性が強く、身近な人（家族など）は自分と同じ考えを持っていて当然と考える性格傾向の人ほどハラスメントをしやすいこと、女性では、他者への操作性が強いことと、身近な人との信頼感が乏しい傾向（たとえば、夫や子どもが自分のことをわかってくれないなど）が、ハラスメントに関連していることがわかりました。子どもへの同一化は、子どものことを想うがゆえという側面もありますが、その傾向があまりに強いことは、子どもにとっても、親自身にとってもあまり良いこととは言えません。「子どもは子ども」と、自分と線引きして考えることも必要でしょう。

スポーツにおける子どもへの同一化の傾向を測定するために作成した「スポーツ同一化尺度」の内容を表４・３に示しますので、参考にしてください。この尺度では、「全くない」を一点、「あまりない」を二点、「どちらかといえばない」を三点、「どちらかといえばある」を四点、「少しある」を五点、「非常にある」を六点とし、九つの項目の得点を合計します。

また、親の性別と子どもの性別の組み合わせによって、同一化の程度が異なるかを検討した結果を図４・１に示します。この結果を見ていくと、父親よりも母親の方が、子どもに同一化する傾向が強く、中でも、母親－息子の組み合わせが最も同一化しやすいことがわかります。

表 4.3　スポーツ同一化尺度の内容

Q. 次の項目はどのくらいあなたにあてはまりますか？　①～⑨をよく読み、「全くない」から「非常にある」のうち、１つを選んでください。

	全くない	あまりない	どちらかといえばない	どちらかといえばある	少しある	非常にある
①子どもが失敗して怒られると、自分も怒られている気がする。	1	2	3	4	5	6
②子どもがチームで認められると、自分も認められた気がする。	1	2	3	4	5	6
③子どものプレーがうまくいかないと、自分が失敗したように感じる。	1	2	3	4	5	6
④子どもが試合で活躍すると、保護者間での自分の立場も上がる気がする。	1	2	3	4	5	6
⑤子どもが試合でミスをすると、周りの人に申し訳ない気持ちになる。	1	2	3	4	5	6
⑥子どもの気持ちが沈んでいると、一緒になって落ち込む。	1	2	3	4	5	6
⑦子どもが活躍すると、自分が褒められた気がする。	1	2	3	4	5	6
⑧子どもがうまくプレーできないと、イライラする。	1	2	3	4	5	6
⑨子どもの活躍の度合により保護者間での立場が上下するように感じる。	1	2	3	4	5	6

出所：井梅・大橋・藤後（2017b）

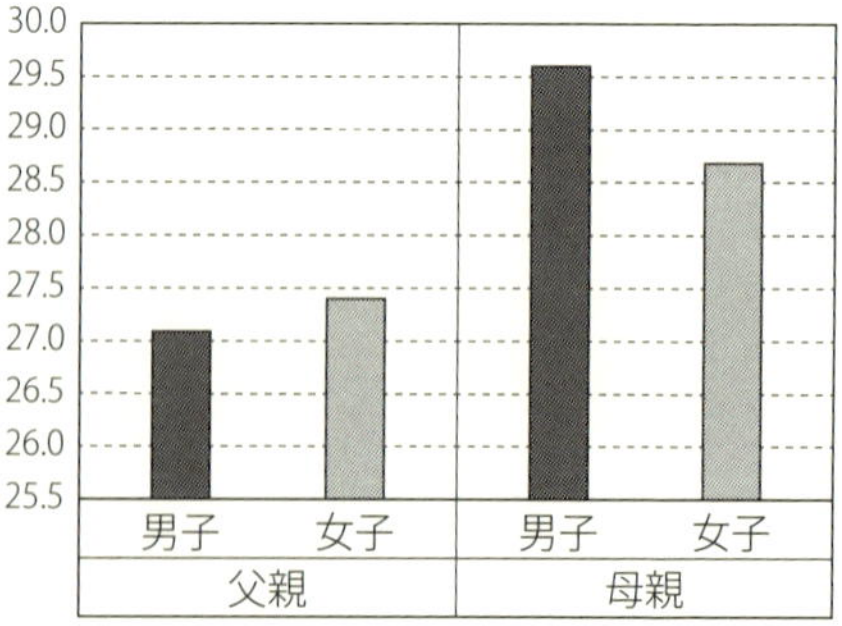

図 4.1　スポーツ同一化得点の平均値

2　スポーツ・ペアレンティングとは

①スポーツ・ペアレンティングの種類

スポーツ・ペアレンティングという言葉を知っていますか？　日本ではまだあまり耳慣れない言葉かもしれませんが、スポーツ・ペアレンティングとは、子どものスポーツ場面にまつわる子育てスタイル、およびスポーツ場面での子どもへの関わり方のことを指します（Holt et al. 2009）。海外では、このスポーツ・ペアレンティングに関する研究がさまざまになされています。

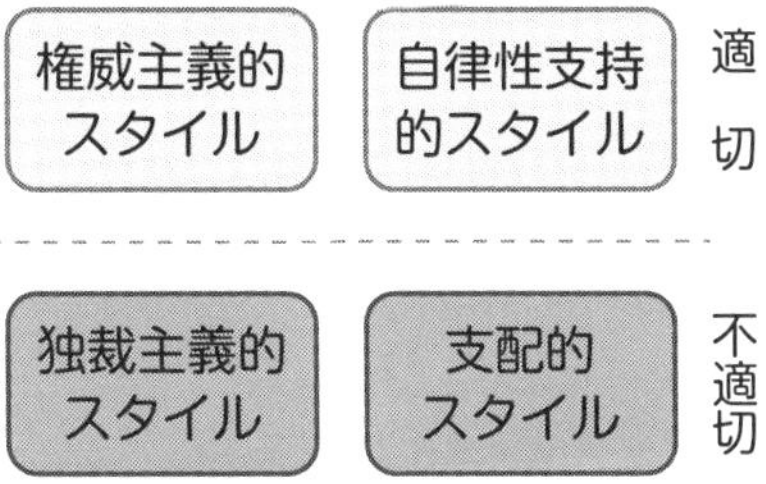

図 4.2　スポーツ・ペアレンティングの４つのスタイル
出所：Harwooda & Knight（2015）

スポーツ・ペアレンティングに関するこれらの研究では、理想的な親の関わり方をいくつかのスタイルに分けていて、理想的なものから不適切なものまであります（図４・２）。ペアレンティングの理想的なスタイルとしては、子どもへは応答的であり、かつ親としての要求も明確に提示するという「権威主義的スタイル」、子どもに選択肢を与え自己決定を促し、その内容を一緒に検討していく「自律性支持的スタイル」があります。一方、不適切なスタイルには、子どもへの応答性が

表 4.4　スポーツ・ペアレンティングの 3 つの例

支配的対応の例 ・子どもが上手にできていなかったら、できるまで何度でも練習させていた。 ・子どもには毎回、試合について反省させていた。 ・子どもがプレーでミスしたときは、上手になるまで、遊ぶ時間やおこづかいを制限するなど罰を与えていた。 **チーム主義的対応の例** ・子どもには、チームのために何ができるかを考えるよう伝えていた。 ・子どもには、コーチに自分のプレーをどのように改善すればよいか相談するように伝えていた。 **共感的対応の例** ・子どもが失敗して落ち込んでいたら、じっくりと話を聞いていた。 ・子どもが落ち込んでいたら、そばにいるようにした。

出所：藤後・大橋・井梅（2017）

低く、要求が高すぎる「独裁主義的スタイル」や、親の価値観を押しつけ、子どもの行動を監視するような「支配的スタイル」があります（Harwood＆ Knight 2015）。不適切なスタイルでは、どちらも親が子どものスポーツに関わりすぎることを意味しており、子どもにとって大きなストレス源になります。

このような海外の研究を受け、われわれの研究チームでも、日本におけるスポーツ・ペアレンティングについて検討していますので、その研究結果をここで少しご紹介します。我々の調査では、親のスポーツに関する態度として、具体的なスポーツ場面を想定したさまざまな質問項目を入れその回答を分析したところ、「支配的対応」と「チーム主義的対応」、および「共感的対応」の三つの内容が抽出されました（表４・４、藤後・大橋・井梅 2017）。そして、これらの態度が子どものスポーツ・モチベーションに及ぼす影響を検討したところ、「支配的対応」は子どもの自発的に運動を楽しみたいという気持ちを低めること、一方で「チーム主義的対応」は子どもの自発的な運動に向かう気持ちを高めることがわかりました。なお、「共感的対応」については、スポーツ・モチベーションに直接の影響は見られなかったのですが、「共感的対応」が高いと、「チーム主義的対応」につながり、それが子どものスポーツ・モチベーションを高めていることがわかりました（藤後・井梅・大橋 2017b）。

②サポーティブなスポーツ・ペアレンティングを心がける

前項で見てきたように、親の関わり方が、子どものスポーツに対するモチベーションに影響を与えることがわかりました。では、子どものよりよいスポーツ環境を保障するためには、親として、子どもにどのように接すればよいでしょうか。

調査結果からもわかるように、「支配的対応」は子どものスポーツへのモチベーションを低めます。特に、年齢が上がれば上がるほど、親の支配的な関わりは子どもの反発を強めるだけで、良い結果にはつながらないでしょう。くり返しになりますが、スポーツは勝敗等の結果が見えやすく、また、技術のうまい・下手も見ている観客側にもわかりやすいものです。特にチームスポーツの場合、わが子のミスで得点のチャンスを逃してしまう、他の子と比べていつまでたっても上手にならない、などの様子を見ていると、親もついヤキモキしてしまって、子どもにできるまで練習させたり、試合の後に延々と反省会をしてしまったりといった支配的な関わりが高まりがちです。しかし、こうした関わりは子どものモチベーションを著しく下げるのです。もしあなたが、こうした支配的な関わりを子どもにしてしまっているとしたら、子どもにとって、うまくいかなかった試合の後の帰り道ほど気が重いものはないでしょう。帰りの車の中で、逃げ場のない空間の中で今日の試合の反省点を延々と聞かされるのです。

子どものスポーツ活動への大人の関わりの問題については、日本だけでなく、海外でも同様のようです。スポーツの試合観戦は見ている者が熱くなりやすく、子どもの試合でも、つい声を荒げてしまうといったことは起こりがちです。こうした親や指導者への啓蒙活動がアメリカやヨーロッパでは積極的に行われています。ここではその中の一つ、アメリカにおけるポジティブ・コーチ・アライアンス（PCA：Positive Coaching Alliance）の活動を少しご紹介します。PCAは、スポーツをする子どもへのポジティブな関わり方を学ぶ教育プログラムで、コーチを対象にしたものや保護者を対象にしたものがあります。日本では、保護者を対象とした教育プログラムというのはまだまだ少ないので、大変興味深い試みです。

PCAでは、「ダブル・ゴール・コーチング」を目指しています。このダブル・ゴールとは、「選手の競技力向上」と同時に、「人間としての内面の成長」も促すことを表しています。勝利することに偏った考え（勝利至上主義）には、子どものスポーツにさまざまな弊害をもたらすのです。そして、もう一つのゴールである「人間としての内面の成長」は、私たちが目指す「スポーツを通して子どものウェルビーイングを高める」ことと共通する考え方と言えます。このPCAの活動を一九九八年に立ち上げたジム・トンプソンさんは、当時、自らが関わっていた野球チームで多くの子どもたちが十歳をピークにスポーツ活動への興味を失って離れていく現状（十三歳までに七割がやめてしまう）を目の当たりにし、こうした活動を始めたそうです。

ＰＣＡでは、チームを勝利に導くために怒鳴ったり、ネガティブな言葉かけをしたりするのではなく、ポジティブな言葉かけによって、選手が挑戦することや前向きに努力することを引き出すことが重要であることを基本的な考えとしています。そして、そのことをワークショップ形式のプログラムを通して、指導者および保護者に学んでもらうのだそうです。このＰＣＡのプログラムは昨年、日本でも行われ、私も保護者向けのプログラムに参加してきました（トンプソン 2016）。

その実践の一例を示します。子どもたちを指導するうえで、時にはできていないことを指摘することも必要になります。そのようなときは、「魔法の比率」を重視します。これは何かというと、「ポジティブな声かけと子どもへの注意」が、「５：１」の比率になるようにすべきだというものです。一つ何か注意をしたいのなら、五つほめてから、ということです。これはなかなかおもしろい実践だと思います。

私たちもぜひ、サポーティブな応援を心がけたいものですね。

コラム7 親子でおもしろく遊ぶために

皆さんは、最近、お子さんと元気いっぱいに遊びましたか？　もし遊んでいなかったなら、今日からでもお子さんと存分に遊んでください。

お子さんと遊ぶ際、お子さんが遊びに夢中になるちょっとした工夫があります。

まず、「ボールを遠くに投げられた／投げられない」などの結果を気にしないでください。それよりもお子さんが、「ボール遊びっておもしろい」「体を動かすのって気持ちいい」と感じることが大切です。皆さんの期待通りできなくても、行ったことを「すごいね」「上手だね」「遠くまで飛んだね」とほめてあげてください。お子さんは、本当にうれしそうな笑顔を見せてくれると思います。そして、「どうして上手にできたの？　教えて」と聞いてみてください。お子さんは上手にできた理由を考え、「こうしたらできたよ」と教えてくれます。お子さんは、この「気づき」を遊びに取り入れ、遊びをどんどん深め、遊びにのめり込んでいきます。もしかしたら、できるようになったことを「みて、みて」と言って見せてくれるかもしれません。そうしたら、そのことをほめてあげてください。

また、遊びを「足し算」しながら遊んでください。最初からボールを投げること・捕ることで遊ぶ必要はありません。最初はボールを転がす遊びから、変化が見られたら、「上手にできたね。少し難しくしようかな」と次は軽く投げることにチャレンジして、少しずつ遊びをステップアップしていきます。子どもたちは、「ちょっと難しいよ」と言われた遊びをチャレンジしたい、やってみたいと思うものです。変化をほめながら、次のステップへ進むという「足し算」をくり返してください。

そして、「〜しなさい」といった命令口調は絶対使わないでください。それだけで遊びの楽しさ、おもしろさが半減します。何よりも子どもたちが遊びへの興味を失ってしまいます。遊びの中で、お子さんの「やりたい／やってみたい」を引き出してください。大好きなお父さん・お母さんがボールを遠くに飛ばしたり、速く走ったりする姿は、お子さんの憧れとなり、マネしたいと思います。間違っても、「ボールを投げるときは、左足を出して、右手で投げなさい」といったことを教えないでください。そうではなく、お子さんの前で「左足を出して、右手で投げる」投げ方でボールを遠くにカッコ良く投げてください。お子さんは憧れの皆さんのようになりたくて、投げ方をマネします。

親子でおもしろく遊ぶポイントは、お子さんをどんどんほめて、皆さんがお子さんの憧れの存在となることです。そして、何よりも皆さん自身も思いきり、遊んでください。親子で遊ぶことで自然と会話も増えていきます。

親子で楽しめる遊びをもっと知りたいという方は、一般社団法人日本トップリーグ連携機構が全国各地で開催している「ＳＯＭＰＯボールゲームフェスタ」に参加してみてください。さまざまなスポーツのトップアスリートやボール遊びのマイスターといろいろな遊びで遊びます。私もマイスターとして参加することがあります（次頁の写真）。具体的に、五歳から小学三年生までが対象の「ボールであそぼう！」では、親子で体を動かす遊びやボールを使った遊びを楽しみます。自宅でもできる、お子さんとの遊びをもっと知りたいと思う方は、ぜひ参加してみてください。小学三年生から六年生までが対象の「キッズチャレンジ」では、四種目のボール競技を各種目のトップアスリートとともにチャレンジします。

SOMPO ボールゲームフェスタの様子 ©JTL

5章

スポーツを通した親子関係
〈小学校まで〉

幼少期の運動発達、および運動能力を伸ばすために大切なことについては2章で具体的にみてきました。ここでは主に、幼少期の子どもの情緒（気持ち）面での発達を意識しながら、幼少期の親子関係についてみていきましょう。

はじめに、生まれてから児童期までの子どもの心の発達と親子関係の特徴について、心理学における発達理論（表5・1を参照のこと）を用いて概説していきます。これまでの章とくり返しになるところもありますが、表5・1に沿って児童期までの時期をまとめましたので、もう一度確認していただければと思います。なお、この発達理論は、スポーツ場面に限らず普段のお子さんとの関わり全般に役立てていただけると幸いです。その後、スポーツに関する具体的な事例を挙げて、どのように対応すればよいかポイントを述べていきます。

1　幼少期の心の発達と親子関係とは

幼少期の心の発達には、親との関わりが欠かせません。特に年齢が小さければ小さいほど、子どもの心の成長にとって親は重要な役割を果たしています。ここでは乳幼児期から学童期にかけて、それぞれの時期の発達に大事なことを見ていきたいと思います。

表 5.1　エリクソンの 8 つの発達段階

発達段階	心理社会的危機	重要な対人関係
乳児期	基本的信頼 対 不信	母親的人物
幼児期前期	自律性 対 恥・嫌悪	両親
幼児期後期	自主性 対 罪悪感	基本的家族
児童期	勤勉性 対 劣等感	近隣、学校
青年期	同一性獲得 対 同一性拡散	仲間集団、リーダーシップのモデル
前成人期	親密性 対 孤立	友情、性愛、競争、協力のパートナー
成人期	生殖性 対　停滞	労働と家庭
老年期	統合　対　絶望	人類

出所：エリクソン（1989）

なお、本書でご紹介する発達理論はエリク・H・エリクソンの理論に基づいています。エリクソンは発達心理学者であり、心理療法家（カウンセラー）です。心理療法家として、心理的な困難を抱えた人の治療を通して、乳幼児期から老年期に至るまで、私たちの心の成長にとってそれぞれの時期にどのようなことが大事で、どのような課題を乗り越えていくべきかを理論化したのです（表5・1参照）。まず、幼少期の心の発達に関連する段階について見ていきたいと思います。

①基本的信頼感の獲得

最初の段階は、子どもが生まれたときから一歳半頃までの時期です。いわゆる「乳児期」と言われる時期ですね。この時期の一番大切なことは「基本的信頼感を獲得する」ことです。この基本的信頼感とは何かというと、「人を信頼することができること」だと言うことができます。私たちが生まれてすぐに育むべき最も大切なことは、「相手を信頼する心」であるとエリクソンは言っているのです。

私たちは生きていくうえで、他者と関わりを全く持たずに過ごすことはできません。さまざまな場面で他者とコミュニケーションを持つことが必要とされます。そのときに、相手を信頼できず、相手を疑うような態度をとっていては、円滑なコミュニケーションをとることができません。人を信頼できないまま育ってしまうと、成長するうえでさまざまな困難を体験することになってしまいます。たとえば、学校の先生や自分をサポートしようとしてくれている人に頼ることができなかったり、ささいなことで人とぶつかってしまったりと、傷つくことが多くなってしまいます。そうすると、ますます人を信頼することができず、猜疑心《さいぎしん》が強くなるといった悪循環が起こってしまいます。ですから、人生の一番初めの段階で、「人を信頼すること」を身につけることはとても大事なことなのです。

では、この〝人を信頼する心〟はどのようにして育まれるのでしょうか。それは、その子どもを育てる周囲の大人が、子どもの欲求をきちんと満たしてあげることです。生まれたばかりの赤ちゃんは自分一人では何もできません。お腹がすいた、おむつが濡れて気持ち悪い、眠いのに眠れない、抱っこしてほしい……。こういったとき、赤ちゃんは泣いてそれを養育者に知らせます。こうした赤ちゃんからの欲求に対して、養育者が「よしよし」と抱っこし、空腹を満たし、赤ちゃんが快適な状態になるよう世話をしてくれるとき、赤ちゃんは「自分は守られている」「大切にされている」と感じ、やがて、その相手に特別な愛情と信頼（この養育者との絆を「愛着」と呼びます）を向けるようになります。一歳近くになると、愛着の相手と見知らぬ人をしっかりと見分けて、何か困ったときには、愛着の相手に助けを求めるといったことが起こります。

しかし、泣き叫んでもなかなか相手をしてくれず放っておかれることが続くと、赤ちゃんは周りに対して「不信感」を覚えます。「自分は大切にされていないどうでもいい人間」で、「周りは信頼できない」といったことが子どもの心に植え付けられてしまうのです。だから、この時期はできるだけ赤ちゃんの願いを叶えてあげてください。「抱き癖」がつくなどといったことは気にせず、抱っこを求めているのであればどんどん甘えさせてあげてよいのです。スキンシップは赤ちゃんにとって何よりも安心するものですし、大切にされていることを感じることができます。子どもの願いを何でも聞いているとわがままになるかも、などと心配する必要はこの時期にはありません。

ところで、「相手を信頼すること」は、同時に、「自分を信頼すること、できること」でもあります。周囲から大切にされていると感じている子どもは、自分を信頼し、自分に自信を持つことができます。逆に言うと、そう感じられなければ、子どもは自信を持つことはできないのです。

②自律性を獲得する

人生の初めの段階で養育者にたっぷりと甘え、「基本的信頼感」を獲得したのち、次の段階で大事になってくることは「自

「人を信頼する心」はまず初めに育みたいこと

律性を獲得すること」です。一般的には一歳半ぐらいから三歳ぐらいまでの時期（幼児期前期）がこの時期に該当しますが、もちろん個人差はあります。一歳半ぐらいになると、子どもは自ら歩き、活動範囲も広がります。ティッシュを箱から全部引き出したり、棚のものを手あたりしだい落っことしてみたり……。いたずらのように見えるかもしれませんが、子どもにとって自分の周りにあるものはすべて、やってみたい新しいもの、探索活動なのです。子どもは非常に好奇心旺盛です。この「やってみたい！」という気持ちはとても大事で、その後のさまざまなことにチャレンジする心にもつながっていきます。したがって、大人の側は本当に大変だと思いますが、できる限り、子どもの好奇心やチャレンジ精神の芽を摘まないようにしてあげたいものです。

こうした「やってみたい！」は生活のさまざまな場面に現れます。これまですべて大人にしてもらっていたことを、自分でやってみたくなるのです。大人がやってあげようとすると、自分でズボンをはく！　靴をはく！　と、「自分で……！」がとても増える時期です。一方で、やりたくないこと、気に入らないことは「イヤ！」が激しくなります。「これはイヤ！」「あれもイヤ!!」。付き合う大人の方は、ほとほと嫌気がさす大変な時期ですが、これも子どもの「自我」が育ってきた証拠、子どもの成長にとって大事な時期と思って乗り切りましょう。

「自律性」とは、「自分で自分をコントロールする力」と言い換えることができます。人から指示されて言われた通りにやるのではなく（これは「他律」の状態で、自律とは反対の状況です。他律の状況は私たちの精神的健康を大きく損なわせるものです）、自分で「やりたい！」と思ってやってみる、できずに泣き出したり、かんしゃくを起こしたり、悔しくなることも多いけれども、できたときに「自分でできた！」という達成感を味わうと、子どもはますますさまざまなことにチャレンジしたくなります。

そして、「自律性」を身につけるとは、自分のやりたいことだけをやることではありません。「自分で自分をコントロール」して、時には自分のやりたくないこともやってみる、ということも大事になります。「イヤ！」と思うことでも、大好きなお母さんやお父さんから言われたから「やってみる」「（今は）気持ちを抑えてみる」と気持ちのコントロールができるようになること、これは社会性を身につける第一歩です。将来、さまざまな人と人間関係を築いていくうえで欠かせないことと言えるでしょう。

③自主性（主体性）を育む

三つ目の段階は、幼児期後期の時期を指します。三〜五歳ぐらいの時期です。この時期に大事なこととして、エリクソンは「自主性（主体性）」を育むことを挙げています。この前の段階で子どもは「自律性」を獲得し、おおむね、自分の欲求に振り回されるだけでなく自分自身をコントロールできるようになると、子どもの活動範囲はさらに広がります。言葉によるやりとりが以前の段階よりも上手になり、愛着の相手が常にそばにいなくても過ごせるようになります。たとえば、一緒に行った病院でお母さん

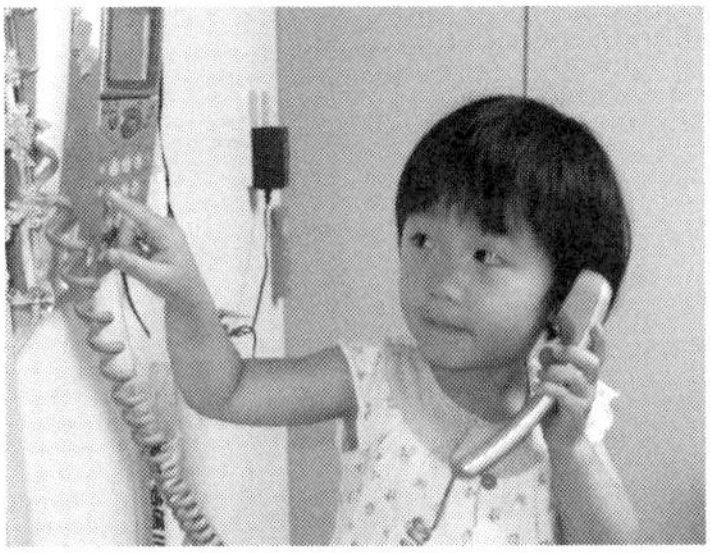
何でもやってみたいお年頃

が、「これを看護師さんに渡してくるから、ここで待っていてね」と声をかけると、子どもは待合室のいすに座ってお母さんが戻ってくるまで待っていることができるようになります。それ以前の段階、二歳ぐらいの子どもだと、「ちょっと待ってて」がわからず、お母さんの姿が見えなくなったとたんパニックになって大泣きする姿もよく見られますので、これは大きな進歩ですね。

三歳頃になると、多くの子どもが幼稚園に通うなど集団活動に参加するようになります。ちなみに、保育園に通う子どもはもう少し早い段階から集団での活動を体験しますが、保育園でも〇、一、二歳児クラスでは保育士の人数も多く、より家庭的な雰囲気です。それが三、四、五歳児クラスになると、一人の先生と子どもたちといったクラス編成になり、子ども同士の関わりもより増えてきます。

この時期の子どもたちの活動の中心は「遊び」です。小学校のような形での「学習」はまだ基本的には行われません。しかし、子どもたちの遊びの世界にこそ、実は学びの要素がたくさんあります。泥だんごはどうやったらより固くなるのか、砂場に作った川はどう傾斜をつけたらこちらからあちらに流れるのか、すべり台はどうすべったらよりスピードが出るかなど、すべての遊びがこの時期の子どもたちにとって、学びの材料です。

もう少しスポーツに関連した例を考えてみると、ドッジボールでは、どうやって投げたら相手に当てられるか、反対に、どうやって逃げた

すべての遊びが学びの材料に

ら当たらないか、などバランス感覚を学びます。木登りや川遊びも、体のバランス感覚を養ううえで大変重要な遊びです。2章でも触れていますが、幼児期の子どもは、決められたプログラムの中で何かを学ぶよりも、自分自身がやってみたい、知りたい、と思うことに気持ちを注ぐことが重要です。

どうやったら高く登れるかな？

それは、この時期の子どもにとって、実体験を通して「どうして？」「知りたい！」と思うこと、好奇心を持つことが、子どもを動かす何よりの原動力となるからです。この時期の子どもたちは周囲の大人に「なぜ？」「どうして？」をたくさんぶつけてきます。自分たちが歩みだしたこの世界のことを「知りたい！」気持ちでいっぱいなのです。

この「知りたい！」という気持ちは、私たちの学びの原点ということができるでしょう。それが、エリクソンがこの時期に何よりも大事だと言った「自主性（主体性）」を育むということなのだと思います。

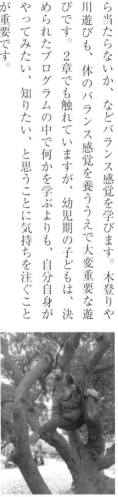

④勤勉性を身につける

エリクソンの発達段階の四つ目の段階は、六〜十二歳ぐらいの時期を指します。ちょうど小学校に通う時期で、児童期と呼ばれる時期です。児童期は、心理学の分野では昔から、心理的に一番安定した時期と考えられています（来たるべき思春期の心理的混乱の前の穏やかな時期というとらえ方です）。ただし、最近では、子どもたちの身体の成長が早まっていることもあり、小学校高学年ぐらいになると、思春期の課題というべき問題が出てくる子どもも少なくありません。現在の子どもたちにとって、気持ちが安定して、最も子どもらしくいられる時期は短くなっているのかもしれないですね。

さて、この児童期の発達にとって必要なことは、「勤勉性」を身につけることだとエリクソンは言っています。この時期に、子どもたちは小学校に上がりますが、小学校では活動の中心が学習になります。一日の活動に時間割があり、国語、算数、音楽、体育など教科の学習が始まります。子どもたちにとっては、相当の環境の変化です。なぜ、この時期に教科学習がスタートするかというと、子どもたちの知的発達の状況から見て、そうした学習をする準備が整う頃だからです。たとえば、教室で先生が集団に向けて出した指示に従うことができるようになるなど、大人の言葉での指示が届くようになってきますし、幼児期までの直接体験による学びの段階から、言語を用いた学習が可能な段階へと入ってきます。このように、学習活動が本格化する児童期は、新しいことを学び、さまざまな能力を身につけることに適している時期といえます。成長に伴って、少し前にできなかったことが「できた！」という体験もたくさんできる時期です。小学校に入りたての子どもと、高学年の子どもたちとではずいぶんと違いがあると感じられるでしょう。

子どもたちは、自らの能力を発達させ、より上手に、より良く「できる」ようになることに喜びを感じます。何かに向かって挑戦し、それが達成できたときに「できた！」という達成感を味わうことが自信につながり、さらなるチャレンジへと向かわせます。こうした「がんばりたい」「もっとできるようになりたい！」という気持ちをもとに、それに向けて努力していくことが「勤勉性」を身につけることであり、この時期に最も大事であるとエリクソンは言っているのです。一方で、チャレンジがうまくいかない、「自分はあれもできない」「これもできない」と子どもが思うと、劣等感につながっていきます。そうすると、子どもは新しいことにチャレンジする気持ちを失ってしまうでしょう。「どうせ自分はできない」と思い、いろいろなことをあきらめてしまうかもしれません。「できた！」という達成感と「できない」という劣等感は表裏一体です。

ところで、子どもたちが「できた！」と達成感を感じることと、「できない」と劣等感を感じることには、客観的にその能力があるかどうかということよりも、周囲の人からの評価が関連しているようです。テストで九〇点を取った子どもが家に帰ってそれを見せたとき、「よくがんばったね！すごいじゃない！」とほめられれば、子どもは「できた」という自己肯定感を持つことができますし、「百点じゃないじゃない！　何を間違えたの？」と言われれば、「できない」自分に劣等感を持つようになるでしょう。そして、子どもが何よりも自己評価を下げるのは、周囲と比較されることです。特にきょうだいがいる場合、どうしても比べられがちです。親が何も言わなくても、子どもはきょうだいと比較して自分がどうか、親がどのように見ているかを気にしているものです。ましてや、「お兄ちゃんはできたのに」「ど

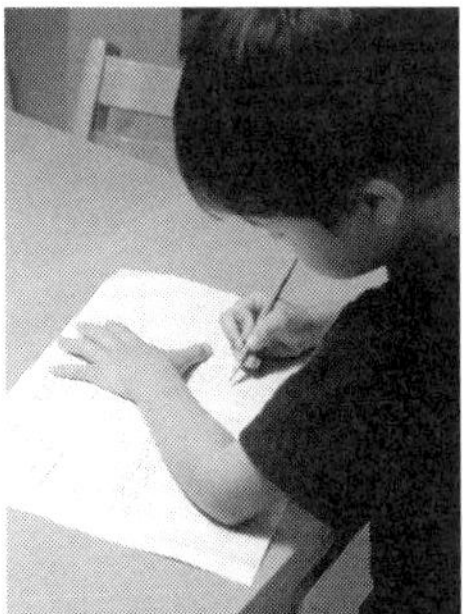
努力し、「できた！」という喜びが勤勉性につながる

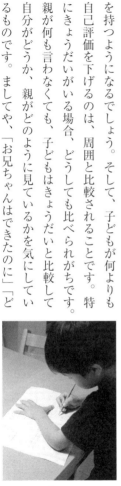

うしてあなたは……」などの言葉は、ますます子どもの劣等感を強めてしまいます。

以上、生まれてから児童期までの四つの段階について見てきました。特に初めの頃の段階は「もう過ぎてしまった」という人も多いかと思います。ただ、この八つの発達段階はおおよその年齢で区分されています。したがって、年齢的には先の発達段階に成長しているお子さんでも、基本的信頼感がしっかりと育っていないようだと思えば、そこに戻って、その課題を十分に満たしてあげることが大切です。また、人は困難なことに直面した際、前の段階に戻りやすいと言われています（赤ちゃん返りという言葉もありますよね）。思春期はさまざまな心の課題に直面する時期であり、やり残した課題にもう一度戻って、やり直すことが必要になることも多いのです。

たとえば、中学校に上がると小学校までの環境とさまざまな面で大きな変化があります。教科ごとに先生が代わったり部活動で新たな人間関係を学んだり、友達関係も以前より大人の目が届かない分、トラブルも起こりやすくなります。そうした中で、相手や自分を信じることが難しくなったり（基本的信頼感の課題）、友達に合わせることばかりに気を取られて、自分がどうしたいのかわからなくなったり、不安定になって（しばしば何気ない親の指摘やささいなことをきっかけに）イヤイヤ期のような癇癪《かんしゃく》を起こしたり（自律性の課題）……。

心の課題は行きつ戻りつしながら、前へと進んでいくものです。必要なときはその課題に戻って、十分に満たしてあげてください。思春期のお子さんを「抱っこ」するのは難しいですから、部活動やその人間関係で疲れていたり、落ち込んでいたりしたら、マッサージや肩もみといったスキンシップをさりげなく取り入れて、心を落ち着かせることも一つの方法です。「自分は守られている」「大切にされている」といった基本的信頼感を感じることができれば、心の課題を再び前に進めることができるのです。赤ちゃんのときの課題だから関係ないというのではなく、必要になったときにはぜひ、この発達段階を参考にしていただければと思います。

2　事例と対応

事例1　どんな習い事をさせたらいいのか困ってしまいます。

息子は幼稚園の年長クラスです。体を動かすのが大好き。お友達がサッカーを習っていると聞くと「僕もサッカーやりたい！」。お友達が水泳を習っていると聞くと、「僕も水泳やりたい！」。何人かで空手に通っていることを聞くと「空手もやりたい！」とのこと。全部やらせるとお金もかかるし、送り迎えも大変だし。だけど、子どもの可能性を伸ばしてあげたい気持ちは大いにあります。習い事って難しい。何歳までに、どんな習い事をしておくのがよいのでしょうか？

《回答》　子どもがいろいろなものに興味を持つことは良いことだと思います。ただ、ご相談のお子さんの場合、お友達に影響されて「やりたい！」となっているのかもしれないですね。全部やらせることはスケジュール的にも大変ですし、習い事にどれだけお金をかけるかは、各家庭で保護者の方がしっかりと話し合っておくとよいと思います。子どもの「やりたい！」という積極的な気持ちは肯定しつつ、現実的にできそうなことを一緒に考えてあげましょう。子どもと一緒に見学に行って、続けられそうなものを選択するのもよいでしょう。

また、何歳までに何をしたらよい、という決まったものはありません。お子さんが興味を持って続けられそうな習い事を、無理のない範囲で始められるといいですね。

事例2

準備が遅くて、いつもけんかになってしまいます。

娘は幼稚園の年長クラスです。小学生までにある程度泳げておいた方がいいし、幼稚園のお友達もみんな通っているので、一緒に通わせるとちょうどいいと思い、水泳教室に通いはじめました。最初の数か月は、毎回楽しんで行っていました。冬になる頃、プールに行く時間になっても「寒いから家で遊んでいる方がいい」となかなか支度をしないようになりました。毎回、水泳教室の時間の前になると、親子バトルが始まります。母「早くしなさい」、娘「はーい（返事だけ）」。母「もう始まっちゃうよ」。娘「待って、あとちょっとだけ（遊びを続ける）」。母「いいかげんにしなさい！」。娘「うわーん（泣く）」。もうプールやめてもいいもん！」と、こんな具合です。

《回答》 準備が遅くなって「行きたくない」となってしまうのですね。もし、準備に時間がかかるのなら、早めに一緒に支度をしておくと、ぎりぎりになって「準備ができていないから行かない！」にはならないかもしれません。ただし、ご相談の内容から、お子さんの場合、準備が遅いことが問題なのではなく、行きたくない気持ちから準備に「取りかかれない」のではないかと思います。はじめは楽しんで行っていたのですから、まずは、なぜ行きたくない気持ちになったのか、プールに行く時間の直前ではなく、ゆっくりと話ができるときに聞いてみるとよいでしょう。そして、理由を話すことができたら、それについて、どうしたらよいか一緒に解決策を考えてあげてください。

たとえば、「寒いから」というのであれば、レッスンの前後はしっかり防寒ができるように万全の準備をするなど具体的な対応策を示してあげるとよいでしょう。「（レベルが上がってきて、内容が）難しくなってきていやだ！」というのであれば、まずはしっかりとレッスン時の様子を見てあげてください。お母さんの目から見て、課題についていくのが大変そうであれば、コーチに相談してみるのもよいでしょう。

ただしその際、お子さんに「コーチに相談してみようか？」と確認をしてください。子どもにもプライドがありますので、知らないところでお母さんとコーチで決めてしまっては傷つくかもしれません。そこで、子どもが「コーチに言わなくていい！」と言うのであれば、「がんばってるね！」とそっと見守ってあげてください。案外、なぜ行きたくないのかを親に話すことで、お子さん自身も気持ちの整理がついて、もう一度がんばってみようと切り替えることができるかもしれません。

事例3　レギュラーになれなくて、子どもがやる気のない様子です。

息子は小学四年生です。地元のサッカーチームに入っています。小学校一年生からチームに入ってがんばっていましたが、学年が上がり、メンバーの中でもサッカーの技術に差が開いてきました。低学年のときは、順番に試合に出ることが多かったのですが、四年生になり、公式の大会などが増えてくると、選抜されたメンバーが試合に出ることが増えてきました。息子はなかなかレギュラーに入れません。これまで大好きだったサッカーですが、最近は練習に遅れて行ったり、「なんかだるいし」と言って練習を休んだり、やる気のない様子です。子どものやる気のない姿についイライラしてしまい、「そんなんだったら、やめれば？」などときつい言葉を言ってしまいます。

《回答》　低学年の頃はサッカーをすることが純粋に楽しかったのに、学年が上がり、周りの仲間と比較される場面も増えてきたことで、やる気が失われてしまっているようですね。学童期は発達的にも、周りとの比較によって自分自身の能力を意識しはじめる時期です。幼児期まではただ走るのが楽しかったのに、学童期になると「より速く走りたい！」「運動会で一番になりたい！」「○○君よりサッカーが上手になりたい！」と周りとの違いが意識されるようになります。

　こうした意識は、「がんばってもっと上手になろう！」という意欲につながりますし、エリクソンの言う「勤勉性」にもつながっていきます。しかし、周囲との比較は、必ずしも良い方向に影響するとは限りません。逆の方向に向くリスクもあります。周囲との比較によって「自分は下手だ」「○○君よりもうまくできない」と考えてしまう、さらには「どうせ、自分は……」「努力しても、うまくいかない！」となってしまうと「劣等感」へとつながります。レギュラーの選抜というのは、自分の実力を周囲の大人から判断されることであり、否応なく現実をつきつけられることでもあります。今まで、大好きでがんばっていたことであればなおさら、傷つきも大きいと思います。なるべく冷静に、見守る努力をしましょう。

　ただし、競争をできるだけ避けることは必ずしも良いとは言えません。一時、運動会の徒競走で順位を付けない、といったことが話題になりましたが、負けて悔しい思いをすることも、子どもの成長にとって大事なことです。さまざまな場面で勝ったり負けたり、切磋琢磨《せっさたくま》することで、子どもは成長していきますし、悔しい思いをすることで自分の得意な分野をますますがんばろうとするかもしれません。有名な科学者が、子どものとき運動で同級生にかなわなくて悔しかったから、（自分が得意だった）勉強をがんばった、自分の出発点は「劣等感」ですよ、とテレビで言っているのを聞いたことがあります。悔しいと思うからこそ、エネルギーにもなるのですね。

　お子さんが「自分はこれが得意」と言えるものを自分で見つけられれば、それはとても良いことですし、もしいろいろなことに自信をなくしているようなら、ぜひ、お母さんがお子さんの良いところを見つけてあげてください。「コツコツと努力ができる」「優しい」「人を笑わせるのが得意」、何でもよいのです。今は傷ついて、やる気が下がっているとしても、「自分にはこんな強みがある」と自信を取り戻すことができれば、気持ちが前向きになり、再びがんばろうという気持ちにもつながってくるでしょう。

最後に、ついイライラしてしまうお母さんの気持ちはとてもわかります。一番近くにいるからこそ、お子さんと一緒に落ち込んだり、イライラしたりしてしまうのです。でも、「つい言ってしまう」というご相談は、「言ってはいけないのに」という後悔の気持ちの表れではないでしょうか。おそらく、ここで書いたことはすでにわかっていることかもしれません。でもつい、言ってしまう。私にもよくあるのでわかります。言ってしまった、と思ったらそのままにせず「お母さんもイライラして、つい、きついことを言っちゃったね」と子どもに正直に話してあげればよいのだと思います。お子さんとゆっくり話す機会にもなりますよ。

事例4　子どもがコーチや周囲の言葉に緊張しすぎているようです。

　娘は小学五年生。小学校低学年からバレーボールのチームに入っています。娘は学校の先生やコーチの話をしっかりと聞き、期待に応えられるよう、がんばる優等生タイプです。チームでは低学年の頃よりも試合が増え、活躍する機会も増えてきたのですが、最近、試合の前になると、とても緊張して落ち着かない様子です。試合での様子を見ていると、コーチからの厳しい声や観客席からの言葉に、どう動いたらよいかわからずに戸惑っているように見えます。そのため、練習ではしないようなミスをしてしまい、コーチからまた厳しい声がとんでくる……といったことがくり返されています。親として娘にどう声をかけたらよいでしょうか？

《回答》　お子さんは期待に応える優等生タイプなのですね。このようなタイプのお子さんは、周囲の期待や評価に敏感なため、他のお子さんよりも、コーチの言葉を強く受け止めやすいのだと思われます。子どもにもいろいろなタイプがあり、大人が十の注意をしてやっと一つ頭に入るタイプの子と、一つのことを注意されると他のことも気になって、あれこれと気を回して動くタイプの子がいます。前者のタイプは、子どもによくありがちなタイプです。「言ったことをなかなかやらない！」「何度注意しても同じことをくり返してる！」とお母さんがイライラする、というパターンはよくあることでしょう。一方、後者のタイプのお子さんについては周りの大人が、聞き分けが良く、育てやすくていい子だと考えてしまいがちですが、本人は一生懸命に努力して期待に応えている状況で、ストレスを抱えている可能性があります。チームの中には、コーチから厳しい言葉かけを何回されても、それほど気にならない子や、お子さんのように、一回でも厳しい声で注意されると、萎縮してしまって本来の力が発揮できない子など、いろいろな子どもがいます。

子どものタイプによって、指導者の方でも、声かけの強さを調整してもらえるとよいのですが、なかなかそうはいかない場面も多いでしょう。その場合、家でのフォローが大事になってきます。お子さんがどんなことで不安を感じているのか、コーチのどんな言葉に緊張したのか、ゆっくり話を聞いてあげてください。こうしたタイプの子どもは、自分からSOSを出すことが上手でないことも多く、ぎりぎりまでがんばってしまうこともあります。しっかりと話を聞いてもらうことで、お母さんは自分のことをわかってくれている、と安心感を持つことができますし、がんばりすぎていたことに本人が気づき、落ち着きを取り戻すこともできるかもしれません。それでも不安が大きく、なかなか緊張をコントロールできないときは、3章で紹介した森田療法を取り入れるのもよいでしょう。

なお、この事例では、お子さんはコーチの言葉だけでなく、「観客席からの言葉」にも萎縮しているようです。応援している保護者側にはそのつもりはなくても、このようなことは案外あるようです。子どもたちのより良いスポーツ環境を守るため、応援する保護者の側も気をつけたいですね。

事例5　子どもの発達特性により困っています。

息子は小学校二年生です。集団場面などでは集中して話を聞くことが苦手で、目新しいものがあると注意がそれてしまう傾向があります。発達障害の診断は受けていませんが、個別の指導を受けた方がよいとすすめられ、通級教室で週に数時間、指導を受けています。身体を動かすことは大好きで本人も希望するので、小学校の同級生も多く所属している地域の野球チームに入りました。最初は楽しく練習に参加していたのですが、最近浮かない顔をして帰ってくることが多くなり、ついに「練習に行きたくない」と嫌がるようになりました。聞くと、練習中にコーチから指示がいろいろと出るのですが、よく理解できずに他の子と違う動きをしてしまい、怒られるとのことです。練習を見に行くと、息子は自分の荷物から道具を出したり、片付けをしたりといったことが苦手なので、いつも周りの子より遅れてしまい、コーチから怒られている様子です。身体を動かす機会にもなるので、できれば続けてほしいのですが、どうしたらよいでしょうか？

《回答》　お子さんには集中して相手の話を聞くことが難しい特性があるのですね。これは本人の努力が足りないのではなく、発達の特性としてそのような傾向があるのですが、コーチには理解してもらえていないようですね。地域スポーツではコーチはボランティアであることも多く、発達障害等の知識があるとは限りません。まずは、コーチにお子さんの特性について、話をしてみてはいかがでしょうか。そして、どのような関わり方をすればお子さんが指示を理解しやすいのか、具体的な方法をコーチに伝えてみてください。

ボランティアのコーチをしている人を対象とした我々の調査でも、「発達障害等に関する知識がなく、どう対応してよいかわからない」という声が聞かれています。具体的に伝えることで、コーチも対応がしやすく、理解にもつながると思います。また、お子さんが荷物の整理などが苦手なのであれば、手順を一緒に確認したり、家で練習をしたりすることもよいでしょう。親とコーチが一緒に、お子さんにとって活動しやすい環境をつくってあげることで、本人も安心して参加できるようになるかと思います。

コラム8 子どもの成長や発達に適した技術を学ぶこと

サッカーでは、ゴールキーパーのポジションしか手は使ってはいけません。また、フィールドプレーヤーはスローイングのときしか手でボールに触れられません。けれども、「サッカー遊び」を始めたばかりのまだ幼い子どもにこれらを求めるのは時期尚早な気がします。幼児期の子どもにとって大切なことは、まずは、体を動かすことは楽しいということを伝えることや、ボール遊びへの親近感を持たせること、さらに、自由な発想で自由に動き回れる機会や環境を与えてあげることだと思います。手は使っちゃダメ、自由に動いちゃダメなんて言おうものなら、サッカーというものを退屈だと思ってしまい、ひいては、球技や体を動かすことを嫌いになってしまう子どももいるかもしれません。

Jリーグのジェフユナイテッド市原（当時）や京都サンガF.C.にて、育成・普及部として子どもたちに指導した経験のある池上正先生は講演で、次のような話をしていました。

＊

私（池上先生）がコーチをしていた子どもたちのチームのサッカーの試合がありました。子どもたちは、まだ幼いうちは、ボールに一目散に駆け寄り、無我夢中でボールを蹴ろうとする。そのため、ボールの周りに子どもたちが群がり、団子状態になってしまいます。私のチームもそうでした。

あるとき、対戦したチームの方が上手で、私のチームは点数を取られてばかりでしたが、子どもたちは時に笑顔で、時に必死に、一生懸命に取り組んでいる様子でした。

そんなときに、保護者の方々から、「先生、これでは負けてしまいます。ポジションをしっかり割り当てた方がいいですよ」と言われました。私はしぶしぶ了承し、ハーフタイムに子どもたちにポジションを割り当てて、後半戦に臨みました。すると、子どもたちはどうなったでしょうか。自分の近くに来たときにしかボールに駆け寄らず、また、ボールが来ないときには、上の空の様子です。何よりも、前半には見られた、子どもたちの笑顔や必死さ、夢中になっている様子・表情がまったくありませんでした。つまり、おもしろくなさそうでした。

その様子を見ていた保護者の方々も、「先生、やっぱり元に戻しましょう」と言ってくれたので、試合中ですが、私は大きな声で試合中の子どもたちに向かって「みんなー、自由に動いていいよー」と伝えました。すると、子どもたちは一目散にボールに駆け寄り、前半に見られたのと同じように、団子状態ができあがりました。そこには、子どもたちの笑顔や必死さ、夢中になっている様子が見て取れました。

＊

この話から、大人たちが子どもたちの成長段階を考えることの必要性や、そのうえで、どのように関わることが大切なのかがわかります。保護者の方々の気持ちもよくわかりますが、勝つことや技術を高めることよりも大切なことが、この時期の子どもたちにはあります。人生を長いスパンでとらえると、幼児期、児童期、青年期とそれぞれの段階で同じことが言えます。発達の段階ごとに、その子どもの成長や発達に適した技術を学ぶことが必要だと言えるでしょう。

6章

スポーツを通した親子関係
〈中学・高校編〉

ここまで何度も述べてきましたが、この時期、子どもたちは心も体も急成長します。幼少期までとは急に異なる態度を示し、親は戸惑うことも増えてくるのではないでしょうか。ここでは、思春期の特徴を踏まえながら、親はどのように子どもと付き合っていけばよいかを考えていきましょう。

1　思春期の子どもの悩み

①身体的変化による悩み

思春期には、第二次性徴に伴い急激な体重増加や身体的なスタイルの変化が生じてきます。それは特に女子に顕著です。新体操やフィギュアスケート、陸上などの、体重や体形が関係する競技をしている子だと、今まで体重のことなど気にする必要がなかったのに、少し食べただけで太ってしまうことがあると困惑してしまうかもしれません。身体の急激な変化に戸惑い、自己判断で無謀な食事制限などをしてしまうことも出てきます。場合によっては、拒食症につながる可能性すらありうるのです。また試合日に生理が重なった際、気になってしまって競技に集中できなかったり、身体のホルモンのバランスで体調が悪くなったりすることもあります。

男子の場合も急激な身長の伸びは、膝が痛くなるオスグッド病を引き起こしたり、バスケであれば、身長が伸びたせいでドリブルの高さが変わり感覚がつかめなくなることもあります。また、小学校時代は背が高い方としてセンタープレーばかり行っていた子が、中学に入ると身長が止まり、一方で仲間の身長が伸びたためにガードに回されたなども、よくあることでしょう。このような身体的な変化や精神的変化への戸惑いは、恥ずかしさや思春期という時期も重なり、自分の中で抱え込んでしまう傾向があります。

②友人関係の悩み

思春期には、競技スポーツのスキルを高めたいというモチベーションが上がるとともに、子どもたちの最大の関心は友人関係になるでしょう。思春期、特に中学生活における部活動の占める位置は大変大きいものです。他の部員たちと一体となり目標を目指せるような生活を送ることが理想ですが、意見の衝突や熱量の違い、競技レベルの違い、価値観の違いなどで対人関係の葛藤を抱くこともあります。葛藤は子どもたちを大きく成長させるチャンスであるともいえますが、一方で、学校不適応の原因にもなります。また中学校の部活動で、はじめて「先輩・後輩」の関係を体験することになるかもしれません。最近は、仲良し部活も増えていますが、まだまだ上下関係は残っていることも多いものです。小学校では「○○ちゃん」と呼んでいたのに、中学校で部活に入った瞬間「○○先輩」と呼ばなくてはいけなくなり、戸惑うこともあると思います。また、スポーツ用の短パンに柄がついていたらすぐに先輩に呼び出されて、「生意気」と言われびっくりしたというエピソードもあります。先輩たちは柄がついた短パンをはいていたのですが、「一年生は無地じゃないといけない」と言われたそうです。こういうことは部活動説明会などでは伝えられない暗黙のルールとして成り立っていることが多く、子どもたちにとっては暗黙のルールを理解するのは難しいものです。

日本社会は同質性が高く、特に中学時代には周囲からの同調行動が求められやすくなることも事実です。もしどうしても学校の部活動になじめない場合、または目標の不一致で子ども自身が苦しむ場合は、他人を変えることを考えず、まずは自分で何か工夫できることを考えて試してみましょう。それでもどうしても難しい状況が続く場合は、学校の部活動にこだわらず学校外のチームも含め検討していくとよいでしょう。スポーツの世界は、部活動のみではありません。

③進路選択の悩み

中学時代のスポーツ活動の区切りがつくと、高校生活を見据え親子はともに悩みはじめます。一般的に高校進学には入試がありますので、自分の学力のレベルに応じた進路を決定することになると思います。合格した先の学校で、部活動について考え、今までの競技を継続したり、新しい競技を始めたり、今までやったことがなかった文化系の部活動に入ることもあるでしょう。つまり縁があった高校に入った後、はじめて部活動について考えることとなるのです。

しかし、実際はそうでないケースも多くあります。子どもやチームの競技レベルが高いと、高校からスカウトされる場合もあるでしょうし、所属しているチームの監督からの推薦という場合もあるでしょう。または推薦などなくても、強豪校を目指し、全国大会への夢を実現させたいと思う場合もあるでしょう。最終的には子どもが決めることですが、練習量はどの程度なのか、学業との両立が可能なのかどうか、通学にはどの程度の時間がかかるのかなど、親もきちんと情報を得て検討する必要があります。高校から寮生活がスタートするという子もいるでしょう。日本ではなく海外への進学を検討する場合もあるでしょう。希望していた高校に合格できず、不本意な進学を果たすこともあります。いろいろなケースが待ち受けています。

実は、中学から高校へ、高校から大学へなどの移行期の課題は、学校中心のスポーツ文化特有の悩みかもしれません。学校中心であるからこそ、費用も安く、移動時間も少なく効率的な活動ができますが、学校が変わることへの対応には時間もエネルギーもかかります。一方、スポーツ環境が学校中心ではなく、地域のクラブ活動中心の西ヨーロッパ、ニュージーランドや、学校と地域スポーツの両方が盛んなフィリピンなどの場合、すでに地域でスポーツをする居場所があるので、どこの学校に行っても今までと変わらずスポーツができるのです。

ドイツに留学した日本人留学生は、「ドイツではスポーツをやめる機会がない。僕は日本で小学校、中学校、高校とサッカーをしてきたけど、大学は強豪校だったから部活には入れなかった。そうしたら、自分に合ったサッカーチームを探すのが大変で。でもドイツだと、小さい頃から地域でスポーツをしていて、自分のレベルに合ったチームがいっぱいあるので、コーチ間でも紹介してくれる。自分に合ったスポーツの場所がいつも用意されているので、ドイツ人は大人になってもやめるきっかけがないんです」と語っていました。

④高校部活動での悩み

高校に入学すると、中学までの部活動の雰囲気とは異なることが多く、子どもたちは戸惑う場合が多いようです。ある高校では、夜に定時制の授業があるため、部活動は毎日五時までと決められており、平日はほとんど練習できないこともあります。またある学校では、顧問はほとんど部活動に関与せず、とてもゆるい雰囲気であるうえ、部員も少ないので大会にエントリーすらできないこともあります。

一方で、私立のスポーツ強豪校の場合、中学時代からクラブチームや指導者を通してのスカウティング活動も盛んですし、中学時代から練習に合流している生徒もおり、指導者の頭の中で、次のレギュラーメンバーが新入生の入学前から決まっていることもありうるのです。中学時代に活躍していた選手が、一般入試で強豪の高校に合格し、入学後に入部したところ、そこにいた新入生は全員すでにその高校のユニホームを着て練習していて驚いたというエピソードもあります。

そもそもある一部の高校にはスポーツコースや体育コースというものがあり、その生徒たちは、他の生徒たちと異なる生活をしています。学習面では授業や定期テストの内容が極端に簡単であったり、宿題はほとんど出なかったりなど、部活動に集中できるようさまざまな配慮がなされている場合もあるのです。その一方で他のコースの生徒たちは、学科によっては実習があったり、特進クラスには放課後特別授業があったりします。このように状況が異なる中で、一緒に部活動を行っていますが、多様性がありおもしろい面もあるのですが、部活動に特化した生活を送っているレギュラーメンバーと、そうでないメンバーの間には溝が生じてくることがよくあります。

また高校の部活動の場合、上下関係がさらに厳しくなることもあります。もちろん、先輩・後輩で素晴らしい関係を築いているチームも多いのですが、いわゆる先輩から後輩への「しごき」は皆無ではありません。

このように思春期の子どもたちは、さまざまな葛藤を抱きながらスポーツを行います。もちろん葛藤がある分、達成感も大きく、藤後・井梅・大橋（2015）の研究で、「スポーツで最も楽しかった時期は？」「スポーツで最も大変だった時期は？」との問いに対して、同じ時期を回答した子どもたちが多かったという結果が印象的でした。

2　思春期の親の悩み

中学・高校と過ごす間に、子どもは心身ともに急激な変化を成し遂げますが、その変化に親は戸惑いを隠せません。小学生までは、スポーツを通して楽しく親子の時間を一緒に過ごしたり、父親が作った「自主練メニュー」に一生懸命取り組んでくれたりしていたのに、急にふてくされたり、話しかけてもゲームばかりしていて無視したりという態度をとりはじめます。あげくの果てには「絶対に応援に来ないで」「自分はできもしないくせに」「そんな服装で来られると恥ずかしい」「何も知らないくせに」などと悪態をついてくることもあるでしょう。

小学生までは送迎などがあるために、子どものスポーツの習い事を通した家族の時間が多く、共通の話題があるために関係性もとても密です。しかし思春期には、親子関係には適度な距離が必要となります。ぜひ親の方から意識して、「子離れ」をする準備を整えましょう。とはいうものの、子どもは親が大好きですし、いつもは機嫌が悪くても、急にしゃべりはじめたりということもあります。子どもが発信してきたときにこそ、それを逃さず子どもと話す時間を作ってあげてください。

3 事例と対応

ここからは、事例を通して具体的な親子の関わりについてみていきましょう。

事例1 部活で自分ががんばっているのに、みんなふざけてばかりで孤立してしまいます。

息子は中学で剣道部に入りました。小さい頃から道場に通っていたので、「中学に入ったら絶対に県大会や関東大会に出場したい！」とはりきっていましたし、私たち親も期待していました。例年、剣道部の新入生は、経験者ばかりだったので、団体戦でも関東大会に行けるのではと夢が膨らんでいきました。

しかし、この頃ちょうど剣道部の漫画が流行りはじめ、なんとたくさんの人が剣道部に入部を希望してきたのです。中学からスタートできる競技ということで、安易に入ってきたようです。そのため、初心者が大半の部活動となってしまいました。最初は、息子も新鮮だったようですが、部活動ではみんなしゃべってばかりで、まじめに練習すると浮いてしまいます。経験者ということで息子は三年生になったときに部長になったのですが、みんながまじめにしていないと顧問から怒られ、「まじめに練習しよう」と他の部員に伝えると、みんなから浮いてしまうようで……。息子は道場にも通っているので一人でも練習できますが、毎日学校に行く前になるとお腹が痛いと言うようになりました。

《回答》　最近は、全生徒に対して、部活動に入部することを推進している中学校も多いので、とりあえず何かの部活動に入ってみるという子どもも多いものです。つまり、子どもたちの部活動へのモチベーションはさまざまなのです。部活動は中学校生活でも多くの時間を占めるため、部活動での人間関係が中学校生活における中心となっていきます。クラスに戻ってもいつも部活動の友達と一緒にいるという具合に。これは女子の方がより顕著かもしれません。それにしても、息子さんのお腹が痛くなる様子には、親としてとても心配になることと思います。

親子の関係とは、身近であるからこそ距離がとりにくく、お互いの感情に巻き込まれやすいものです。そのため、アドラー心理学では、「課題の分離」を重視しています。「課題の分離」とは、「困っているのは誰なのか？」と考え、「困っている人にとっての課題」というように主体は誰かと考え、子ども本人にとっての課題と親にとっての課題を切り分けて考える視点です。

息子さんのＳＯＳには大いに注意を払いながらも、「誰が練習やらないの？」「先生は何やってるの？」などと、あまり干渉しすぎないようにしましょう。この時期、親に干渉されることは、子どもたちにとってうれしくないことです。そして大切なことは、最終的にはこれは保護者の方の課題ではなく、息子さん自身の課題ということです。

まずは「何があってもいつでもあなたの味方だよ」というメッセージを伝え、安心させてあげるとよいでしょう。おいしいものでも用意して、温かい雰囲気で包み込んであげましょう。ぽつりと話しはじめたら、そのタイミングで「何かお手伝いできる？」と本人に確認して、一緒に解決方法を考えるとよいでしょう。ただ、もし学校に行けない日が続くようであれば、早めに担任や顧問の先生、スクールカウンセラーと相談することもお勧めします。

事例2 部活になじめません。

娘は、中学でバレーボール部に入りました。ほぼ初心者ばかりの和気あいあいとしたチームで、部員数は多く、先輩も優しくて最初は楽しそうでした。ところが、娘が二年生になると経験者の一年生が五人入ってきました。顧問の先生は、上手な子たちが増えたので、急に今までの方針を変えてはりきりはじめました。

試合が近づくと日々の部活の時間には、ほぼ試合メンバーだけがフォーメーションの練習をします。娘はメンバーになれず試合に出ませんので、ひたすらラリーの練習ばかりしています。二十人の同学年の部員のうち、試合メンバーになれたのは、五人ほどです。残りの部員は、やっても成果を感じられないので、練習中も話してばかりです。娘も万年ベンチグループのおしゃべり隊として楽しんでいたのですが、だんだんとグループができはじめました。気づくとレギュラー組以外に二つの大きなグループができていて、娘はどちらのグループにも入れず一人になってしまいました。

レギュラー以外のメンバーたちのグループは、「どうせ試合に出れないんだから、練習しても意味ない。まじめにやるだけ無駄だね」と言って、練習をほとんどしなくなり、その雰囲気になじめなかったようです。娘は最近、部活をさぼって帰ってくることも増えています。父親として、どうすればいいのでしょうか？

《回答》　部活動になじめないのはつらいですね。特に女子の場合、部活動の行き帰りや休日、試合中のごはんの時間などもグループで固まっていることが多いものです。まずは、そのつらさを受容的に受け止めてあげてください。「部活つらいんだね。友達と仲良くできないのは心細いよね」と。そして、今できていることを見つけて、認めて評価してあげてください。「そんな大変な中でも部活に挑戦しようとしてるんだね。すごいことだよ」「今日も自分なりに時間を過ごせたんだね。自分で工夫しているね」などです。

そして娘さんにとって「部活を続ける」意味をリスト化するとよいと思います。たとえば、①部活という人生経験をするため（無理して友達をつくる必要はない）、②近くで安くバレーを習うことができる、③自分の運動機会の確保のため、④内申のためなど、何でもよいので、自分にとって部活にはどういう意味があるかを確認します。その場合、友達など他者に影響されることではなく、自分のためになることを部活動の目的とするのがよいでしょう。目的が明確になったら、まずはその目的の達成だけに集中するよう勧めてください。部活動の行き帰りにみんなのグループに入れなくても、「運動」という目的を達成したのであれば、さっさと一人で自宅に帰ってゆっくりした時間を過ごすとよいでしょう。「みんなから誘われない」と思うとつらいですが、「自分の意思でグループに入っていないんだ。みんなと休日に遊びに行くよりも、自分で休日は勉強の時間を確保した」というように、「自分で決定した」というストーリーを作ると楽になります。

事例3　試合で緊張して力が発揮できません。

娘はバスケ部に入っています。練習はとてもまじめにやっています。フォーメーションなどを何度も練習していますし、毎日一人でフリースローの自主練を行っています。しかし試合になると頭が真っ白になるそうで、スペースが狭いところにパスを出してしまい、コーチから怒鳴られ、すぐに交代させられます。コーチの顔色や応援席の声が気になってだんだん失敗が怖くなってくるそうです。応援席に座っている私（母）も、子どもの失敗に対して、周りからため息をつかれたり「何やってるの」などと言われたりすると、つらくて応援に行くことも気が重くなってしまいます。

《回答》　一生懸命練習しているのに、試合になると頭が真っ白になるのは、ご本人もつらいでしょうね。また失敗を責められると、失敗が怖くなるのは当然のことです。こういうときは、3章で取り上げた「森田療法」的視点が有効です。すなわち、緊張して頭が真っ白になるということは、不安の裏返しである「生の欲望」が強いのだと理解します。「緊張して頭が真っ白になるということは、それほど活躍したい気持ちが強い証拠だよ。よくがんばっているね」と伝えてあげたらよいと思います。また森田療法では、不安になったり緊張したりすることは、ネガティブなことではなく当然のこととしてとらえます。「そりゃ、緊張するよね。当然のことだよね」と、あるがままに受け止めることを大切にするのです。

親自身も子どもの失敗や周りの声ばかりが気になり、気になりはじめると余計に気になるという悪循環が発生していきます。そんなときは、気になることは放っておき、娘さんの「活躍したい」という気持ちに注意を向け、その中で「今できること」に集中しましょう。勝つためにはシュートを入れないといけないのであれば、シュートだけに集中する、親として応援してあげたいのであれば、「応援」のみに集中するという具合です。

また森田療法以外にも緊張を和らげる方法として、試合前の呼吸法、笑顔づくり、眼球を十回程度左右に動かす方法、「為せば成る！」「失敗は成功のもと！」などのおまじないワードを使ってみる方法などがあります。自分が好きな方法をルーティンのように取り入れることもよいと思います。娘さんと一緒に、ぜひいろいろと試してみてください。

事例4 小さい頃から野球をやってきて強豪校の高校に入ったのに、部活をやめてしまいました。

うちの息子は小学校一年生から野球をやってきました。体格がよかったので、小学生時代はピッチャーで四番。中学時代はクラブチームでがんばってきました。高校は甲子園を目指し強豪校に進学しました。父親は野球経験者で、小学校六年間はパパコーチとして子どもの練習や試合に毎回出席していました。親子の会話は野球のことばかり。ところが入学して数か月後、高校でのわが子の活躍を期待していた矢先に、「勉強できないから野球部やめた」と言って帰宅してきました。あまりにもショックで、空虚感でいっぱいです。どうすればいいのでしょうか。

《回答》 高校生活では、部活動の競技レベルやクラスの学習レベルによっては、部活動と勉強量との両立の難しさを感じることとなるでしょう。特に強豪校の練習量と難関大学受験の勉強との両立は時間的にも体力的にも厳しいものがあります。社会的にも部活動の時間の短縮が推奨されてきましたが、実際には朝練、夜練など当たり前の学校も存在します。寮生活や特別なアスリートや体育クラスなど、部活動に専念できる環境でしたら大丈夫かもしれませんが、長い通学時間をかけて通っている子どもたちには酷なものです。また、公立の学校で、部活動の時間に限りがあるので、あえて地域のクラブ活動として登録して、部活動の後はそのまま地域のクラブチームとして練習しているという話を耳にしたこともあります。一方で、限られた時間を有効に使い、部員全員に部活と勉強の両立を推進している学校もあるでしょう。

息子さんが部活動をやめてしまったことは寂しいことですが、学校の部活動にこだわるのではなく、視野を広げて、スポーツを楽しめる場所を親子ともに探してみると、何かおもしろい出会いがあるかもしれません。中学・高校の時期に活躍しなければ、もう道は閉ざされてしまうという印象を持つ人がいるかもしれませんが、少し世界に目を向けてみましょう。ヨーロッパではより長期的な視野をもって選手たちを育てていきます。十六～十八歳で選手生命が終了ということは決してありません。

中学や高校で仮に活躍できなくても、この時期には将来的に「活躍するための」身体づくりや運動スキルの獲得を自分なりに意識しておけばよいと思います。他者との比較ではなく、自分にとってスポーツとはどういう意味を持つのかをじっくり考えるとよいでしょう。

親はつい、大学への推薦を意識してしまうこともあるでしょう。実は、私たち親自身の気持ちの整理が必要なのです。中学や高校と比べて、大学で本格的に競技スポーツをする人口が減っていくのは事実です。どのような形であれ、子ども自身が生涯スポーツと楽しく付き合っていけるよう導いてあげたいものです。そのためには、私たち親自身が楽しく生きと生きとスポーツをする姿を見せたいものです。生涯スポーツのすばらしさを身をもって見せる親は、ロールモデルになる

でしょう。まさに背中で親の姿を見せるということです。

親子関係において重要なことは、親自身が子どもの状態や態度に焦らず、長期的な展望に立ってどっしり構えておくことです。

事例5　体重が増えると速く走れないと言って、極端な食事制限をしています。

娘は、中学校の陸上部で長距離の選手です。部活動は新しく赴任してきた先生が熱心で、毎日厳しい練習をこなしています。今まで娘は、陸上部の中で一番タイムが速かったのですが、先生の指導が良いためか、他の子も力をつけてきて、大会メンバー争いが激しくなってきました。娘はちょうど生理が始まり、体重が増えてきたようで、とても気にするようになりました。毎日体重計にのっては「やばい、やばい」と焦っています。そのうち「ご飯はいらない」と言いはじめました。「ご飯は大切だから」と伝えると、少しだけ口に入れます。その後は部屋でずっと筋トレをしているようです。このままだと娘の体が心配です。

《回答》　食事は毎日のことですので、保護者の方も大変心配されていることと思います。第二次性徴を迎えた子どもたちは、自分の身体とどのように付き合っていけばよいか戸惑っています。特に競技成績に体重が関係するような種目をしていればなおさらのことでしょう。事例3で回答した内容と重複しますが、「気になればなるほど、さらに気になる」という現象が起こります。そして不安はさらに高まっていきます。周りが見えなくなり、体重のことで頭がいっぱいになってしまいます。特に娘さんの場合、今まで部員の中で一番タイムが速かったのに、他の人のタイムが上がってきてさぞかし焦りもあるのでしょう。

心理臨床の場では、女子の選手が、体重制限から拒食症になってしまうケースにも出会います。娘さんが隠れて吐いたりしていないか、気をつけてあげてくださいね。ただ、保護者の方もお子さんの体重ばかり気にしていると、お子さんと同じような負のサイクルにはまってしまいます。

まずは、お子さんの心配や不安を受け止めてゆっくりと話を聞いてあげましょう。そして、これは誰もが通る道であり、競技成績が少々下がっても自己否定する必要は全くないことを、保護者の口からだけでなく、顧問の先生や保健の先生からも伝えてもらえるとよいかもしれません。また部活動自体も、「絶対大会で上位！」というストイックな雰囲気ではなく、「誰もが今あるベストを尽くせること」や「困ったときに支え合える仲間関係」を重視した運営をお願いできるといいですね。保護者の方だけで対応が難しい場合は、早めにスクールカウンセラーや保健室の先生にも相談をしてください。

コラム9　スポーツをめぐる親子間の葛藤

がんばったら報われるとあなたがたが思えることそのものが、あなたがたの努力の成果ではなく、環境のおかげだったこと忘れないようにしてください。あなたたちが今日「がんばったら報われる」と思えるのは、これまであなたたちの周囲の環境が、あなたたちを励まし、背を押し、手を持ってひきあげ、やりとげたことを評価してほめてくれたからこそです。世の中には、がんばっても報われないひと、がんばろうにもがんばれないひと、がんばりすぎて心と体をこわしたひとたちがいます。がんばる前から、「しょせんおまえなんか」「どうせわたしなんて」とがんばる意欲をくじかれるひとたちもいます。

（上野 2019）

これは女性学の第一人者、上野千鶴子氏による平成最後の東京大学の入学式の祝辞です。上野氏は、東京大学に入学できるほど努力をすることができるということは、周囲の環境のおかげだと述べています。大学の新入生に向けられたメッセージなのですが、スポーツをする子どもとそれを応援する家族の心にも響くのではないでしょうか。スポーツ選手が表彰台で涙する姿を私たちは目にします。「がんばる」ことは孤独だから涙します。同時に「報われた」ときこそ環境からのサポートに気づき涙します。

それでは、環境に恵まれない場合、特に心理的支援に恵まれない場合、スポーツをしている子どもはどうなるのでしょうか。子どもを励まさない、背中を押さない、手を持って引上げない、やりとげたことを評価してほめないという、心理的な問題を抱えている家庭では、子どもはスポーツどころか勉強からも身を引いてしまいます。それだけならば、まだ「まし」と言えるかもしれません。そうした環境の子どもは家庭、学校、社会に背を向け、非行に走ってしまうこともあるからです。

私は非行少年と呼ばれる子どものカウンセリングに携わってきました。皆さんは非行少年とスポーツが結びつくでしょうか。皆さんの想像通り、非行少年はスポーツをしなくなります。しなくなる？　ということは以前は「していた」ということでしょうか。

そうなのです。非行に走る前はスポーツをしていた子どもが少なからずいます。しかし、心理的支援がないばかりか、多くは否定されるばかりの環境にいたため、スポーツをやめて家族や教師に背を向けてしまったのです。

一つの事例を紹介します。なお、本人には公表の許可を得ていますが、個人が特定されないために、事例の解釈に支障のない範囲で事実を改変しています。A君は、父親と口論の果てに殴り合いのけんかをしてから、深夜徘徊、飲酒、喫煙、無免許運転などをして、すさんだ生活を送るようになりました。カウンセリングでA君は次のように訴えました。

「親父の基準では、まず、勉強はできなければならない。でも、それだけじゃダメ。(略)勉強はできて当たり前。それに加えて、運動もできなきゃダメ。運動って言っても柔道か剣道でなければダメ。俺、走るの速かったんだ。でも、それじゃダメ。……兄貴はさ、親父の理想の息子なんだ。文武両道」(須田 2013)。

このA君の言葉が私の頭から離れません。子どもの活動に優劣をつけたり完全否定をしたりする親と、それに反発する子どもという構図は、非行少年のカウンセリングでよく目にすることなのです。

「勉強ができないなら、せめてスポーツをがんばれ」「サッカーやバスケットボールよりも柔道や剣道だ（あるいはその逆）」「男のくせにクラシックバレエなど許さない」「女のくせにボクシングなど許さない」「ダンスなんかはスポーツではない」「勉強もスポーツもできないのはクズだ」「スポーツの成績が伸びないのは根性がないからだ」「誰が用具のお金を出してると思ってるんだ。とにかく勝て」「〇〇（きょうだいや友人）に比べてお前ときたら……」。こうした心理的虐待に近い暴言を浴びせられる環境では、子どもはスポーツに励むどころか、親や教師の言うすべてに反発するようになってしまいます。

A君は私と一緒に描いた大作「ふんわりとした優しい樹」の絵を父親に見せて、「俺はこうした可愛いものが好きなんだ。親父の理想を押しつけないでくれ」と言えるまでに成長し、自らの力で父親を納得させ、父親から心理的自立を果たしました。その後、A君は友達思いの立派な青年になりました。A君とは逆に、一体いつまで私たち大人は「大人の理想を子どもに押しつける」という過ちをくり返すのでしょうか。

私たち大人への教訓として、最後に改めて上野氏のスポーツマンシップに通じる言葉を引用します。

あなたたちのがんばりを、どうぞ自分が勝ち抜くためだけに使わないでください。恵まれた環境と恵まれた能力とを、恵まれないひとびとを貶めるためにではなく、そういうひとびとを助けるために使ってください。

（上野 2019）

コラム10 スポーツではなくても

今日、娘のピアノ発表会がありました。もう何度目かになるのですが、序盤の弾き間違いには息を詰め、ハラハラしながら聴きました。そして、ミスタッチしつつも上手にごまかして弾き終わったときは、本当に安堵しました。あまり練習が好きではないうえに、自分よりも年下の子が上手なので引け目を感じている娘は、わざと「おもしろい曲」を選ぶという工夫をしているようです。ミスしても弾ききる度胸もできました。親としてそこをほめてはいるのですが、一方でうまい子の親に劣等感を感じないわけではありません。

これってスポーツでの応援と似ていますよね。息子がサッカーでパスをもらえなかったり走りきれなかったりしたときも、ハラハラして見ていたものです。集団での活動ではないため他の親との接触はほとんどありませんが、芸術も、発表会で子どもの出来不出来がはっきり見えてしまう点は似ています。

受験も似ているかもしれません。昔ほど勉強に対して高い価値が置かれてはいないものの、いまだ受験は健在です。受験するのはもちろん子どもですが、特に中学受験は「親の受験」と呼ばれることがあります。これは、親がどれだけサポートできるかで合否が決まるという意味です。育児が親の仕事である以上、その「成功」で自分が評価されるように親が感じるのは、当然と言えば当然です。勉強がすべてではないと今はよく言われますが、それでも、わかりやすいからでしょう、親同士のランク付けにつながっているように感じることがあります。そのため、大学受験においてさえ、親がノート整理や過去問の準備や採点などを行うべきだと公言してはばからない方もいます。

こうした関わり方もスポーツの応援と似ているな、と感じます。受験ではスポーツほどはっきり出来不出来が外に出ませんが（よその子どもの成績は本人たちがわざわざ話さなければ表には出ないはず）、成績や受験の合格不合格というのはわかりやすい結果です。私たちのスポーツに関する調査では、先述したように、親が子どもに支配的になるほど、わが子を中心に考える傾向を強め、結果的に子どものモチベーションが下がっていました（藤後・井梅・大橋 2017b）。

スポーツでも芸事でも勉強でも、大切なわが子にがんばってほしい気持ちはわかりますが、小学校高学年以降は手をかけすぎないことも大切。「課題の分離」を心にとめてほしいものです。私も、中学校に上がった子どもたちの勉強には手も口も出さないように気をつけているところです。

7章

子どものスポーツを通した親の対人関係

この章では、子どものスポーツを通したさまざまな対人関係をみていきます。子どものスポーツを通して、親はどのような人々と関係を持つでしょうか。6章では、子どもと親との一対一の関係についてみてきましたが、子ども以外では、夫や妻との夫婦関係が挙げられるかもしれません。その他にも、子どものスポーツの指導者との関係、そしてチーム内の親たちとの関係もあるでしょう。その親たちは、同級生の親であったり、先輩の親・後輩の親であったりするでしょう。また、OBとの関係もあるかもしれません。

子どものスポーツに関する知見は多数あるかもしれませんが、子どものスポーツを取り巻く人間関係について述べられたものは少ないと思われます。子どものスポーツにまつわる対人関係について研究してきた私たちの研究結果を踏まえて解説します。

1　子どものスポーツを通した夫婦関係における心理学的知見

子どものスポーツを通した夫婦関係というものを想像できますか？　子どものスポーツに夫婦や家族で応援に行き、応援席一体となって盛り上がる様子などが思い浮かぶでしょうか。オリンピックや甲子園のときなどに、選手の家族がクローズアップされ、子どもを懸命に励ます家族の様子が映し出されます。その姿は、私たちに感動を与えてくれます。その一方で、子どものスポーツを通して夫婦関係や家族関係に葛藤が生じるという話も聞きます。

就学前からスポーツの習い事は盛んです。1章で述べたように、就学前や小学校低学年の習い事で最も多いものが水泳です。小さい頃の水泳は週一回程度ですし、親の送迎が必要であったとしても、それほど負担でないため、夫婦や家族に影響が及ぶことは少ないと思います。ただし、きょうだいが多かったり、ピアノや英語など他の習い事が増えると、費用がかさみ、一つに絞るか子どものやりたいものをすべてやらせるのかで、夫婦の意見に違いが出てくることもあります。

そして、小学校に入ると、サッカー、野球、バスケ、バレーやダンスなどのチームスポーツが盛んになってきます。これらのスポーツの受け皿は、地域の小学校で行われているボランティア主体のスポーツとなるでしょう。最初は、気軽に習わせていたものの、中学年以降になると試合数も増えてくるので、親も当番や試合の付き添いが多くなり、チーム内での役割も増えてきます。また部員の「欠席」の扱いもチームによって異なります。欠席すると、主力の選手である場合はチームに迷惑をかけてしまうことを恐れ、また、準レギュラーの場合はレギュラー争いで不利になるために、家族の時間よりも子どものスポーツを優先せざるを得ない状況が生まれることもあります。加えて地域スポーツでは、コーチや審判の担い手として、父親たちが駆り出されることも少なくありません。

いずれにせよ、子どもが小学校高学年という時期からの夫婦関係をイメージしてみましょう。結婚してすでに十年以上が経っているでしょう。下の子どもがまだ小さいかもしれませんし、お兄ちゃんやお姉ちゃんが中学や高校にいるかもしれません。

夫婦関係に関する心理学的知見では、一般的に結婚の満足度は、結婚後十年以内に急速に低下すると言われています（伊藤 2016）。同じ「結婚後十年以内」でも、子どもの年齢によってその姿は異なってきます。そこで、子どもの年齢を基準に分析した研究から、夫婦の様子を見てみましょう。

首都圏在住の二百世帯を対象とした菅原（2016）の調査では、同一世帯で対象児が十歳、十四歳、十八歳の時期の比較をしていますが、すべてにおいて女性の方が夫婦の満足度が低く、特に対象児童が十歳から十四歳にかけての低下は著しく、十四歳時点の結婚満足度が最低であることがわかっています。子どもが十歳から十四歳の時期は、まさに子どものスポーツに家族が大きく関わっていく時期と重なるのです。もちろんこの時期には、スポーツだけではなく、ある家庭では中学受験があり、ある家庭ではピアノやバレエの発表会やコンクールなどがあり、親子の距離が何らかの目標に向かって急激に密になっていくこともあります。

この時期に夫婦の満足度が下がるというのはどういうことでしょうか。夫婦の満足感低下の理由として、菅原（2016）は、Belsky（1990）の知見を用いながら、①育児による夫婦一緒の時間と関係維持の機会の剝奪、②子育てに関する意見の不一致、③家庭内労働の分担、④子どもの存在そのものが親のウェルビーイングを低下させるという四つの仮説を紹介しています。

これを子どものスポーツの状況に当てはめてみます。まず、子どものスポーツが本格的になると、遠征や合宿、試合などで出費がかさんできます。そして地域スポーツの場合、頻繁に試合などがあると当番や送迎なども生じてくるので、（主に）母親の負担が増えてきます。また今までは家族旅行などが簡単にできていましたが、試合や練習の関係でそれも難しくなります。お金や家族の時間をどの程度、子どものスポーツに費やすのかに頭を悩ませることが増えていきます。まさに夫婦のコミュニケーションが必要になってくるのです。

夫婦の会話時間の実態を見てみると、平日で三十〜四十代は三十分未満が三割となっています。そして、伊藤ら（2007）の研究によると、女性は、コミュニケーションの時間と、自分のことを相手にオープンに伝えていく自己開示が夫婦間の満足度を高めます。子育て期には会話時間が、そして中年期には自己開示が関係性を高めることが報告されています。また、男性は精神的なサポートを中年期も高齢期も妻に求めますが、女性では、年齢が上がるにしたがって、夫ではなく友人に求める傾向が強まります（伊藤ら 2004）。これらの結果を受けて、野末（2014）は「男性は配偶者の感情を共感的に理解することが困難なため、配偶者が困っているとき、情緒的サポートを求めているときでもその必要性を理解できず、過少評価し、相手を失望させる」と指摘しています。

つまり、子どものスポーツに関して夫婦で話し合いが必要になったとき、自分自身の価値観も含めて夫婦で話し合い、家事や試合送迎なども含めて分担し合うことができたなら、夫婦関係の満足度は高まることでしょう。しかし、妻の意見やストレスを夫が受け止めることができない場合、急激に夫婦満足度が低下してしまうことが考えられます。特に妻が専業主婦の場合、妻自身のウェルビーイングに影響するものとして、夫婦関係の満足度は大きいのです。有職の妻たちのウェルビーイングにも夫婦関係は影響を及ぼしますが、子育て期においては、夫婦関係満足度とほぼ同等かそれ以上に職場満足度の影響も大きくなります（相良 2014）。このことから、妻と夫の結婚満足度に開きが生じ、妻は子育て期に満足度を著しく下げ、夫は暫定的に下げていく（伊藤 2015）というように、それぞれ異なる特徴が現れてくるのかもしれません。

その結果、妻と夫の双方が助けてほしいときに上手に援助を求め合い、親密な関係を培っていけばよいのですが、親密性を求めるタイミングがずれてしまうと、相手への期待をなくし、「その反動としてより一層仕事やボランティア活動にのめりこみ、子どもと密着して過保護になって」（藤田 2016）しまうのです。藤後ら（2018）による、母親を対象とした「地域スポーツに関わる母親のネガティブな体験」のインタビュー調査からも、父親が子どものスポーツに熱心になりすぎて、「パパと息子の関係に入れなくなる」というエピソードが聞かれました。藤田（2016）は、「課題達成や成果を重視する社会は、高学歴や優れた能力の習得が人生の幸福に直結するという価値観を絶対化する。そのため、子どもの世話や受験や習い事に力を注ぐことで子どもと密着し、「子どもと結婚した母」（柏木・平木 2009）が現在よく見られる」としていますが、もしかしたら子どものスポーツに関しては「子どもと結婚した父」も現れてくるのかもしれません。

さて、実際にどのようなことが夫婦間で起こりうるのか、その場合にどのように対応すればよいのか、ケースを通して考えていきましょう。

2　事例と対応——夫婦関係

事例1

家族旅行などを優先させるかどうか、夫婦で意見が合いません。

小学校五年生の息子は野球をやっています。チームではあと少しでレギュラーに固定しそうですが、最近、後から入ってきた同級生の方がよく打つようになり、きわどいポジションとなっています。同じ程度の実力の場合、コーチは練習や試合に休まず来ていることをレギュラー決めの参考にしているようです。夏休みは合宿が二回あり、土日はほとんど練習試合が入っています。息子はレギュラーになりたいようなので、ぜひすべて参加させたいと思っています。

ただ、これまで夏休みには毎年、私と夫の双方の実家に帰省しています。家族旅行も恒例行事として続けてきました。夫は今まで通りに帰省や旅行をしたがっていますが、野球を優先させるとそれが難しいのです。夏休みの野球の合宿について相談するとすぐに不機嫌になります。どうすればいいでしょうか？

《回答》　スポーツに本格的に関わるようになると、子どもの都合と家族の都合の調整が難しくなりますよね。パパは、家族やご実家を大切にしているのですね。その気持ちもぜひ受け止めてあげたいものです。さて、お子さんの状況ですが、楽しんで野球をしていて、お子さん自身がどうしても練習や合宿を休みたくないようなら、その気持ちをお子さん自身が家族に伝え、みんなで話し合ってみるとよいでしょう。お子さんの気持ちをくんであげながらも、ぜひご両親としては、長期的な視野に立ってあげてほしいと思います。

本格的に今後もスポーツを行っていくとしたら、中学、高校へと上がるにつれ、練習に割く時間は増え、家族の時間が減ってきます。また思春期に入ると、子どもと一緒に過ごしたいと思っても、子ども自身から敬遠されることも増えてきます。家族とゆっくり過ごせる時間は限られているのです。ですから、長期的に見て何が必要なのかをじっくりと家族で考えてみてください。家族で楽しい時間を過ごすことができて、家族への安心感、信頼感があると、お子さんが今後さまざまな問題にぶつかった際にも、家族に相談してくれることでしょう。チームや周囲との兼ね合いが難しいとは思いますが、一度夫婦でゆっくりと子育てでは何を大切にしたいかを整理しておくとよいでしょう。

事例2 スポ少にするかスクールにするか、夫婦で意見が合いません。

息子は小学校のスポーツ少年団でサッカーをしています。チームにはパパコーチが複数必要なようで、なるべくみんなにコーチをしてもらいたいと保護者代表のママから言われました。また、もしコーチができない場合は、積極的に車を出してもらいたいとも言われました。けれども、そもそも夫は仕事が忙しく、休日はゆっくりしたいようです。もしあまりに親に課される役割が多いなら、地域のスポ少ではなく、スクールに変えろと夫は言います。しかし息子は、友達がいるからスポ少がいいと言いますし、私もママ友が多くいるので、地域のスポ少の方がいいのです。私が代わりに車を出すと、周囲のママから「パパはどうしてるの?」といつも聞かれてしまいます。試合終了が遅くなり疲れて家に帰ってくると、夕飯の準備ができていないので、夫が不機嫌になっています。

私ばかりが大変で、悲しくなってきます。今後どうすればいいでしょうか?


《回答》 ある調査によると、夫婦げんかの原因で最も多いものは、「子どもに関すること」だそうです。子どもの習い事、子どもへの接し方、育児方針などがその最たるものです。

人付き合いが上手なパパだと抵抗感は少ないかもしれませんが、人付き合いが苦手なパパにとっては、多くの知らない人と交わることは負担なのかもしれません。またパパたちの中でも、子どもが習っている競技の経験者かそうでないか、またはもっと広くスポーツ経験者かそうでないかで、集団の中での立場が変わってくるとも言われます。

お子さんは楽しそうですので、スポ少を続けることは良いことだと思いますが、せっかくの機会なので一度、スクールなどの見学や体験をしてみてもよいかもしれません。選択肢が多い方が、可能性を広げてくれることにもつながります。まずはパパの気持ちをくみ取りながら、スクールにも見学に行ってみて、それでもスポ少がよいようでしたら、「I《アイ》メッセージ」を使って意見を伝えてみてください。Iメッセージとは、「私は」を主語とする伝え方です。「私は、子どもがスポ少だとうれしいわ」「私は、パパが一緒に応援に行ってくれるとうれしいわ」などの言い回しです。また、子ども自身がスポ少でサッカーを続けたい気持ちをパパに伝えられるように促してみましょう。

3　指導者との関係の難しさとは——研究結果から

ここからは指導者との関係についてみてみましょう。

①親の指導者への想い

指導者との関係性には悩ましいものがあります（大橋・藤後・井梅 2018）。子どもが師匠と呼べるような一生の関係を築ける指導者と出会うことができたならば、それはこの上ない幸せでしょう。またわが子がレギュラーに選ばれないとしても、わが子の良さをわかってくれ、温かく見守ってくれる指導者も信頼できます。一方で、指導者との関わりに納得できず、親子ともに傷ついていくこともあるのです。

小学生の保護者を対象としたインタビュー調査（藤後・三好ら 2018）では、子どものスポーツを通した親のネガティブな体験として、「コーチの暴言や罵声への不快感」「コーチの指導方針に納得できない」「行き過ぎた勝利至上主義」「コーチの選手の起用方法に関する不満」「コーチの指導力に不満」「チームを私物化するコーチ」「コーチによる「いじり」」などが挙がりました。この結果からも指導者との関係が難しい様相が見受けられます。

また残念なことに、指導者を含むチームのスポーツ・ハラスメントが強いと、親はより子どもに支配的になり、わが子中心主義を強め、結果的に子どものモチベーションを下げてしまいます（藤後・井梅・大橋 2017b）。指導者と親が良い関係をつくることは、子どもにとってよりよいスポーツ環境を整えるために重要となるのです。

②指導者の親への想い

指導者と親がより良い関係を結ぶには、指導者の気持ちを理解しておくことが必要です。

地域スポーツにおけるコーチの喜びと困惑を分析した大橋・井梅・藤後・川田（2017）によると、指導者たちがうれしいと感じる状況として、チームの勝利（二一・一%）と子どもの成長（三五・一%）が多かったのですが、親からの感謝も二・二%挙げられていました。一方、指導者がつらい・困難だと感じる状況として、親との人間関係（二二・七%）が最も多く挙げられていました。具体的には、「親からの文句や干渉」「親が熱心すぎる」「チームに関心を持たない親がいる」「保護者に気を遣うことがめんどくさい」などが示されました。このように、親からの感謝は喜びであるものの、過干渉などには多くの指導者がネガティブな思いを抱いているのです。

4 事例と対応——指導者との関係

事例3 監督やコーチを子どもが怖がります。

小学生の娘が柔道を始めました。学校の友達が柔道を習っていて、オリンピックで柔道の選手たちががんばっている姿を見て感動したようで、急に「柔道を始めたい！」と言い出したので、近所の道場を見学して通うことに決めました。

最初は楽しそうに通っていたのですが、女子が少ないので男子と練習することも多いらしく、最近楽しくないようです。また小学生女子で柔道を習っている人は少ないため、この道場から多くの女子が県代表などになります。そのため監督も厳しく、練習は緊張感あふれる雰囲気です。監督は身体が大きく、声にも迫力があるので、娘は自分から話しかけることもできず、ビクビクしながら練習しています。監督は礼儀や出席などに大変厳しく、娘が他の習い事のため遅刻すると強く叱責されてしまいます。一度監督と話し合おうと思ったのですが、そのようなことができる雰囲気ではありませんでした。また子どもの親たちは、その厳しい指導法などに陰で不満は言っていても、監督の前では愛想を振りまいています。

《回答》　友達と一緒に始めた大好きな柔道ですので、楽しく続けてほしいですね。監督は娘さんに見込みがあるのでついつい叱咤激励してしまうのかもしれません。また日本のスポーツの価値観の中には、「厳しいことを乗り越えること」を美徳とする風潮もあります。でも、まずは、娘さんが感じている「怖い」という感情をしっかりと受け止めてあげてください。そして練習を見学して、本当に怖い雰囲気かどうかを大人の客観的な目で確かめてください。怖い気持ちが続くようでしたら、娘さんがどうしたいかを一緒に考えてあげましょう。その際、もし娘さんが「やめたい」と言っても、責めることをしてはいけません。「やめる」「他の場所で習う」ことも最終選択肢の一つです。まずは、子どもの気持ちをゆっくりと聞いてあげましょう。

理解してくれる人がそばにいるだけで、元気になれるものです。踏ん張れそうであれば応援してあげるといいですね。もし仮に「やめる」という選択肢をとったとしても、必要以上に残念がるのではなく、この経験を生かしていくという未来展望的な視点に立ちましょう。そうでないと、親を悲しませてしまった自分を子どもは責めることとなります。

事例4　顧問の選手選抜の方法に納得できません。

息子は現在中学二年生で、バスケ部に所属しています。小学校からバスケをしていたので経験者です。同学年には初心者が多いのですが、野球やサッカーなど他のスポーツで活躍していた運動能力の高い子が多いです。彼らは活発でやんちゃな感じです。練習はまじめにやらずサボってばかりですが、顧問の先生からは気に入られており、試合にも優先して出してもらいます。息子のようにおとなしくてまじめに練習している子は、なかなか試合に出してもらえません。最近、部員の人間関係がぎくしゃくしています。息子は「部活に行きたくない」と言っています。

《回答》 まじめに練習している部員が報われないのは残念なことですね。保護者の方が「おかしいな」と思うその感覚は大切にしていただきたいと思います。これは子どもたちにとって考えるチャンスとなりますので、まずは息子さんの気持ちを受け止めながら、問題点を整理してみるとよいと思います。子どもはどの点に疑問を感じていて、どのようにしてほしいと思っているのかと。

息子さんの考えがまとまったら、それを息子さんが顧問に伝えたいかどうかを確認してみましょう。もし息子さんが顧問に伝えたいのであれば、どのように伝える方法があるかを一緒に考えてみるとよいでしょう。もし顧問が理解してくれなかったら、次にどうすればいいかなど、うまくいかなかったときのことを想定してみてもよいでしょう。また、視点を変えて、顧問の先生の立場に立って、試合に出られない子どもたちの問題点は何だろうかと考えてみるのもよいと思います。一方で、試合に出るために、バスケの実力を上げる方法として、どのような練習方法の

工夫があるかを考えてみるのもよいでしょう。今できることに集中することで、最終的に自分たちで道を切り開くことにつながることも多々あります。

まずは息子さんの気持ちを受け止め、解決方法を一緒に考えてあげて、子どもたち自身で解決できるよう手伝ってあげましょう。そして、「今子ども自身ができることに集中する」ことをお勧めします。このプロセスは、スポーツだけに限らず、今後さまざまな場面で、問題を解決する際にも活用できます。

ただ、ひいきというレベルを超えて特定の子どもへのバッシングや無視などがひどい場合は、大人として容認せず、先生や学校側と話し合ってみましょう。

事例5　外部指導員との関係で困っています。

子どもの中学校サッカー部のコーチは外部指導員で地域の方です。部員の中には知り合いも多いようで、仲の良い親や知り合いの子どもとはとても親しく距離が近いのです。たとえばこんなことがありました。通常、新入生は入学後の仮入部のときに部活動体験ができるのですが、外部指導員と仲の良い生徒が、小学校を卒業した春休みに特別に練習に参加させてもらっていたのです。コーチとあまり親しくない親からは、「不公平だ」と不満の声が上がり、子どもたちの間でも不公平感が広がっています。私は、部活動の保護者の代表なので、どうしたらいいのか困っています。

《回答》　保護者代表として気をもんでいることと思います。ただ、代表ということは、外部指導員との関係をつくりやすい立場だともいえます。外部指導員の方は、「入部前に体験したい！」という熱意に、よかれと思って応えてあげたと思っているかもしれません。また、思春期の中学生との関わりに苦労されていて、ついつい話しやすい親しい子どもや保護者の方と話してしまうのかもしれません。外部指導員の方と話をする中で、この方の気持ちを受け止めながらも、「春休みの体験が可能であれば、特定の子どもだけでなく、「入学前の体験可」ということを学校説明会の中で小学生に伝えてあげるとうれしいかもしれませんね」や、「いろんな部員もコーチと話してみたいと思っているみたいです。声をかけてあげると喜ぶと思います」などと提案するとよいでしょう。「公平性」という視点を持ちながら、外部指導員と部員たちのかけ橋となるように工夫してみてください。

5　子どものスポーツを通した親同士の関係

子どものスポーツには親も多くの時間、関わることとなります。子どもの送迎や練習や試合の観戦などを行う中で、他の親と過ごす時間も多く出てきます。また、地域スポーツや部活動での親の役割を通して、親同士の関係もつくり上げていきます。私たちは、この親同士の関係を非常に大切だと思っています。チームや教室全体の雰囲気には親の存在が大きく関係しているのです。

ドイツでは、クラブハウスを拠点として地域スポーツが展開されています。大人たちはクラブハウスでお茶をしながら楽しい時を過ごすそうです。日本でも試合の応援の間に喫茶店などでお茶をすることなどはよくあります。親同士の関係が豊かになり、子育ての仲間ができていく喜びは何ものにも代えられないものです。

しかし、人と人との関係が深くなるということは、トラブルも生まれやすくなることを意味します。そこで、私たちは親同士のトラブルやネガティブな体験にも注目してきました。なぜならば、スポーツ・ハラスメントにはベンチやチームの風土が大きく影響するからです。

子どものスポーツを通した親の否定的な経験の中では、「保護者同士のトラブル」「保護者へのいじめ・仲間外れ」「保護者が迷惑をかける」などが全体の一〇％を占めていました（大橋・井梅・藤後 2015；4章参照）。ママ友を中心とする子育て期の友人関係は、子どもの能力に関する嫉妬に加え、親の貢献感や負担感がともない、そのことが問題を複雑にするのです（藤後・井梅・大橋・川田 2014）。また親同士の直接的なトラブル以外にも、わが子への他の親からのきつい対応で傷つくこともあります。調査では、わが子が他の親から必要以上に叱責を浴びたという回答や、子ども自身が競技不安を高める理由として「他の親から文句を言われる」（藤後・浅井ら 2016）が挙げられているのです。

ここで、私たちには疑問が生じました。親たちは、どういう場合にチームの子どもたちに厳しい態度をとってしまうのかと。大橋・藤後・井梅（2017）は、心理学の場面想定法という方法を使い、子どもの競技レベルと親同士の関係を調整し、バスケとテニスそれぞれに選手がミスした場面のシナリオを作り、親たちがどのような言動を示すかという実験を行いました。すると、親同士が親しい場合は、競技力が高い選手がミスしてもあまり文句を言わないのですが、親同士が親しくないときには、競技力が高い選手がミスをすると攻撃的言動をとりやすいという結果となりました。つまり親同士の距離感が子どもへのハラスメントに影響を与えているのです。その他に、親自身の性格も関係していました。どんなタイプの人がハラスメント的言動を行いやすいのかを分析してみたところ、自己中心性が高かったり、人から嫌われるのではという不安が強い人が、より攻撃的な言動を行いやすいことがわかったのです（井梅・大橋・藤後 2017b）。

そしてやっかいなことに、親同士のトラブルを通した傷つき体験が、過去の傷つき体験の記憶を誘発することがあります。藤後・井梅・大橋（2017a）は、親自身の対人関係スタイルと過去の記憶の想起について分析しました。すると、子育て期のトラブル自体は、どんな対人関係のスタイルを持つ人もほぼ同じ量だけ経験しているのですが、人によっては子どもや親同士のトラブルを通して、過去に傷ついた経験の記憶がよみがえり、二重にも三重にも傷ついてしまっていることがわかったのです。

このような感情を一人で処理することはなかなか難しいものです。近年では、子育て相談なども充実してきています。愚痴を吐き出しに、ぜひ気軽にスクールカウンセラーや子育て相談を利用するとよいと思います。私自身、自分の子育てのペースメーカーとしてよくスクールカウンセラーに相談します。心理臨床の専門家であっても親子関係の距離感は常に気をつけていないと難しいものです。自分一人で抱える必要はありませんので、予防も兼ねて、少し煮詰まったと思った際には相談を活用するとよいと思います。
少し話がそれましたが、親同士のトラブルは子どもに影響を与えるのでしょうか。答えは「YES」です。前述したとおり、藤後・井梅・大橋（2017b）は、応援席のハラスメントも含むスポーツ・ハラスメントが親子関係に与える影響を調べてみました。すると、チーム内のスポーツ・ハラスメントの雰囲気が強まるほど、親はわが子に支配的にふるまってしまい、その結果、子どものモチベーションが下がってしまうことがわかりました。こうした場合には親の支配的な態度のみを責めるのではなく、その背景に大人同士の関係や応援席の雰囲気が関連することを忘れてはなりません。すなわち、ある特定の親の問題ではなく、親同士が協力し合って、スポーツ・ハラスメントを予防するような雰囲気、そして子どもたちのウェルビーイングを高めるようなプレイヤーズ・ファースト（player's first）のチームの雰囲気を意識してつくっていく必要があるのです。

6　事例と対応——親同士の関係

事例6　のんびりしたわが子、陰口を言われています。

息子は小学三年生です。マイペースでのんびりした性格です。友達と学校の昼休みに行ったドッジボールが楽しくて、地域のドッジボール少年団に入部しました。入ってから知ったのですが、そこはかなり強いチームで週末は練習や試合が毎週のようにあります。試合があるときは、分担して持ち帰ったチームの荷物を子どもたち自身が持って行かなければいけません。

息子はのんびりしていて忘れ物が多く、親が気をつけていても、試合会場に何かを忘れてきたり落としてきたりすることがあります。また試合中もすぐに集合しなかったり、勝手にトイレに行ったりします。ある日、試合の付き添いに行った際、他の保護者の方が「あの子、どういうしつけをされているのかしら。ちょっと迷惑よね」などと話しているのが聞こえてしまいました。前から保護者の視線が冷たいのには気づいていたのですが。

試合が始まると、息子はすぐにボールに当たってしまいます。コートの外に出てボールが回ってきても、ラインを踏んで投げてしまうなどミスが続きます。そのたびに「は～」というため息が周りから聞こえてきます。その場所にいることがつらくて、最近は応援に行くのも足が重いです。


《回答》 わが子への冷たい視線は親として大変つらくなりますね。お子さんが、集中することが苦手でチームの荷物などで迷惑をかけそうな場合、子どもにわかりやすいように工夫している様子を周囲に見せるといいでしょう。コーチには、たとえば絵カードなどを使って忘れ物がないかどうか荷物の中身を確認させていること、「試合などでざわざわした環境になると集中しにくいので、ちょっと静かなところに移動して話をしてくれるとありがたいです」などと、子どもの特徴と自宅での工夫を伝えてみるといいかもしれません。

一方、周囲のバッシングがあったとしても、子どものタイプによってはあまり気づかず、楽しく友達と過ごしている場合もあります。その場合は、親自身が周囲のネガティブな反応に影響されないように、少し離れたところで応援するのもよいでしょう。または、数名の気の合う保護者などと一緒に、まず先頭を切って温かい応援をしてみるとよいでしょう。お子さんだけではなく、他のミスした子に対しても率先して「ナイストライ。もう一回！　次いこう！」など、その場の空気をリードしていくこともお勧めします。それでもチームの風土を変えることが難しく、かつ子ども自身が傷ついているようでしたら、そのチームや空間にこだわることはないのかもしれません。

事例7　スポーツに対する親同士の熱量の違いに戸惑っています。

私は、子どもにスポーツを通して友達をつくってほしいと思い、軽い気持ちで地域のスポーツに子どもを入れました。最初はよかったのですが、そのチームが強くなっていくにつれて「スポーツに熱いママ・パパ」が増えてきたのです。

熱い親は、指導にも熱心です。試合中もすぐに指示を出しますし（もちろん禁止ですが）、練習中も動きの悪い子に対して批判的です。ともかくすべてを仕切ります。試合会場に行くときの配車は、「誰と誰が相性が良い（子どもだけでなく、親同士も）」と指示が入り、その通りにしないといけません。子どものプレーや生活についても苦情を言われるので、つらくなります。試合後はすぐSNSで連絡が回ってきて、本日の状況や注意事項が示されます。それを読むだけでもうんざりしますし、返信の仕方にも気を遣います。レギュラーの親が威張《いば》っており、また親が経験者だとコーチとの距離も近く、親とコーチが仲良くなれば、その子たちは試合にも出してもらえるようになっている気がします。なんだか親同士の関係に疲れてきました。

《回答》 1章でご紹介したように、スポーツを習う理由として多くの親は「体力をつけさせたいから」「友達を増やしたいから」と考えています。また部活動入部に関する調査からは、子どもたちの部活動参加の理由は「友達を増やしたいから」などが上位を占めています。しかしながら、子どもの活躍を望み、中にはそこに自分が果たせなかった夢を託している親もいます。負けず嫌いな子どもで体力にも恵まれていると、学童期には成果が出やすいものです。子どもが活躍すると親自身の評価が上がってくるように思い、さらに子どものスポーツにのめりこんでいきます。そうすると成果を求めすぎて、ミスをする子どもに冷たく、仕事が週末にありチームの手伝いができない親や応援に来れない親に対しても冷たい雰囲気がつくり出されていきます。

客観的に物事を見ることができて、すべての子どもの成長を願っているコーチがチームの中にいるとすれば、その人をキーパーソンとして相談してもいいかもしれません。また自分が必要以上に傷つかないように適度な距離をとり、他の保護者には、少なくともチームのために働いてくれている点に、「いつもありがとうございます」と感謝を伝えましょう。「返報性の法則」と言って、人は誰かに何かをしてもらったらその相手にも何かしてあげたいと思うものなのです。子どもが続けたいようであれば、親として負担のない程度の関係性を作りながら、様子を見ていきましょう。もしどうしても家族の価値観と合わないようでしたら、早めに他のチームに移籍することも検討するとよいでしょう。

事例8　発達障害のあるわが子に苦情が。

私の小学三年生の息子は、ＡＤＨＤと自閉スペクトラム症があると診断されています。お友達との会話などには問題はないのですが、衝動性が高く、すぐに走ったり、順番を抜かしたりしてしまいます。息子は水が大好きなので、スイミングを習うことにしました。事前にスイミングスクールに電話して子どもの特徴を話しました。「また断られるかな」と思っていたのですが、とても理解のあるスクールで、入会の許可をいただきました。子どもは毎週プールの時間が楽しみでウキウキしています。私が車で送迎をし、レッスンの時間は保護者用待合室で待っています。この場所は、鏡越しに子どもたちのプールの様子が見えるのです。息子は私を見つけるとニコニコと手を振ってきます。ただ、やはりお友達の順番を抜かしたり、プールからなかなか上がらずコーチから注意されることも多いようです。

ある日、いつものように座って眺めていると、横にいた親たちが「あの子、またうちの子の前に入ってきた。最悪」と話しています。私は聞こえないふりをしていたのですが、いきなり数名で話しかけてきて、「すみません。おたくの子、いつまでスクールに来るつもりですか？　うちの子嫌がっているんですよね。今までせっかく楽しかったのに、ほんと迷惑なんですよね。誰が入会を許可したんですか。障害があるんじゃないですか」などと、失礼なことをズバズバ言ってきます。親の目が行き届かない更衣室では、どうやら息子にいろんな子が意地悪をしているようです。ただ、息子はスイミングをやめたくないと言います。なんだか悲しくて、プールに息子を連れていくたびに私の胃が痛くなります。どうすればいいのでしょうか。


《回答》 とても心が痛む事例ですね。子ども同士のトラブルならまだしも、大人が配慮の必要な息子さんの悪口を言ったり、親を責めたりするのは、まさにスポーツ・ハラスメントそのものです。多様な子を受け入れることができない大人の社会は寂しいものです。

まずは、コーチに相談してみてはいかがでしょう。親同士のことにまで口をはさめないと言われるかもしれませんが、少なくとも、子ども同士のことに関しては、お願いできると思います。息子さんがプールサイドや更衣室で意地悪をされていないか、気を配ってもらえるようお願いしてみましょう。

他の保護者の方には、「ご心配いただいてありがとうございます。うちの子は水が大好きで、毎回プールに来ることを楽しみにしています。ご迷惑をおかけすることもあるかもしれませんが、どうぞよろしくお願いします」と伝え、適度な距離を保っておくとよいでしょう。その場にずっといる必要はありませんので、息子さんを送ったら、その場を離れるとよいかもしれません。コーチが理解してくれ、息子さんもスイミングを楽しみにしているようでしたら、遠慮する必要は全くありません。つらいでしょうが、他の保護者にはにこやかに挨拶のみして、子どもさんとの時間を大切にしてください。そして親自身がつらくなったら、支援センターなどの心理相談などで思いのたけを吐き出してください。大変なことがこれからもあるでしょうが、ご自身や息子さんの応援団を少しずつ増やしていけるといいですね。

8章

子どものウェルビーイングを高めるスポーツ環境を目指して

親ができることとは

ここまでは、ジュニアスポーツの現状と、子どもの心身の発達、心理学・スポーツ学からみた子どもとの関わり方について述べてきました。本章ではまとめとして、スポーツを通して子どもたちのウェルビーイングを高めるために、そして子どもが社会で活躍できるようになるために、親にできることについて改めて考えてみたいと思います。

1　サポーティブなチーム運営を目指して

まずは、「親が応援団になろう」という話をしたいと思います。その前に、本節の見出しにある「チーム」という言葉に引っかかりを感じる読者の方もいらっしゃるかもしれませんね。考えてみてください。多くのスポーツでは、複数の子どもたちが一斉に取り組みます。サッカーやバスケットボールなどのチームスポーツのみならず、テニスや剣道、水泳などの個人スポーツにおいても通常、複数の子どもが一緒に指導を受けます。心理学において、人は「社会的動物」と言われます。これには、私たちは、他の人たちの影響を否応なく受けて生活しているという意味合いがあります。あなたのお子さんには、ともに活動している仲間がいて、この仲間たちとあなたのお子さんが影響を与え合っていることを忘れてはいけません。

そして、スポーツをするのは子どもですが、応援席にいる親の態度もまた子どもたちのモチベーションやパフォーマンスに影響するのです。たとえば応援席からの声援や野次。ある大学生は中学時代の思い出として、ミスをしたときに応援席から出るため息がつらいからボールをすぐにパスしていたと述べています。また、失敗したときに、つい応援席を見てしまうと言っていた学生もいました。小学校時代のスポーツ経験について中学一年生（男子二〇一名、女子一三一名）に振り返ってもらった私たちの調査でも、嫌な経験としてチームの親集団のことが一定数挙がっていました。たとえば、男子の場合、約一六％が「自分のプレーに関して、チームの他の親から注意された」ことがあると、また約一一％が「試合中、「ばか！」「何やってるんだ！」など感情的にどなる親たちの声をきいた」ことがあると回答していました。また、男女ともに一〇％以上が「チームの親たちの目が気になった」経験があるそうです。

興味深いことに、多くのチームで、批判や攻撃的な態度はある特定の人のみが行うというわけではありません。たいていの場合、チーム全体にそのような傾向があります。明確に意識しているわけではないでしょうが、先輩親の態度を、新しく入ってくる親たちが引き継いでいくのです。攻撃的な応援態度を表立って問題視する人がいなければ、チームとして、「強いことがよい」「下手な子を非難してもよい」という勝利至上主義的な価値観を暗黙のうちに容認することになります。

ここには、心理学でいう「同調」、すなわち自分の意見や行動を他者に合わせて変える現象が起きています。1章4節でもご紹介しましたが、人を同調させる影響力には二つあります。一つは規範的影響で、他の人と同じ言動をとらないとまずいことが起こる、あるいは同じ言動をとればよいことがあるというように、損得のためにその行動をとるというものです。たとえば、何歳から子どもにスマホを持たせるかはよく議論になりますが、今時スマホを持たせないなんて子どもの安全に配慮しない親・固すぎる親などという否定的な評価を受けるかもと懸念して、周りの子が持ちはじめたのに合わせて自分の子にもスマホを買ったとしましょう。これは、スマホを買うのに同調しないと、それに伴う「まずいこと」があるので、それを避けようとして同調しているという、規範的影響が働いている例になります。もう一つは情報的影響で、何が正しいか自分でよくわからない状況において、多くの人が選んだやり方・ものならばおそらく正しいだろうと推定して自分も選ぶというものです。子どもにスマホを買おうかどうかという際に、他の親たちが買い与えているのを目にして、確かに持たせてよい年頃になったのだと判断して自分も買い与えるというのがその例です。

先ほど紹介した応援席での親たちの例に戻りましょう。まず、規範的な影響が働いている可能性は高いですね。なにしろ他の親たちみんな（実際は数名であっても緊張しているとそう見えてしまいがちです）が大きな声で声援を送っているものですから、声をしっかり出さないと「真面目に応援しない不熱心な親」だと他の親たちや指導者に思われてしまうかもしれないと恐れて、やたらと声を張り上げてしまうのではないでしょうか。これは、同調しないことによる不利益を避けようとしているので、規範的影響の典型例です。規範的な影響は仲が良い集団でより強いものなので、チームの親たちが知り合い同士で団結力が強い場合に特に注意が必要です。

情報的影響もまた働いている可能性があります。私のように自身に運動部経験がないケースはもとより、自分は運動部だったとしても、親としては初めて子どもの試合を観戦するときに、応援席でどのようにふるまうものかがそもそもよくわからないこともあるでしょう。そこで先輩親たちが攻撃的な応援をしていれば、子どもの試合であってもスポーツの応援とはこのようなものなのだと理解し、同じような応援の仕方をする（つまり同調する）のはとても自然な流れです。大人げなく怒鳴っている姿があっても、複数の人がそのようにしていて、しかも誰も問題視していなければ、少し違和感があったとしても、大人も感情を出した方がよいとか、少しきつい言い方の方が子どもたちは鼓舞されるものだなどと考えてしまうかもしれません。

私たち親は、自分の子どもの応援団であるだけではなく、そのチームの子どもみんなの応援団となることを心がけましょう。そして、そのときの応援は、誰から見ても「ポジティブな」ものにしてほしいと思います。

では、どのような応援がよいのでしょうか。まずは、試合や練習に顔を出すことが一番だと思います。特に年少のお子さんは、何だかんだいっても親御さんが自分の活動に関心を持っていることがモチベーションに直結します。また親としても、家庭の外で、他の子どもたちや指導者との関係の中で子どもがどのようにやっているのかが見えるのは楽しいもので、食卓での会話も弾むことでしょう。ただ、子ども（特に小学校高学年以上）の中にはあまり応援席で騒がしくしないでほしいという気持ちをもつ子もいますので、試合がうまく進んでいるときもはしゃぎすぎず、節度ある応援を心がけた方がよいでしょう。

ミスしたときがもっと問題ですね。最近の親子関係は風通しが良くなっていて、個人的な感情（落胆、失望）を表情に出すことも良しとされています。そのため、「なにやってんだ！　しっかりしろ」など攻撃的ともとれる声かけをしたりする人がいます。このようなはっきりしたネガティブな態度は、鼓舞になることもありますが、傷ついてしまう子も多いものです。自分のお子さんがこのようなやや攻撃的な声かけでがんばれるタイプだったとしても、他の子もそうだとは限りません。しくじったと一番感じているのは本人ですから、それ以上周りが責める必要はないのです。「ドンマイ」と気持ちを楽にするような発言や、「次来るよ」「切り替えていこう」のような前向きな発言がお勧めです。

親たちが仲良く応援している姿は子どもたちのパワーになりますし、チームの雰囲気にも影響を与えます。積極的に声をかけ、居心地のよい「集団」を作り上げていくようにするとよいでしょう。

親や仲間の持つ影響力は、日本をはじめとする東アジアでは特に高い可能性があります。アメリカやヨーロッパでは、自分は周りの人たちからは切り離された独立の存在であるととらえる相互独立的自己観が優勢なのですが、東アジアでは、自分は他の人たちとは切り離せない存在だととらえる相互協調的自己観が優勢だと文化心理学では論じられています（Markus & Kitayama 1991）。つまり、重要な他者に囲まれ影響を受け合っている自分という人間観を持っているため、周りの人たちの価値観や意向の影響を受けやすいと言われているのです。

子どもを介した人間関係には難しいところもありますが、「ママ友」という言葉があるように、友人になれることもあります。この歳になって新しく友人ができるのは楽しいし心強いことでもあります。共通の趣味である子どもたちのスポーツを通して、ぜひ実りある関係を築いていただけたらと思います。

2　親自身の学ぶ力を高める

子どもたちのスポーツを通して、親も子も人間関係が広がる楽しさや成長を味わえるとよいですね。ここでは、スポーツを通した子どものウェルビーイングを高めるために親自身に何ができるか、そして、親自身のウェルビーイングを高めるために何ができるかについて考えてみたいと思います。

①親自身の自己理解

私たち自身の過去の経験は、スポーツを通した子育てに影響を及ぼします。たとえば、私たちがどんな育てられ方をしたか、どんな風にスポーツと関わってきたかなどです。みなさん自身が経験から、たとえば「一度始めたら最後までやり抜くことの大切さ」という価値観を培ってきたのであれば、プライドをもってその価値観を大切にしていただければと思います。その一方で、もし自分が大切にしていることを子どもに伝えたいのであれば、その価値観や行動が本当に子ども自身のウェルビーイングを高めているのかどうかを振り返る必要があります。子どものためと思って怒ったことが、きちんと子どもの心に届いているかどうか。子どもにやってもらいたいと思っていることは、本当に子どもがやりたいと自分自身で決めたことかどうか。親自身の価値観を押しつけているのではないかということです。

6章でも説明したように、親子関係においてこそ、「課題の分離」が必要なのです。人の課題を肩代わりすることはできませんし、他人の領域に入り込むこともできません。たとえば、子どもがミスをしてしまいチームは試合に負け、レギュラーから外されて落ち込んでいるとします。親として何とかしてあげたい気持ちはやまやまですが、レギュラーから外されて「困っている」のは、子どもです。子どもの課題は、子どもが背負うしかないのです。親としては、子ども自身が課題を背負えるように解決に向けて工夫できることを一緒に考えてあげることはできます。しかしそこまでです。後は子ども自身の力を信じて応援しましょう。そしてまた失敗したら、一緒に考えてあげればいいのです。これをくり返しながら子どもは自立していきます。失敗しても次に向かって工夫すればいいのですから。失敗が怖くなくなり、どんどんチャレンジできるようになっていきます。そのためにも親自身が自分の傾向を把握して、「課題の分離」ができているか、つい相手の領域に踏み込んでしまうのはどんなときかと意識することが大切となります。

②親のためのメンタルトレーニング・ワークシート

私たちは、3章で紹介した森田療法を活用して、子どもがスポーツを行っている保護者向けにメンタルトレーニング・ワークシートを作成しました。

これは、スポーツ場面で遭遇する出来事などを通しながら、子ども理解、コーチ理解、自己理解という順序で、ワークを通しながら考えていくように作られています。図8・1のような内容です。無料でダウンロードできますので、ぜひ活用してみてください。

6章でも述べましたが、子どものスポーツについつい私たち親は一生懸命になってしまい、子どもの小さなミスに目が行きすぎたり、コーチの戦術がとても気になってしまったりということがあります。また試合前後に子どもにどんな風に声をかけたらいいのか、戸惑うことも多いと思います。このワークシートは、子どもやコーチの行動の背景を理解するように工夫されています。また4章で扱ってきた親自身の自己理解を深める方法も書かれています。

現在、私たちのウェブサイトでは、この保護者向けのワークシートだけでなく、選手用のメンタルトレーニング・ワークシート、指導者用のワークシートなどが無料でダウンロードできるようになっています。また、私たちがつい起こしてしまう熱心すぎる行動（不適切な行動）の動画を三つ、例として載せています。この動画は私たちの研修でよく利用するのですが、「人の振り見て我が振り直せ」というように、多くの保護者の方が「私みたい……」と反省してくれます。こちらも無料で視聴することができますので、ぜひ皆さん方の勉強会などに活用していただければうれしいです。

保護者向けワークシートの最後には、森田療法のエッセンスも加えて次のようなコメントがありますので、参考にしてみてください。

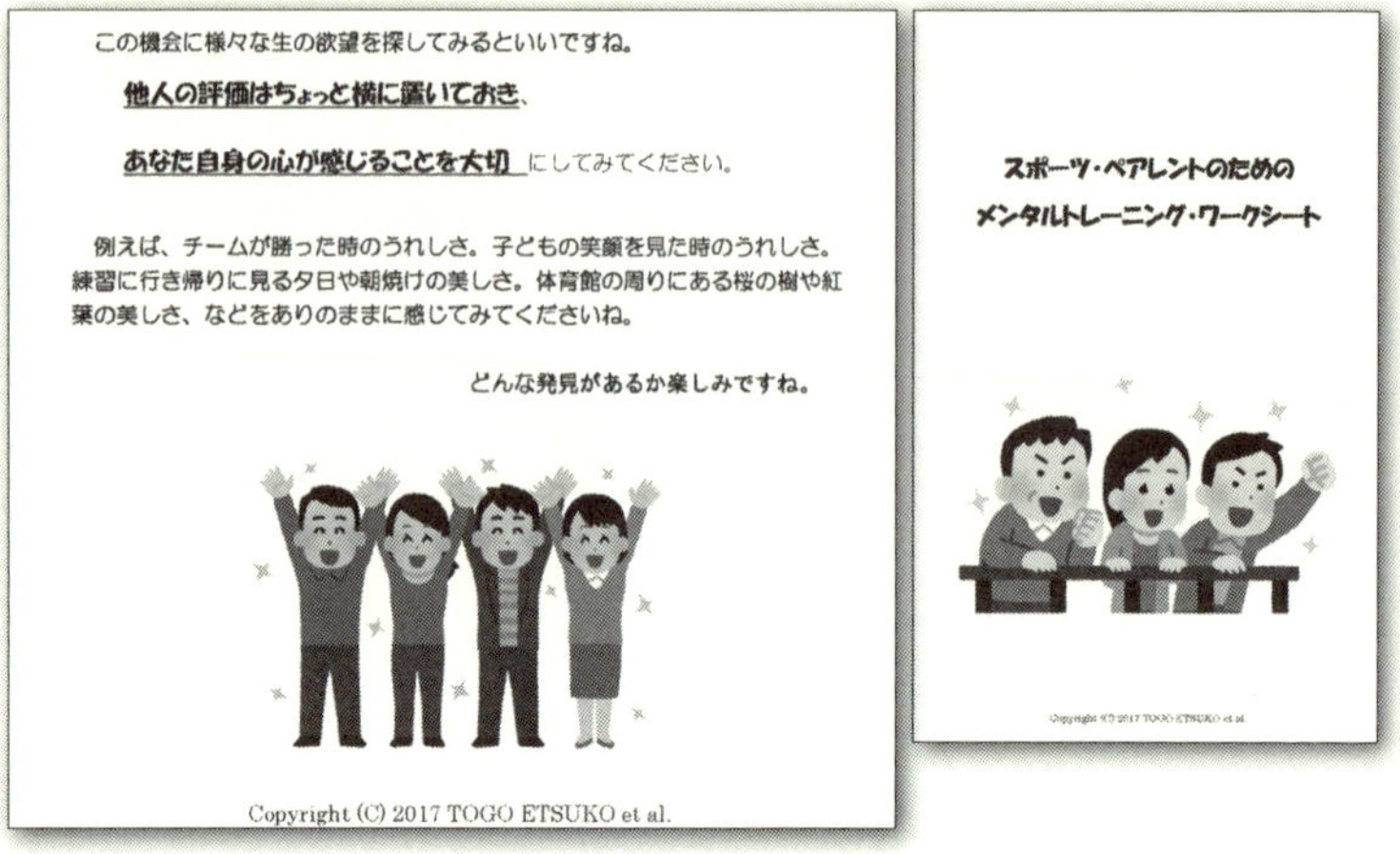

図 8.1　スポーツ・ペアレントのためのメンタルトレーニング・ワークシート（https://togotokyo101.wixsite.com/mysite/1 よりダウンロード可能）

編著者のウェブサイト「子ども達のよりよいスポーツ環境の構築に向けて～ Player's First ～」トップページ（https://togotokyo101.wixsite.com/mysite）

他人の評価はちょっと横に置いておき、あなた自身の心が感じることを大切にしてみてください。例えば、チームが勝った時のうれしさ。子どもの笑顔を見た時のうれしさ。練習の行き帰りに見る夕日や朝焼けの美しさ。体育館の周りにある桜の樹や紅葉の美しさ、などをありのままに感じてみてくださいね。

③親が学べる環境

幼稚園・保育園・小学校・中学校・高校では、よく家庭学級などの子育て講座が開かれています。また教育場面以外にも、市区町村においてもいろいろな講座が開かれています。ここでご紹介するのは、子どものスポーツに関する講座です。

●ＰＣＡ（ポジティブ・コーチ・アライアンス）の実践

実は、子どものスポーツにおいて親たちで学んでいこうというペアレンツ教室や研修会があるのです。４章でもご紹介したＰＣＡ（Positive Coaching Alliance）は、各スポーツ団体と協働して多くの研修会や勉強会を開いています。スポーツチームに所属する子どもの親を対象とした研修会では、親としてどんなふるまいをすべきか、子どもに対してどんな接し方をすればよいかなどを学んでいきます。ＰＣＡの活動は全世界で行われていますが、日本でもその活動は徐々に広がっているようです。東京や大阪を中心に誰もが参加できる勉強会が開かれていますので、ぜひ参加してみてください。

●株式会社エルトラックのペアレンツ教室の実践

次に、親の学ぶ機会づくりに力を入れている団体の一つ、「株式会社エルトラック」の実践を紹介しましょう。この会社は、東京・千葉・埼玉・神奈川を中心にバスケスクールを経営しており、「より多くの子ども達になりうる最高の自分を目指す環境を提供する」ことを企業理念としています。子どもたちの環境には、「親」も当てはまります。そこで、親を対象としたペアレンツ教室を二〇一七年度にスタートしました。栄養、シューズの選び方、子どもとの接し方などについて、各分野の専門家を招き、子どもの送迎で体育館に来ている親を対象に、講義やワークを提供しています。二〇一九年度のラインナップは、食生活の栄養講座、シューズの選び方講習、子どもとの接し方、身長が伸びるメカニズム講習、家族での人生設計講習だそうです。子どものスポーツを、単に「勝利」「競技」などのキーワードだけでとらえるのではなく、もっと広く、「最高の自分」を目指すこととらえた幅広い講座となっています。

私たちは同社で、子どもとの接し方を伝えるため、子どもとの関わり方やメンタルトレーニングという視点からペアレンツ教室を担当してきました。練習に送迎に来ている保護者を対象に、あるときは下の写真のように体育館の脇で講座を実施しました。内容は、「子どもの権利とスポーツの原則」を紹介しながら、「スポーツを通した子どもの幸せ」のために親は何を

体育館の片隅で行われているペアレンツ教室（株式会社エルトラック）

できるかをグループで話し合ったり、不適切な対応ビデオを流して感想を話し合ってもらったり、スクールの子どもたち約二百名から聞いた調査結果を伝えたりというものです。二〇一八年度に私たちが実施したペアレンツ教室に参加した二八名の感想では、「子育ての振り返りができた」「今後の子育てへの方針に参考になった」などが挙げられており、子どものスポーツを通した親子関係や親同士のコミュニティづくりにも効果が見られています（表8・1、藤後・大橋・井

表 8.1　研修後の自由記述の内容分類

大カテゴリー	小カテゴリー	件数	(%)
1. 子育ての振り返り	気づき	8	(16.7)
	反省	7	(14.6)
	考える機会	1	(2.1)
	気持ちが楽になった	1	(2.1)
	自己理解への気づき	1	(2.1)
	小　計	18	(37.5)
2. 今後の子育てへの指針	接し方や言葉かけに気をつける	6	(12.5)
	温かく見守る／温かく応援したい	4	(8.3)
	子ども主体を再認識する	2	(4.2)
	良いところに目を向ける	1	(2.1)
	勝ち負けにこだわらない	1	(2.1)
	ゆっくりと話をきいてあげる	1	(2.1)
	悩みの解決につながった	1	(2.1)
	その他	1	(2.1)
	小　計	17	(35.4)
3. 意義	参考になった・役にたった	6	(12.5)
	意義があった	1	(2.1)
	こういう機会があってよかった	1	(2.1)
	小　計	8	(16.7)
4. 今後の活用	共有したい	3	(6.3)
	講義を希望したい	2	(4.2)
	小　計	5	(10.4)
合　計		48	(100.0)

梅 2019)。

具体的な感想を見てみましょう。

- スポーツを楽しく子どもが幸せになるためには、どうすればよいかということを改めて考えてみたことがなかったので、今回参加して考える機会ができてよかったです。自分も含め、生きていくうえで楽しいのが一番だと思うので、これからもあまり口を出さず、子どもを応援していきたいと思います。ありがとうございました。(四十代女性)
- 私自身が親の過干渉と否定の影響で自信がなく、子どもとの関わり方に悩んでいたので、とても有意義なお話を聞くことができ、うれしかったです。(三十代女性)
- スポーツを観戦するとどうしても勝ち負けや、できなかったところに目が向いてしまうので、本人のがんばっているところにもっと目を向けてほめてあげることが必要だと改めて思いました。(四十代女性)
- 思春期に入り、ついけんかになることが多いのですが、ゆっくり話を聞いてあげる時間も大切だと改めて思いました。(四十代女性)
- スポーツを通してのいろいろな経験は本当に大事だと思います。元のスポーツクラブで自信を失くさせてしまい、これから今日の講義を思い出しながら、いい言葉かけをしていってあげたいです。(四十代女性)
- いろいろと話を聞けて気持ちが少し楽になった気がします。こういう機会があってよかっ

たと思いました。（三十代女性）

•すごくすごく気づきがありました。少年団の保護者とも共有したいです。主役は子ども全員。親に必要なものは温かい応援ですね。（四十代女性）

•とても参考になりました。やってはいけないことがほとんどあてはまり反省しています。夫にも帰ったら伝えたいと思います。（四十代女性）

ペアレンツ教室は一回の短い研修会ですが、このように保護者の方はそこから多くのことを学んでくれています。大人自身が学び、よりよい環境を子どもたちに提供してあげることができるといいですね。

●R&Bラグビークラブの実践
――「楽しむ・怒鳴らない・問いかける・考えさせる・気づかせる」指導方針を保護者と共有

東京の多摩地域で活動しているR&Bラグビークラブは、帝京大学ラグビー部が運営のサポートを行っています。二〇〇二年に設立し、二〇一〇年に現在の指導方針が確定しました。その内容は、本クラブの目標を子どもたちの「成長」とし、①怒鳴らない、②問いかける、③考えさせる、④気づかせる、⑤楽しむ、という五つを方針とするというものです。このチーム方針には、序章で触れた「子どもの権利条約」が大切にしている要素が盛り込まれています。この指導方針を掲げた後から、入部希望者がどんどん増えているそうで、現在（二〇一九年五月）、チームの子どもたちの数は一二三人となっています。

R&Bでは、入会前に、代表が保護者に対する説明会を実施します。その際、①グラウンド内と往復の車内などで、子どもにネガティブな言葉は言わないでほしいこと、②良かったところを見つけてその良かったところを伝えてほしいこと、を伝えるとのことです。説明会はグラウンドで練習を見ながら行い、コーチが怒鳴ったりしていないのを保護者は目の前で確認します。

R&Bでは、具体的に子どもとどのように関わればよいかを教えてくれます。子どもが練習に参加しない、コーチの話を聞かない、親から離れないなどは、親にとってはストレスかもしれませんが、「できないことを気にしなくていいです！」と伝えているそうです。

代表の檜谷《ひのたに》亜樹さんは次のように熱く語ってくれました。「失敗を気にするよりも、練習に参加している、コーチの話を聞いている、ラグビーしている、というように、できていることに注目しましょう。子どもはできないことの方が多いものです。ラグビーは得点にならなければ、どこかで相手ボールになっているわけです。それは、ミスしているということです。つまり成功よりも失敗が多いのがスポーツです。失敗から学べるのがスポーツです。「できないことは悪いこ

R&B ラグビークラブ・スクールのウェブサイト（トップページ）

グラウンドでは絶対子どもを叱らないで下さい。
グラウンドの行き帰りも、ラグビーのことでお子さんを絶対叱ったり注意しないで下さい。ぜひともお願いします。
NGワード「もっとちゃんとしなさい」「恥ずかしい」「ダメでしょ」「タックルしろ」等々

R&Bは週1回のスポーツの場です。
毎日の幼稚園、保育園、学校とは違います。子どもを叱る、否定する、怒鳴る必要は一切ありません。
どうか、子どもたちを楽しませてあげましょう！

どうか保護者の皆さんもグラウンドでは気持ちにゆとりを持ってお子さんと接していただきたいと思います。きっと子どもたちのとびっきりのかわいい表情、嬉しそうな表情が見れると思います。

図8.3　R&B入会のしおりより

とではない」ということを伝えています」。R&Bラグビークラブの入会のしおりの一部を紹介します。「保護者の皆様にお願い」として、図8・3のようなメッセージが書かれています。

その他にも、日常の練習の様子を見て気になることがある場合は、メールで保護者にメッセージを投げかけることもあるそうです。子どもの成長を願って、保護者とコーチ陣が一緒になってチームを作っていく姿勢はとても参考になります。

近年、徐々に親も学んでいこうという気運が確実にスポーツの分野の中で広がってきていると思います。ぜひみんなで一緒に、子どものウェルビーイングと私たち親自身のウェルビーイングを高めていきたいものです。

④さまざまな子どもを理解する

もう一つ、私たち大人ができることを提案したいと思います。それは、さまざまな背景を持つ子どもたちを受け入れる寛容性や柔軟性を身につけることです。「多様性」とは、今後の時代のキーワードです。多様であるからこそ、創造的な社会が出来上がっていくことでしょう。楽しみな時代です。そのためには、「多様」な子どもたちを締め出すのではなく、まずは大人が受け入れることが必要です。

スポーツにおいて「多様」とは、どのようなことが考えられるでしょうか。たとえば、現在さまざまな国の子どもたちが日本で暮らすようになってきています。もしかしたら言葉もまだあまり通じない子どもたちもいるかもしれません。また、子どもの特性という視点から考えると、文化や価値観が違う子どもたちもいるかもしれません。衝動性が高い子や他者理解に時間がかかる子、ワーキングメモリーが少ない子、感覚過敏のある子など、さまざまな特徴のある子どもがいます。経済的な状況や家庭の文化なども、子どもによっては違いがあるかもしれません。

たとえば、発達に課題があるお子さんの例を挙げてみましょう。スポーツ場面において、子どもたちの気になる行動としては、「いつも忘れ物をする」「順番が待てない」「言われたことがすぐにできない」「大人が話しているのにキョキョロとよそ見ばかりする」「失敗するとふてくされる」「負けると人のせいにする」などが挙がってくるかもしれません。その場合、大人がその子を何度注意してもできない子として見るのではなく、「なぜそんな行動をするのかな」とその背景を探ってあげてほしいと思います。これは、子ども同士では難しいかもしれませんので、ぜひ大人が率先してやってみてください。その際、「大人の学び」として、「発達障害」や「神経発達症群」の知識があるとよいでしょう。

もし適切な知識があれば、子どもの行動を「問題行動」としてとらえるのではなく、「困っている行動」としてとらえることができます。なぜその子が困っているのかを考えてみましょう。たとえば、忘れ物をするということは、「記憶することが難しいのかな」と。いつも話が聞けないというのは、「目に入ったものに注意が奪われてしまうのかな」と。また、すぐにお友達に手が出てしまうのは、「感情をコントロールすることが苦手なのかな」と、いろいろな可能性を考えることができます。そして、その可能性に基づいて工夫できないかを考えてあげてください。忘れ物が多いようでしたら、写真や絵で伝える。初めての試合会場でキョロキョロしていたら、スケジュールが目で見えるように確認ボードを作るなどです。私たち大人が「学び」を通して得た知識を活用して「工夫」する姿を、ぜひ多くの子どもたちに見せてあげてほしいのです。

発達に課題があるために、コーチから「なんでお前は何度言ってもわからないんだ！」と怒鳴られたり、他の親たちから「あの子がいると迷惑だよね。試合に勝てなくなっちゃうよね」などと陰口を叩かれたという話を残念ながらよく耳にします。こうした大人たちの不適切な発言を子どもたちはちゃんと聞いていて、試合中ミスした仲間に大人と同じようなセリフで「役立たず！」と言ったりするのです。

ヘレン・ケラーの家庭教師であるサリバン先生の名言です。「知識は愛であり光であり、未来を通す力なのだ」と。ぜひ私たち大人が学び、すべての子どもたちを温かく包んであげたいものです。発達に課題を持った「気になる子」の理解や対応方法については、私が『ジュニアスポーツコーチに知っておいてほしいこと』（大橋・藤後・井梅 2018）の第6章に詳しく書いていますので、お読みいただけると幸いです。

いろいろな子どもがいるからこそおもしろいのです。それぞれの子どもに合わせた対応の仕方は、本書では触れませんが、スポーツで子どもたちと関わる際には、「子どもたちは生き生きできているかな?」「子どもたちは楽しめたかな?」「子どもたちには伝わったかな?」「子どもたちの力を引き出せてあげたかなあ」など、まずは子どもの視点に立っていただきたいと思います。子どもたちの視点に立つと、見えなかったことも見えてきます。子どもたちに伝わる工夫、子どもたちが安心してスポーツと関われる環境を提供する工夫。これは私たち大人にしかできないことです。ぜひみんなで協力して、子どもたちを中心としたスポーツ環境を提供していきましょう。

⑤親自身の生涯スポーツを!

最後になりますが、子どもたちにスポーツを推奨することと同時に、私たち自身も生涯スポーツを見つけていきたいものです。テニスでも水泳でも、私のようにウォーキングやラジオ体操などでもかまいません。スポーツを通した人とのつながり、スポーツを通した健康な体と健康な心づくり。大人がロールモデルとなって、子どもたちに伝えていきたいものですね。

ドイツでは、何人かの方が「スポーツをやめる機会がない」と話してくれたことが印象的でした。ドイツは、クラブハウスやクラブチーム文化が盛んであり、小さい頃から、クラブハウスを中心としたスポーツを通したコミュニティづくりが盛んになされています。成長過程に合った時期にニーズに見合うチームに所属してスポーツをし、ニーズが変わったら単に別のチームに移ってプレーするだけ。シンプルです。ぜひ私たちも生涯にわたってスポーツを通した豊かなコミュニティづくりを行いたいものです。スポーツを通して個人のウェルビーイングを高めるとともに、社会のウェルビーイングを高める。これが私たちの理想とする「スポーツで生き生き子育て＆親育ち」だと言えます。

みんなでスポーツを楽しみましょう！

「年中無休、予約なし」の健康スポーツ、ラジオ体操!!

コラム11　子どもの三六〇度を支えるクラブチーム

ドイツのハイデルベルクに、アンティフ（Antifi）という新しいスポーツクラブがあります。このクラブは、サッカーをメインとしており、サッカーというスポーツだけではなく、三六〇度にわたり子どもを支えるという理念を掲げています。スポーツ、勉強、キャリア、社会性を獲得することを目的としているのです。子どもは、スポーツと一緒に学習の時間も確保されます。学校の試験を目標に勉強のプランを立てて、集団や個別で勉強します。

写真のコーチは、キャリアと勉強を担当しており、年に数回子どもと保護者とでキャリアについての個別面談を行います。この三者で、子どもの夢や、子どもたちの得意・不得意について話し合うそうです。

興味深い出来事がありました。それは、クラブに通う子どもが学校で不適応を起こした際、このコーチが学校に付き添い、親の言い分と先生の言い分、そして子どもの言い分を

スポーツクラブ「アンティフ」のコーチ（ドイツ、ハイデルベルク）

まとめ聞いて、整理する役割を担ったというのです。そんな経験が数回あるとのことでした。

彼は子どもの将来のためにお手伝いがしたいのだと情熱的に話してくれました。クラブが、地域のサードスペースとして機能しており、また単に場所を提供するのみでなく、問題が発生した場合にコンサルテーションをも担っている事例です。

スポーツを通してウェルビーイングを高めるという本書の視点からみて、スポーツと勉強の両立、スポーツでの信頼関係を通じて問題解決のコンサルテーションをするという流れは、大変興味深いものでした。

「アンティフ」の勉強スペース

コラム12 **フィリピンのバスケットボール――大人がロールモデル**

フィリピンでは、バスケットボールが大変盛んです。出会った人にバスケの話をふると、ニコニコしながらバスケについて話してくれます。それほどバスケが大好きな国民なのです。村には無料の体育館があり（右の写真）、誰でも利用できます。村主催のバスケ大会が年に一回ほどあり、友達同士やご近所さん、親戚同士などでチームを組んで試合に臨むそうです。大会は約一週間続き、村対抗になると夜まで大いに盛り上がるそうです。

大会は子どもではなく大人がメインです。子どもたちは大人の姿を見て憧れ、村の体育館で練習したり、ストリートの手作りゴール（左の写真）で遊びながらバスケをしたりしています。中学から学校の部活動で本格的にバスケを始める人もいますし、部活に入らない場合は、地域のお祭りに友達とエントリーしたりします。部活の子も友達と地域の大会にエントリーできます。

村の体育館とストリートのバスケットゴール
（フィリピン、右／バコロド市、左／マニラ市）

いずれにせよ、地域でのバスケが盛んで、一生プレーできる環境が整っているのです。だからこそ、どの年代の人も生き生きとバスケをしており、大人が子どものロールモデルとなっているのです。

コラム13 よりよい親子関係に向けて――心理教育絵本『けんちゃんとサッカーボール』

　本書では、スポーツを通して、子どもが豊かな人生を送れるようになるために、親として何ができるのかを皆さんと一緒に考えてきました。親は子どものことを一生懸命考えているにもかかわらず、日々の親子関係の中で、ふと子どもと親の心が離れていくことが生じてきます。そうしたときに、立ち止まって、子どもの気持ちに寄り添うことができたらなと思い、本書の編著者三人で『けんちゃんとサッカーボール』という絵本を作りました（2020年春刊行予定）。

　この絵本には、保護者の皆さんに届けたいメッセージが含まれています。絵本を通して、子どもがスポーツを始めた原点を思い出して、親は、温かく見守りながら応援することが最大の援助なんだということに気づいていただければうれしいです。

『けんちゃんとサッカーボール』（作：藤後悦子、絵：YOSSAN）

　またこの絵本には、お子さんに届けたいメッセージも含まれています。もしスポーツをはじめとする何かに行き詰まって苦しくなったら、身の回りにある自然や別の世界にちょっと目を向けてほしいと思っています。何か今までとは違った世界が見えてくるかもしれません。周りの期待は少し横に置いておき、自分の自由な心を大切に、進みたい道に向かって自信をもって歩んでくれることを願っています。本書と一緒にご活用いただければと思います。

おわりに

本書を最後までお読みいただき、ありがとうございました。

この本の構想は、今までずっと温めていたものです。保育カウンセラーとして、そして親として、保育の場での子どもの育ちを見守ってきました。子育て支援でいろいろな保護者の方々と関わっている中で、一生懸命に子どものためとがんばっているのにその方向性が少し違ったり、子どものためと思えば思うほど子どもが離れていってしまう現状や、夫婦間の葛藤、指導者との関係の難しさ、親同士の関係の難しさなどを目の当たりにしてきました。保育、スポーツ、学校、地域、家庭という異なる五つの領域に関わりながら、「保育の中で大切にしている子どもの育ち」「学校の中で育つ子どもたちの姿とスクールカウンセラーとして感じた疑問」「スポーツの中で感じた喜びや疑問」「街づくりや社会教育委員会の経験」をつなぐことはできないかと思い続けていました。

子どもの育ちを支えるヒントとなるものが、コミュニティの力を生かしていくというコミュニティ心理学の視点と、フィンランドで出会ったウェルビーイングという考え方、そしてデンマークで出会った大人の学校のフォルケホイスコーレでした。大人自身が皆で今の課題を共有化して、行動を起こしていくためには、私一人だけの力では全く及ばず、井梅、大橋とともに研究者として子どもにまつわる問題を顕在化し、社会貢献を目指してきました。

その中で、東京未来大学の篠原先生、泉先生、須田先生のご支援を得ることもできました。この場をお借りして感謝申し上げます。三人の先生とともに、専門家としても実践家としても素晴らしくいつか一緒にお仕事をしたいと思っていました。また常に子どもに最高の環境を与えることを実践してきている株式会社エルトラックの皆さん、R＆Bラグビークラブの檜谷代表、ドイツで親身にクラブ文化を案内してくれたバルシューレやアンティフの皆さん。写真の提供を快く快諾していただいたわらしこ保育園の皆さん、安田さん、お子さんの写真を提供してくれた立道さん、京面さん、加藤さん、増田さん、阿部さん、田之倉さん、若月さん、中野さん、藤本さん、佐藤さん、若葉台ラジオ体操の皆さんにも、この場をお借りして感謝申し上げたいと思います。

末筆になりますが、私たちが日本心理学会で突然声をかけさせていただいたにもかかわらず、じっくりとお話を聞いてくださり、本書の刊行をお引き受けくださった福村出版の宮下基幸社長と、時間をかけて編集していただいた吉澤あきさんには心より感謝申し上げます。そして最後に、私たち三人に学びの機会を与えてくれたそれぞれの子どもたちに感謝します。

執筆者代表　藤後悦子

(1)、81
東京都教育委員会（2016）「アクティブプラン to 2020 ―― 総合的な子供の基礎体力向上方策（第3次推進計画）について」http://www.metro.tokyo.jp/INET/KEIKAKU/2016/01/70q1s100.htm
友田明美（2011）「児童虐待が脳に及ぼす影響」『脳と発達』43(5)、345-351
上野耕平・中込四郎（1998）「運動部活動への参加による生徒のライフスキル獲得に関する研究」『体育学研究』43(1)、33-42
上野千鶴子（2019）「東京大学　平成31年度東京大学学部入学式　祝辞」https://www.u-tokyo.ac.jp/ja/about/president/b_message31_03.html
鷲野薫（2016）「少年院の現状と課題 ―― 少年院法の改正を受けて」『早稲田大学社会安全政策研究所紀要』9、97-113
Wiersma, L.D. & Fifer, A. M.（2008）The schedule has been tough but we think "it's worth it": The joys, challenges, and recommendations of youth sport parents. *Journal of Leisure Research*, 40, 505-530.
山岸俊男（2002）『心でっかちな日本人 ―― 集団主義文化という幻想』日本経済新聞社
山口平八・清水フサ子（2016）『子どもの「手づかみ食べ」はなぜ良いのか？』IDP 出版

2018/06/12/1403173_2.pdf
田島誠・門利知美（2015）「競技スポーツとハーディネスの関係 ―― 国体強化指定ジュニアアスリートと一般大学生の比較」『川崎医療福祉学会誌』25(1)、143-148
谷川祐美・鳥海弘子（2019）「0歳児クラスにおける良質な睡眠へのアプローチ」『第30回全国保育園保健研究大会抄録・報告集』21-23
武田大輔（2008）「指導と心理臨床の現場から子どものスポーツの可能性を問う」『児童心理』62(4)、91-95
竹村明子・前原武子・小林稔（2007）「高校生におけるスポーツ系部活参加の有無と学業の達成目標および適応との関係」『教育心理学研究』55(1)、1-10
谷口幸一（2004）「発達から見た身体活動・運動と身体的健康」日本スポーツ心理学会編『最新スポーツ心理学 ―― その軌跡と展望』大修館書店、99-108
多々納秀雄（1995）「スポーツ競技不安に関する初期的研究の動向 ―― 新たな競技不安モデル作成のために」『健康科学』17、1-23
トンプソン、ジム（2016）『ダブル・ゴール・コーチングの持つパワー ―― スポーツでも人生でも勝者となる人材を育成する』スポーツコーチング・イニシアチブ出版
藤後悦子・浅井健史・勝田紗代・川田裕次郎・藤後淳一・大浦宗博・関谷悠介・中風次・徳永祐典（2016）「中学生のバスケットボールチームへの森田療法を用いた心理サポートの可能性 ―― 森田療法的メンタルトレーニングワークシートの開発と改善」『モチベーション研究 ―― モチベーション研究所報告書』5、25-37
藤後悦子・井梅由美子・大橋恵・川田裕次郎（2014）「子育て期における友人関係の葛藤」『未来の保育と教育 ―― 東京未来大学保育・教職センター紀要』2、61-68
藤後悦子・井梅由美子・大橋恵（2015）「スポーツにおけるポジティブ体験・ネガティブ体験とスポーツハラスメント容認志向」『東京未来大学研究紀要』8、93-103
藤後悦子・井梅由美子・大橋恵（2017a）「過去の傷つき体験の想起と子育て期の対人関係 ―― 対象関係に焦点をあてて」『コミュニティ心理学研究』20(2)、184-197
藤後悦子・井梅由美子・大橋恵（2017b）「チームのネガティブな人的環境が小学生のスポーツモチベーションに与える影響」『モチベーション研究』6、17-28
藤後悦子・三好真人・井梅由美子・大橋恵・川田裕次郎（2018）「地域スポーツに関わる母親のネガティブな体験」『心理学研究』89(3)、309-315
藤後悦子・大橋恵・井梅由美子（2017）「スポーツ・ペアレンティング尺度及びスポーツハラスメント尺度の作成」『東京未来大学紀要』10、109-120
藤後悦子・大橋恵・井梅由美子（2018）「中学校の運動部指導者の関わりが部内の人間関係および生徒の精神的状態に与える影響」『社会と調査』20、55-66
藤後悦子・大橋恵・井梅由美子（2019）「バスケットボールチームでのペアレント教室の実践について ―― 子どもの権利とスポーツの原則を問いかける」『こども環境学研究』15

佐藤暢子（2009）「子どもの「運動格差」を生じさせるものは何か？　第1回 学校外教育活動に関する調査」https://berd.benesse.jp/berd/center/open/report/kyoikuhi/webreport/pdf/houkoku_01.pdf

Scammon, R, E.（1930）The measurement of the body in childhood, In Harris, J, A., Jackson., C, M., Paterson, D, G. & Scammon, R, E.（eds）*The Measurement of Man*, Univ. of Minnesota Press, 173-215.

Shirley, M.M.（1963）The motor sequence. In Dennis, W. ed., *Readings in Child Psychology*, Prentice-Hall.（ウェイン・デニス編（1965）『胎児・乳児の行動と発達』〈児童心理学選書〉第1巻、黒田実郎編訳、岩崎書店、所収）

志澤美保・義村さや香・趙朔・十一元三・星野明子・桂敏樹（2017）「幼児期の子供の食行動と養育環境との関連」『京都府立医科大学看護学科紀要』27、35-44

Smoll, F. L., Cumming, S. P., & Smith, R. E.（2011）Enhancing coach-parent relationships in youth sports: Increasing harmony and minimizing hassle. *International Journal of Sports Science & Coaching*, 6(1), 13-26.

Soya, H., Okamoto, M., Matsui, T., et al.,（2011）Brain activation via exercise: exercise conditions leading to neuronal activation and hippocampal neurogenesis. *Journal of Exercise and Nutrition & Biochemistry*, 15, 1-10.

須田誠（2013）「非行少年のメタモルフォーゼに関する事例研究――樹木を描くことによるセルフ・イメージの変化」『福島学院大学大学院附属心理臨床相談センター紀要』7、13-24

菅原ますみ（2016）「子どもの青年期への移行、巣立ちと夫婦関係」宇都宮博・神谷哲司編著『夫と妻の生涯発達心理学』福村出版、158-172

杉原隆編著（2011）『生涯スポーツの心理学』福村出版

杉原隆・吉田伊津美・森司郎他（2011）「幼児の運動能力と基礎的運動パターンとの関係」『体育の科学』61(6)、455-461

杉原隆（2014）「幼児期の発達的特徴に応じた運動指導のあり方」杉原隆・川邊貴子編『幼児期における運動発達と運動遊びの指導』第4章、ミネルヴァ書房、45-50

スポーツ庁（2016）「平成28年度全国体力・運動能力、運動習慣等調査」http://www.mext.go.jp/sports/b_menu/toukei/kodomo/zencyo/1380529.htm

スポーツ庁（2018a）「平成30年度全国体力・運動能力、運動習慣等調査結果」http://www.mext.go.jp/sports/b_menu/toukei /kodomo/zencyo/1411922.htm

スポーツ庁（2018b）「スポーツの実施状況等に関する世論調査」http://www.mext.go.jp/prev_sports/comp/b_menu/other/__icsFiles/afieldfile/2018/00/30/1402344_44_1.pdf

スポーツ庁（2018c）「平成29年度運動部活動等に関する実態調査報告書」http://www.mext.go.jp/sports/b_menu/sports/mcatetop04/list/detail/__icsFiles/afieldfile/

に親の側からみた入会の動機について」『体育の科学』26、431-435
中村和彦（2015）「健やかな子どもを育むために」浅見俊雄・福永哲夫編『子どもの遊び・運動・スポーツ』8章、市村出版、110-117
日本学術会議（2017）「提言　子どもの動きの健全な育成をめざして～基本的動作が危ない～」1-3 http://www.scj.go.jp/ja/info/kohyo/pdf/kohyo-23-t245-1.pdf
日本レクリエーション協会（2009）「おやこでタッチ！」文部科学省委託「おやこ元気アップ！事業」ブック https://www.recreation.or.jp/kodomo/download/pdf/oyako_de_touch_final.pdf
日本陸上競技連盟（2016）「トップアスリートへの道～タレントトランスファーガイド～」https://www.jaaf.or.jp/athleticclub/transferguide.pdf
日本トップリーグ連携機構（2009）「「ボールであそぼう！」プログラム開発の背景　6.幼少年期の動作の発達」http://japantopleague.jp/static/special/playwithball_0006/
新本惣一朗（2012）「小学生のスポーツ実施状況の違いが特性的自己効力感に及ぼす影響」『発育発達研究』57、1-9
野末武義（2014）「夫婦間葛藤をめぐる悪循環 —— 自己分化とジェンダーの観点から」柏木惠子・平木典子編著『日本の夫婦 —— パートナーとやっていく幸せと葛藤』金子書房、101-122
奥田知靖編（2017）『子どものボールゲーム指導プログラム　バルシューレ』創文企画
大橋恵・井梅由美子・藤後悦子（2015）「地域スポーツにおける親子の喜びと傷つき —— 自由記述法による検討」『東京未来大学研究紀要』8、27-37
大橋恵・井梅由美子・藤後悦子・川田裕次郎（2017）「地域におけるスポーツのコーチの喜びと困惑 —— コーチ対象の調査の内容分析」『コミュニティ心理学研究』20(2)、226-242
大橋恵・藤後悦子・井梅由美子（2017）「地域スポーツにおける母親の攻撃行動 —— 選手の競技レベルと母親同士の心理的距離の影響」『東京未来大学研究紀要』11、13-23
大橋恵・藤後悦子・井梅由美子（2018）『ジュニアスポーツコーチに知っておいてほしいこと』勁草書房
尾見康博（2019）『日本の部活 —— 文化と心理・行動を読み解く』ちとせプレス
相良順子（2014）「妻の就業形態による夫と妻の心理的健康」伊藤裕子・池田政子・相良順子『夫婦関係と心理的健康』ナカニシヤ出版、25-46
笹川スポーツ財団（2017a）『スポーツ白書 2017』笹川スポーツ財団
笹川スポーツ財団（2017b）『子ども・青少年のスポーツライフ・データ 2017』笹川スポーツ財団
佐々木玲子（2015）「発育・発達から子どもの遊び・運動・スポーツを考える」浅見俊雄・福永哲夫編『子どもの遊び・運動・スポーツ』5章、市村出版、54-55

organized youth sport. *Sport, Exercise, and Performance Psychology*, 4(1), 3-18.

Erikson, E. H.（1982）*The Life Cycle Completed: A Review*. W.W. Norton.（E. H. エリクソン／J. M. エリクソン『ライフサイクル、その完結』（1989）村瀬孝雄・近藤邦夫訳、みすず書房）

Findlay, L.C. & Coplan, R. J.（2008）Come out and play: Shyness in childhood and the benefits of organized sports participation. *Canadian Journal of Behavioural Science*, 40, 153-161.

藤田博康（2016）「結婚生活の破綻」宇都宮博・神谷哲司編著『夫と妻の生涯発達心理学』福村出版、63-75

学研教育総合研究所（Gakken）（2013）「小学生白書（2013 年 3 月調査）」https://www.gakken.co.jp/kyouikusouken/whitepaper/201303/chapter01/02.html

ガラヒュー、デビッド・L（1999）『幼少年期の体育』杉原隆監訳、大修館書店、45-50

Grosse, S. J.（2008）Sports competition-integrated or segregated: Which is better for your child. *Exceptional Parent Magazin*e, 38(6), 26-29.

Harwooda, C. G. & Knight, C. J.（2015）Parenting in youth sports: A position paper on parenting experitise. *Psychology of Sport and Exercise*, 16（1）, 24-35.

Haywood, K.M., Roberton, M.A. & Getchell, N.（2012）Advanced Analysis of Motor Development, *Human Kinetics*, 185.

Holt, N. L., Tamminen, K. A., Black, D. E., Mandigo, J. L., & Fox, K. R.（2009）Youth sport parenting styles and practices. *Journal of Sport & Exercise Psychology*, 31, 37-59.

本間道子（2011）『集団行動の心理学』サイエンス社

Horn, T. S.（2008）Coaching effectiveness in the sport domain. In Horn, T. S.（ed.）Advances in Sport Psychology, *Human Kinetics*, 240-267.

法務省（2019a）「少年院　教育活動のいろいろ」http://www.moj.go.jp/kyousei1/kyousei_kyouse04.html

法務省（2019b）「少年院教育作品ギャラリー　平成 28 年度入賞作品俳句部門　愛光女子学園」http://www.moj.go.jp/kyousei1/kyousei03_00052.html

ホワイトボックス（2018）「学生時代の部活動の実態調査」https://prtimes.jp/main/html/rd/p/000000002.000031392.html

イオレ（2018）「子どもの習い事に関するアンケート調査」http://www.eole.co.jp/pdf/press_20180726.pdf

石原端子・荒木雅信・土屋裕睦（2012）「学生アスリートのパーソナリティがメンタルヘルスに与える影響 ── コーピングとソーシャルサポートを介在変数として」『体育学研究』57(2)、545-555

伊藤万利子・三嶋博之・佐々木正人（2010）「けん玉操作における身体と環境の知覚的カップ

引用文献

阿江美恵子（2014）「運動部活動における体罰が子どもに及ぼす影響」『体育科教育学研究』30（1）、63-67

アンジェラ・ダックワース（2016）『やり抜く力 GRIT（グリット）── 人生のあらゆる成功を決める「究極の能力」を身につける』神崎朗子訳、ダイヤモンド社

荒井弘和（2004）「メンタルヘルスに果たす身体活動・運動の役割」日本スポーツ心理学会編『最新スポーツ心理学 ── その軌跡と展望』大修館書店、89-98

浅井健史（2013）「「勇気づけ」をもたらす非専門家の関わり ── エピソードの分析による態様とプロセスの検討」『日本コミュニティ心理学会第 16 回大会発表論文集』98-99

Bauman, A., Ainsworth, B. E., Sallis, J. F., et al., & IPS Group（2011）The descriptive epidemiology of sitting: a 20-country comparison using the International Physical Activity Questionnaire（IPAQ）. *American Journal of Preventive Medicine*, 41（2）, 228-235.

Belsky, J.（1990）Children and marriage. In F. D. Fincham & T. N. Bradbury（eds）, *The Psychology of Marriage: Basic Issues and Applications*, New York: Guilford Press, 172-200.

Benesse 教育研究開発センター（2009）「第 1 回 学校外教育活動に関する調査報告書」http://berd.benesse.jp/berd/center/open/report/kyoikuhi/webreport/report06_05.html#zu6_7

ベネッセ教育総合研究所（2017）「学校外教育活動に関する調査 2017 データブック」https://berd.benesse.jp/up_images/research/2017_Gakko_gai_tyosa_web.pdf

Brashers-Krug, T., Shadmehr, R., & Bizzi, E.（1996）Consolidation in human motor memory. *Nature*, 382（6588）, 252.

Coatsworth, J. D., & Conroy, D. E.（2009）The effects of autonomy-supportive coaching, need satisfaction, and self-perceptions on initiative and identity in youth swimmers. *Developmental Psychology*, 45（2）, 320-328.

大坊郁夫編（2012）『幸福を目指す対人社会心理学 ── 対人コミュニケーションと対人関係の科学』ナカニシヤ出版

Deutsch, M. & Gerard, H. B.（1955）A study of normative and informational social influence upon individual judgment. *Journal of Abnormal and Social Psychology*, 51, 629-639.

Dorsch, T.E, Donough, M. H & Smith, A. L（2015）Early socialization of parents through

スポーツで生き生き子育て＆親育ち

子どもの豊かな未来をつくる親子関係